马勇，教育部工商管理教指委旅游学科组组长、著名会展教育专家

浙江大学城市学院是我国最早开展会展研究和教育专业的本科院校之一，该校一直致力于会展人才创新模式的探索和创新，取得了令人瞩目的积极成就，并逐步发展成为最具盛名的高等会展教育的人才培养高地。衷心祝愿浙江大学城市学院会展教育百尺竿头更进一步，早日争创国家级的特色专业建设点和国家级创新人才培养实验区。

马勇

2011年5月5日

宋海岩，香港理工大学酒店及旅游业管理学院副院长、首席教授

浙江大学城市学院会展教育属于国内典范，其先进的人才培养理念、机制和模式以及会展教育生态，值得推广和借鉴！

宋海岩

陈泽炎，中国会展经济研究会常务副会长、资深会展人士

本书是经验总结、模式探索、理论提升，对我国会展教育有着重要的参考和借鉴作用。通过不断实践，不断改进，浙大城市学院会展人才的培养一定能够取得新的更大成绩。

陈泽炎

2011年3月19日

杭州市属高校市级特色专业建设项目

会展特色专业建设
理念、实践与探索

张健康　黄　彬◎著

ZHEJIANG UNIVERSITY PRESS
浙江大学出版社

序　言

进入21世纪，会展业已成为举世瞩目的朝阳产业，但是中国的会展业和会展教育尚处于起步阶段。这表现在中国会展经济的勃兴只是近十年来的事情，表现在会展本科专业还只是属于教育部的试办专业，尚未列入国家正式的招生目录之中。相对于其他专业动辄有上千所高校举办，目前国内仅有40所左右高校获得教育部批准的试办会展本科专业的资格，其数量极其稀少。而随着我国会展业的迅速发展，会展人才出现的全国性紧缺局面，又使我国会展教育面临历史性的“朝阳”机遇。

会展经济是国家和地方经济的晴雨表。作为一个经济发达省份，浙江省的会展教育也是走在全国前列的。作为浙江大学和杭州市人民政府联合创办的一所新型大学，浙江大学城市学院自1999年建校以来，就勇于创新，以培养社会需要的高素质复合型、应用型、创新型人才为目标，于2003年在广告学专业下开设会展策划与组织专业方向，并成立会展研究中心，开始会展教育和研究，这在全国来说是最早的。2007年，浙江大学城市学院获得教育部批准试办会展经济与管理本科专业，每年招生75名左右，目前在校生达300余名。需要说明的是，我们是在传媒与人文分院下面开设会展经济与管理专业的，这与国内高校一般在商学院开设会展教育具有异质性。这种异质性的优势在于我们更侧重于以传播学的视角培养会展策划、文案和管理的会展核心人才，从而与其他高校形成差异化竞争。会展业中巨大的人流、物流和信息流都是传播学研究的范畴，所以从传播学的视角对属于创意产业的会展业开展会展传播人才培养，是符合会展业内在人才需求的创新设置的。

在几年的会展办学中，我们在会展教育机制和人才培养模式方面进行了积极的探索和实践，并形成了自己的特色。其中“政府—协会—高校”三方互动的会展人才培养机制、基于“项目驱动”的创新型高级会展人才培养模式，受到会展业界和教育界称道。教育部工商管理学科旅游管理教学指导委员会主任马勇教授指出：浙江大学城市学院是目前国内极少数真正形成人才培养机制和人才培养模式的会展教育院校。

营造良好的会展教育生态是会展专业办学成功的关键。目前中国的人才培养生态不尽理想，原因与一些地方政府和企业在人才培育方面的责任意识不强、很多企业在人才需求上的急功近利有关，也和学校自身的进取意识和对外拓展能力不强有关。高校真正实现开门办学的成功案例还不多，不少学校的政产学研合作的开展亟待加强，这也影响了应用型人才培养的质量。

浙江大学城市学院积极派遣专业老师赴德国考察会展教育，从德国职业教育的"双元制"教学模式中得到启发，积极拓展与政府、行业协会的合作，构建"政府—协会—高校"三方互动的会展人才培养机制。在这一机制下，浙江大学城市学院与杭州市西博办联合成立了浙江大学城市学院杭州城市会展研究发展中心（简称会展中心），组建了主要由企业编制人员构成的专职员工团队，与专业教师团队、专业学生团队一起，直接承接会展项目。代表政府的杭州市西博办将自己主办的部分会展项目交给会展中心运作，积极支持会展人才培养。浙江大学城市学院向市西博办提出"要项目而不要资金"的可持续发展理念。因为项目是年年不断的，而资金往往只是一时；因为项目不仅可以转化为人才培养资源，并且也能够产生社会效益和经济利润。同时，具有半官方色彩的杭州市会议展览业协会也大力引导其会员企业与我校合作，向我们提供会展人才培养资源，使地方实力会展企业成为我们会展人才培养的广阔平台。另外，在我们有承接项目的情况下，会展企业很多时候是以乙方的身份参与到我们承办的项目之中，这为我们的专业师生向业界的专家学习与合作提供了机会，也提供了良好的话语权，使得我们的专业人才培养能够很好地融入到会展项目运作之中。"政府—协会—高校"三方互动的会展人才培养机制构建了我校良好的会展教育生态，使我们办活会展教育有了很好的基础。

在拥有充足的会展项目的基础上，浙江大学城市学院将项目资源转化为人才培养资源，创设和运作基于"项目驱动"的创新型高级会展人才培养模式。会展中心是该模式运作的重要平台。会展中心具有三大功能：教学培训、会展研究、项目运作。教学主要是学院内会展经济与管理专业教学和"大会展教育"中会展专业方向的项目参与的设计和落实，培训主要是联合政府或接受企业委托开展的各类培训；会展研究主要是会展课题的承接和研究，会展杂志的编辑运营；项目运作主要是策划、执行来自西博会和社会企事业单位的各类会展项目，为社会服务。借助于会展中心承接的各类项目，学校的会展教学与会展中心的项目形成紧密的良性互动，专业教师团队和专职员工团队分工负责，有效配合。专业教师在指导学生中参与会展项目运作，专职员工团队在会展项目执行中指导学生；会展专业教学与研究为会展实践提供理论支持，会展中心则为会展教学与实践提供案例支撑，从而整体搞活会展人才培养。

与此同时，我们拥有第三支团队，即学生团队。学生团队不仅是我们教育和培养的对象，也成为我们项目执行的有生力量。专业教师、专职员工、专业学生这三支团队的构架，使得我们会展中心这个机构具有很好的纵深性、伸缩性、教研性。纵深性保证会展项目的执行力，伸缩性满足会展业中项目淡季和旺季对人员需求的弹性，教研性使得我们可以在更高的高度看待和运作项目。这三个特点使得我们会展中心这个机构具有很好的社会竞争力，吸引了不少社会机构主动与我们合作。目前会展中心项目充足，如2010年承办和参与项目20余项，包括承办了2010全民饮茶日活动、第十二届西博会广场造势活动、2010年第三届中国城市会展高峰论坛暨会展教育发展论坛、2010中国(杭州)休闲发展国际论坛；参与了2010中国国际烟花大会的现场管理工作，协助杭州市政府做好杭州参与上海世博会的相关工作等等。以上承办的这些会展项目，均圆满完成，并受到了主办方和与会各方的好评。2010年，会展中心获得了众多的荣誉：第二届中国城市会展高峰论坛获西博会项目铜奖、杭州会展业十大品牌奖、杭州会展业十大优秀项目策划企业、杭州市参与世博会优秀组织奖等荣誉称号。项目运作获得的利润不仅实现了会展中心专职员工团队的自收自支，而且惠哺会展专业教育，为广大师生提供了更多外出交流考察和进行专业研究的机会。

会展项目在执行中需要大量工作人员的业态，为我们培养人才提供了良好的切入机会。为了理顺学生参与项目和课堂教学的关系，我们创设了“柔性教学机制”，鼓励学生每学期拿出1～2周参与会展中心的项目运作，作为专业课程学习的有机组成部分。同时，根据“项目驱动”的理念，我们把会展中心项目的运作分为三个阶段：策划期、执行期、总结期。承接了项目之后，项目首先结合会展教学对接课堂，学生组成小组参与策划。在执行期，部分学生进入会展中心参与项目执行，我们采用柔性教学机制，鼓励学生每学期拿出一定时间参加会展项目执行；未参加项目执行的学生，则利用周末时间参观观摩项目执行。基于专业人才培养的定位，我们学生参与项目执行是顶岗实习的，而不是志愿者身份。最后，项目再回到课堂，学生们在自己策划和参与执行或观摩的基础上，参与项目的总结工作，以此全面提升自己的策划能力和执行能力。实践证明，“项目驱动”对提升学生的专业能力，促进会展人才培养是极为有效的，例如我校在全国会展院校学生技能比赛中遥遥领先，2010年我院会展经济与管理专业学生获得全国大学生会展策划大赛唯一的一等奖，多名学生获得“全国会展优秀大学生”荣誉。

除了创新以上的人才培养机制和模式之外，我们还每年举办中国城市会展高峰论坛、中国城市会展教育研讨会，采用“落地免”的形式邀请国内外会展教育界朋友来杭州进行会展教育和研究的交流；连续出版发行《杭州会展》杂志，每年发行四期正刊和两期增刊，免费向长三角会展业界和全国会展教育院校赠阅，致力于推进长三角和我国会展人才培养和会展行业的信息沟通。

浙江大学城市学院会展办学的以上这些理念、实践与探索，以及在办学过程中对中国会展教育和人才培养的思考，由我院会展经济与管理专业的张健康、黄彬等老师作了较为系统的总结，汇集在这本《会展特色专业建设——理念、实践与探索》之中。回顾会展经济与管理专业开办以来的历程，我们内心充满了感激。我们衷心感谢省市教育主管部门和城市学院领导对我院会展经济与管理专业的扶持；感谢国内外会展业界和教育界朋友们的关心与大力支持；特别要感谢杭州市西湖国际博览会组委会办公室（杭州市发展会展业协调办公室）和杭州市会议展览业协会，浙大城市学院会展教育的发展是与这两个机构在会展人才培养方面高度的责任意识、战略意识分不开的。同时，也要感谢全国兄弟院校会展专业的专家学者和老师，感谢美国 University of Nebraska at Omaha 传播学院的全体教授们，我们的每一点成长与进步，都离不开你们的支持与帮助。本书作为国内第一部会展教改专著，肯定有许多不成熟和不完善的地方，衷心希望能得到大家的批评指正和帮助。

鉴于会展业是集专业性、应用性、服务性于一体的综合性行业，需要高素质的复合型人才。目前，浙江大学城市学院利用自身在会展教育中的先发优势，正积极发展“大会展教育”，即在会展经济与管理专业基础上，传媒与人文分院会展经济与管理专业已建立了会展与公关管理专业方向、会展与信息管理专业方向，商学院旅游管理专业下已建立了会展与旅游管理专业方向，创意与艺术分院的艺术设计专业下已建立了会展设计专业方向；还准备建立广播电视新闻学专业下的媒体活动策划专业方向、信电分院信息管理专业下的会展信息化专业方向、外语分院英语语言文学专业下的会展英语专业方向等等。与此同时，浙江大学城市学院也将在自身的会展教育中突出国际化元素和创新创业教育，努力打造全国会展人才培养培训基地、长三角会展研究实力机构等，使浙江大学城市学院成为全国知名的会展教育院校。这就更需要得到各界领导与朋友们的支持与帮助。

我院的会展教育虽然年轻，但老师们都奋发有为，累创佳绩。2004 年，与高等教育出版社合作出版国内第一套会展系列教材，张健康和黄彬老师获得“中国会展产业十大理论人物”称号；2009 年，会展经济与管理专业荣登杭州市首批特色专业的榜首；2010 年，我院被推选为 IEIA（国际展览产业联盟）学术委员会副主席单位。最近，又连续传来两个好消息：一是继 2009 年浙大城市学院获得“全国会展教育优秀院校” 称号后，2011 年又喜获“中国会展教育优秀奖”；二是香港实业家魏绍相先生为鼓励办好会展教育，又慷慨捐资人民币50万元，学校专门设立了"浙江大学城市学院魏绍相会展研究与发展专项基金"。相信会展专业的老师们会乘此东风，再接再厉，取得更大的成绩。

我们期待着，在这教学改革不断深化、生意盎然的春天，各界朋友们能携起手来，进一步加强合作，齐心协力，为会展这一朝阳行业培养更多更好的高素质人才！我们也热烈欢迎国内外会展教育界、业界的朋友们来校访问指导！

张梦新

2011年3月于杭州

（张梦新，浙江大学教授、博士、博导；浙江大学城市学院传媒与人文分院院长，杭州城市会展研究发展中心主任）

Preface

Since the 21st century, the Meeting, Incentive, Convention Eexhibition (MICE) industry has become the sunrise industry in which attracts worldwide attention. However, MICE industry and its education in China were still at the start stage. It displays in two aspects. At first, vigorous growth of MICE Economy in China is only for the past ten years. Secondly, MICE undergraduate education is only set up as an experimental specialty by the Ministry of Education, it is not yet included in the national official table of contents for recruitment of students. It is common in China that plenty of specialties have been conducted by over thousands of universities. Opposite to these popular specialities, the quantity of MICE education is extremely scarce. At present only about 40 domestic universities have obtained the authorization by Ministry of Education to set up an experimental undergraduate speciality in which relates to MICE. However, along with the rapidly expand of MICE industry in China, the situation that professional talented person scarce in a nationwide scale has appeared, it is also result to Chinese MICE Education a historically opportunity for thriving.

MICE Economy is a barometer for both national and provincial economy. As an economical developed province in the county, MICE Education in Zhejiang Province is also in the lead. Zhejiang University City College is a new university jointly organized by Zhejiang University and Hangzhou people's government. We constructed school in 1999. Since then, the university dares to innovate. It takes raising high-quality talented persons who embrace the ability of multi-skill, application and innovation. It also takes satisfying the social demand as its goal. Therefore, the university opened specialized direction of MICE planning and organization and completed the establishment of Convention Research Center in 2003 under the school of advertising specialty. It is the first one where starts both MICE education and research in China. In 2007, Zhejiang University City College obtained the authorization by

Ministry of Education to set up an experimental undergraduate speciality of MICE Economy and Management. Every year it recruits about 75 students and the enrolled students reaches 300 at present. It is necessary to explain the difference of MICE education setting between Zhejiang University City College and other domestic Universities. Generally, majority of universities set up MICE education in their business schools. However, we open the specialty under the College of Media and Humanities. We prefer to relies on the angle of view of dissemination study to raise students and help them to be the core talented person in MICE planning, marketing and managements. This difference has become our advantages, thus enhances our competitive power in the field of MICE education. MICE industry is filled with creativities. The giant stream of people, the physical distribution and the information flow are all belong to the categories of dissemination study research. It further proves the rationality in both of our postioning specialty and educational idea.

During these years, we have carried on a serial of positive exploration and practice in both aspects of MICE educational mechanism and students training pattern, and has further formed own characteristic. The most successful achievement is our creation of establishing a tripartite interactive relationship between government, association and university. Simultaneously, we create a new mode which based on "project driven"for raising innovational elites. Both of the two creations have received praises from the field of MICE and the educational circles. Professor Ma Yong, the Director of Ministry of Education Business Management Discipline Traveling Management Teaching Direction Committee, pointed out: Zhejiang University City College is one of few several domestic universities in which truly form completed mechanism and pattern for raising MICE talented person at present.

Building a good educational environment is the key of running MICE education successfully. However, the environment nowadays in China is not entirely as desire. There are three main weaknesses. Firstly, some Local government and enterprise lack strong consciousness of responsibility in cultivating talented person. Secondly, many enterprises are eager for quick success and immediate gain in the talented person demand, they are not willing to take much time to support employees a further education. Thirdly, neither intense enterprise nor the ability of expansion outward is not own by universities. Moreover, the successful case of open-door schooling has not to be truly extensively realized. The cooperation between university and other organizations urgently waits to be strengthened. All these weakness limits the development of MICE education.

Zhejiang University City College dispatches teachers to go to Germany positively to inspect MICE education. We are inspired by the teaching mode of "Dualization" from German vocational education and developed the cooperation with the government and the profession association. We subsequently constructed a new training system what based on the tripartite interactive relationship between government, association and universities. In the system, University and Office of the Organizing Committee of Hangzhou West Lake Expo established Zhejiang University City College Hangzhou MICE Study Center jointly (i. e. MICE Center). Team member of MICE Center is constituted by mainly the professional staff who employed by enterprise. They directly contract and run related projects with our team of professional teachers and students together. As a government apparatus, Office of the Organizing Committee of Hangzhou West Lake Expo assigns some projects to MICE Center and plays a positive role in assisting education. Based on this, we proposed a sustainable development idea which called "no funds, just projects". Because we know that the project is unceasing year by year, the fund often is supplied for short-term. The reason we choose project is it not only may be transformed as resources for raising talented person, but can also bring us social efficiency and economic profit. Besides official assistance, Hangzhou MICE Industry Association also vigorously guides its member enterprise to cooperate with our university and provides the first-hand resources to us. MICE enterprises always participate in us by the status of second party while undertaking projects. Their engagement is extremely beneficial. On the one hand, it provided the opportunity for our teachers and students to study and work with experts from MICE field together. On the other hand, it enhanced the talk between university and the Industry, thus we may train students with the aid in project running. These powerful enterprises have become the broad platform for a flexible school teaching.

Zhejiang University City College has possessed sufficient MICE projects. These projects supplied us with good fortune to carry on a new educational mode based on "project driven". During the process of running the above-mentioned mode, MICE Center in our university plays an important role. There are three functions in which include teaching and training, research and project running are displayed by MICE Center. Firstly, our teaching is mainly giving lectures to students. Meanwhile, we organize students to participate in the jobs of project design and execution. Secondly, our training is mainly carrying out various lessons in order to satisfy social demands. For example, local government asks for training volunteers who may do services in a large convention. MICE enterprises entrust us the training for their fresh employees. Our research mainly involves two aspects. We contract related topics and do some research. At the same time, we are in charge of a magazine's edition and operation. As for the project running, we always take doing service for society as our aim. As a result, we plan and execute many MICE projects from official Westlake Expo and other unofficial units. Running projects bring us some benefits. Firstly, it links our teaching tightly and establishes a benign interaction. Secondly, it is useful of HR allocation and use. Teachers guide students how to run a project from the angle of theory, professional staff team in MICE Center coach students while executing project. In summary, MICE Center supplies teaching and practice with sufficient case support. Our teaching and research also give the further development of practice a theoretical support. Both of them are essential elements for talented person cultivation.

Except teachers and professional staff team, our student team is also powerful. Students are not only the objects what require knowledge, but they are also an effective group for MICE project execution. All the three teams guarantee that our MICE Center owns three advantages, satisfied depth, elasticity and the supplement for teaching and research. The depth guarantees a strong execution, the elasticity satisfies the different personnel demand in both of the off season and the busy season in MICE industry, and the supplement for teaching and research brings us a higher sight while regarding and running project. Precisely these three advantages make our MICE Center a powerful competition, thus it have attracted many social organizations to cooperate with us on their own initiative. Since the founding of MICE Center, we have achieved great successes. Take 2010 for example. MICE Center have undertaken and participated in over 20 projects, including "National Day of Drinking Tea 2010", the activity of drumming up support for the 12th Westlake Expo, "the 3rd China City MICE Peak Forum and the Development of MICE Education Forum", "International Leisure Development Forum 2010 Hangzhou China", the work of scene supervisory in "International Fireworks Grand Event 2010 Hangzhou China", and the assistance which may make local government to complete related work successfully for participating in "World Expo 2010 Shanghai". All these projects have been finished and praised widely by organizers and all parties. MICE Center also obtain many awards which include the third place of "Westlake Expo Projects Running", "One of the Ten Outstanding Brands for MICE industry in Hangzhou", "One of the ten outstanding projects planner for MICE industry in Hangzhou", the honor of "World Expo 2010 Outstanding Organizer" and so on. Running projects not only bring us prizes, but it also brings us considerable profits. On the one hand, MICE staff receives wages on their own way. On the other hand, it nurses MICE education. We may provide more opportunities of overseas exchange and inspection and conducting research for the teachers and students.

Zhejiang University City College pays great attention to the practice in MICE education. We involved practice into our whole teaching system and create a flexible mechanism. We encourage students make use of 1 to 2 weeks each semester to attend project running in MICE Center, and involve their behavior of practice in the final evaluation of related courses. The whole process of running a project can be divided into three stages, planning, execution and summary. Students are required to participate in all stages. Firstly, students are grouped into several teams. Then they begin to plan activities according to the topic and aim of our project. Secondly, students execute projects and undertake jobs in turn. What is worth mentioning is that we give students an internship for working in a real project, but not a role of volunteer. Students are always evaluated by a higher standard. Finally, students submit a report to summarize their practice experience. It is helpful of improving their abilities in both of planning and execution. Our practice has illustrated that "Project Driven" was an effective method for raising talented persons. Our students leaded in "National MICE Skill Competition" than students from other universities. Our student obtained the only one first place in "National University Students MICE Planning Competition". Besides, many students achieved the honor of "National MICE Outstanding Student".

Emphasizing practice is important without doubt. We also pay attention to theoretical study. On the one hand, we set up "China City MICE Peak Forum" and "China City MICE Education Seminar" yearly. University invites both domestic and foreign experts in educational circle to Hangzhou to carry out talks related to MICE education and researches. University is also responsible for all fees for experts. On the other hand, our teachers are in charge of editing a magazine called *Hangzhou MICE*. This magazine every year publishes four core issues and two supplemental issues, and gives complimentary copies to other universities and organizations in the field of MICE rooted in the area of Yangtse Delta. We devote ourselves to promote raising talented person in both of regional and national ranges. We also make our effort to enhance information communication in this industry.

All the above contents will be detailed recorded in this book called *Ideas, Practices and Explorations of MICE Characteristic Specialized Construction*. It was written by Mr. Zhang Jiankang and Mr. Huang Bin, come from the speciality of MICE Economy and Management, Zhejiang University City College. Reviewing the experience of launching MICE specialized courses, our gratitude to either people who helped us or the units assisted us is endless. We are grateful of assistances from all levels of the Department of Education Supervisory and leaders of Zhejiang University City College. We are also grateful of vigorous help and support from domestic and overseas friends in both fields of MICE industry and educational circles. Among all these organizations, Office of the Organizing Committee of Hangzhou West Lake Expo and Hangzhou MICE Association are worthy of thank specially. Our success in MICE education could not be separated from their high responsibility and strategic consciousness for raising MICE professional persons. Meanwhile, it is necessary for us to thank experts and scholars from other domestic universities. We also thank all professors from Media College, University of Nebraska at Omaha, USA. We could not achieve rapid growth and progress without all helps and supports given by you. During the process of writing this book, we also get much useful suggestions. As the first domestic monograph about MICE educational reform, the book definitely is not mature and imperfect. We are looking forward your continuous attention and more criticism and correction.

MICE industry asks for complex talented person. Nowadays, Zhejiang University City College makes use of its early-move advantages to carry out "big MICE education". It means that more disciplines have been involved in the system of MICE teaching and more specialized directions in which almost cover all areas of this industry have been open or will be open soon. University has found "MICE Economy and Management" specialized direction and "MICE Information Management" direction in Media and Humanities College. "MICE and Tourism Management" and "MICE Design" have been respectively run in Business College and College of Fine Arts. Besides, our university is preparing to establish "Media Events Planning" courses on the base of Dissemination Study, "MICE Informationization" courses on the foundation of Information Control, "MICE English" which rely on the resources from College of Foreign Languages and Literature and so on. Additionally, Zhejiang University City College lays stress on globalization while launching MICE education. We also encourage students to take innovation and start an undertaking in our process of teaching. We take these actions because of our targets, which make us to be the basement for training MICE talented person in China and the most powerful research organization in the area of Yangtse Delta. We exert ourselves to be a well-famous university in the field of MICE education in China soon. Undoubtedly, the achievement of all these aims needs supports from personalities of various circles.

Our MICE education is young, but nevertheless it is successful. Teachers work hard and obtain lots of achievements. In 2004, we published the first set of MICE serial teaching material in China with the cooperation of Higher Education Press. In the same year, Mr. Zhang Jiankang and Mr. Huang Bin obtained the honor of "Ten Theoretical Figures in Chinese MICE Industry". "MICE Economy and Management" specialized education was put on the top of the list called "the First Batch of Characteristic Specialities" released by local government in 2009. In 2010, College of Media and Humanities had been elected the vice-president of IEIA (International Exhibition Industry Alliance) Academic Committee. Moreover, we have got other good news recently. Firstly, we have achieved the honor of "National MICE Education Outstanding Prize" in the recent two years continuously. Secondly, Hong Kong industrialist Mr. Wei Shaoxiang generously contributed 500,000 RMB to Zhejiang University City College and set up "Mr. Wei Shaoxiang MICE Research and Development Special Fund". He expressed a good desire of encouraging and insisting MICE education in his hometown. Although we have achieved some positive results, our teachers are not complacent. We will make persistent efforts in order to achieve more progress.

Finally, we anticipate that friends from various circles may hand in hand and further strengthen our cooperation in such a prosperous and harmonious atmosphere for MICE industry in China today. Let's do our utmost together to raise more good talented person for this sunrise industry. Both domestic and overseas MICE colleges and professionals are very welcome to contact and visit us.

Mr. Zhang Mengxin
March, 2011, Hangzhou

(Mr. Zhang Mengxin, Ph. D and Ph. D. supervisor, the professor of Zhejiang University. He is the incumbent chief of College of Media and Humanities, Zhejiang University City College, he is also the chief of Hangzhou MICE Research and Development Center.)

目录

Content

理念篇

实践篇

探索篇

理念篇

01 政府—协会—高校三方互动的人才培养机制

会展业作为城市的金名片和城市的面貌,使政府对发展包括会展教育在内的会展业情有独钟。行业协会作为市场主体的自发组织机构,其会员单位拥有大量可以开发为教育资源的项目资源;而会展项目运作期间需要大量工作人员的行业特性,也是协会会员单位与高校的合作市场内在的需求。在全国性会展人才紧缺的背景下,众多高校纷纷开设会展专业,在教学科研和应用型人才培养方面积极寻求政府、协会的支持与合作。杭州市在政府、协会和高校合作,进行三方互动的人才培养机制建设方面进行了积极的探索,取得了理想的成果。

1.1 独具特色的杭州会展教育三方机构

1.1.1 政府机构:杭州市西湖国际博览会组委会办公室

杭州市西湖国际博览会组委会办公室(简称西博办),是与杭州市发展会展业协调办公室同一套班子、不同名称的政府会展管理和组织机构,下设秘书处、综合处、外联处、会展管理处、节庆活动处等处室。现任办公室主任为杭州市副秘书长叶敏,副主任为施永胜、黄峰。西博办的主要职责见表1-1。

西湖国际博览会是杭州城市的金名片,具有十分悠久的历史。1929年6月6日至10月20日举办的西湖国际博览会,开了中国展会业的先河。在国际国内会展业蓬勃发展的背景下,2000年,西湖国际博览会恢复举办。截至2010年,共计成功举办了12届,项目规模从2000年的39个发展到2010年来的每届120多个。

表 1-1　西博办的主要职责

序号	主要职责
1	负责西湖国际博览会的总体策划和日常工作的综合协调。
2	受理西湖国际博览会的项目申报，指导、督查西湖国际博览会项目的组织实施工作。
3	负责筹集西湖国际博览会办会资金，管理西湖国际博览会的经费、资产和投资。
4	承担西湖国际博览会组织委员会的日常工作，牵头与协调组委会各办事机构的工作。
5	研究制订全市会展业发展规划；受委托研究起草有关发展会展业的地方性法规、规章草案；负责承办有关重大会展节庆活动报批的具体事项。
6	负责全市重大会展、节庆活动的组织指导和协调管理；组织开展会展节庆行业的对外交流与合作。
7	承办市委、市政府及西湖国际博览会组委会交办的其他工作。

图 1-1　西博会会标

图 1-2　西博会吉祥物"欢欢"

以 2010 年第 12 届西博会为例，以"创新发展、和谐城市、品质生活"为主题，以"服务转型升级，加快经济发展方式转变"为主线，举办了 130 个会议、展览、活动项目，实现贸易成交额 162.1 亿元，协议引进外资 10.88 亿美元，协议引进内资 164.7 亿元，有效推动了杭州经济社会的发展。西博会是杭州市会展业的龙头，汇聚了几乎所有杭州举办的优质会展项目。

作为杭州市会展业发展规划的主管部门，会展人才的教育培训问题是西博办考虑的战略性问题之一。为此，2006 年 3 月，在西博办的推动下，《中共杭州市委办公厅、杭州市人民政府办公厅关于促进杭州会展业发展的若干意见》（市委办〔2006〕2 号）发布。该意见第八大点第 32 条指出："提供会展业的人才支撑。

——积极创造条件，支持、协调相关院校开设会展专业或会展课程，为会展业输送人才。

——培育会展培训市场，举办会展业务培训班，选派人员到国际、国内会展业发达城市学习考察，邀请国际会展专家来杭培训国际会展的营销和管理人才。

表 1-2　西博会的主要特点

序号	主要特点
1	西博会项目在安排上围绕“住在杭州”、“游在杭州”、“学在杭州”、“创业在杭州”的城市品牌建设和全球化、新经济的要求，求专求精，形成品牌系列。西博会是由一系列专业性展览、会议、活动有机结合的综合性博览会，一年一度的西湖博览会成为杭州市的标志性事件。
2	所有项目分层次操作、分类管理。西博会组委会负责总体策划和总体协调，进行项目管理，但不直接运作项目，所有项目都由项目责任单位运作。按照正式项目和支持项目进行分类管理，正式项目中又划分为注册项目、申报项目、引进项目。
3	杭州市政府以西博会为契机，为发展杭州的会展业提供平台。西博会实行加盟经营模式，由政府经营西博会品牌，企业操作西博会项目，市场化运作。有序的项目管理方式，使项目的宣传和组织管理工作卓有成效。
4	西博会的宣传工作既有西博会的整体品牌宣传和推介，也有各项目的促销和市场推广。

——以宽松的政策、优良的环境吸引国内外高层次会展专业人才到杭州创业发展。

——探索建立会展专业人才认证制度，推进会展执业资格制度建设。通过努力，使会展业的核心人才、辅助人才相互配套，形成多层面、立体化的人才体系。”①

作为政府机构，西博办掌握政府方面的会展资源，通过这些资源的调配，一方面可以直接支持高校的人才培养；另一方面能够有效引导社会会展机构参与会展人才培养，提升他们对参与会展人才培养的意识。因此，西博办是杭州市会展人才培养中不可或缺的一员。

1.1.2　协会机构：杭州市会议展览业协会

杭州市会议展览业协会（HANGZHOU CONVENTION AND EXHIBITION INDUSTRIES ASSOCIATION，英文缩写 HCEA，简称会展业协会），由杭州市从事会议、展览及配套服务行业的企事业单位和个人发起组成的具有法人资格的非营利性、地方行业协会。现任会长为杭州市西湖博览会组委会办公室副主任施永胜。协位会员的来源参见表 1-3 所示。

① 参阅中国杭州西湖国际博览会官方网站，http://www.xh－expo.com/

表 1-3 协会的成员来源

序号	成员来源	序号	成员来源
1	会展政府部门	4	广告策划公司
2	会展公司	5	饭店旅行社
3	会展场馆单位	6	会展教学研究机构

协会会员单位来源广泛，覆盖了会展业的整个产业链条。这些会员通过协会平台，共同组织会展项目运作，增加项目的专业化程度和项目运作能力。协会汇集了杭州市的会展业方方面面的成员单位以及众多可以开发为教学资源的会展项目资源。协会归属政府指导和主管的管理模式以及杭州市政府会展人才培养的意识，为将协会中的项目资源成功转化为实际的会展教育资源，实现会展教育单位和会展举办单位的合作双赢奠定了良好的基础。

市会展业协会成立以来，在主管单位杭州市发展会展业协调办公室（与西博办同一套班子）的指导下，积极组织会展教育和培训，加强和促进杭州市的会展人才培养和会展理论研究；与浙大城市学院的合作，编辑出版《杭州会展》杂志，很好地反映了杭州市的会展发展动态，促进了协会会员之间、杭州市会展业和长三角以及国内会展同行之间的交流合作；制定了《杭州市会议展览业协会自律公约》，对杭州市会展市场秩序规范、纠纷调解和协会内部管理等方面起到了积极的作用；开展了年度的会展行业统计，为整体掌握杭州市的会展行业总体发展情况和后继决策提供了不可或缺的信息；组织了会员前往欧美、港澳台等地考察调研和国际交流，促进了杭州市会展业的国际化水准和开阔了会员的国际化视野，等等。

表 1-4 协会的基本职能

序号	基本职能	序号	基本职能
1	行业内部协调	5	维护会员合法权益
2	协助政府做好行业管理工作	6	形成行业自律机制
3	组织行业对内对外交流和合作	7	开展行业统计
4	推进会展教育培训和会展人才培养	8	组织会员单位考察

表 1-5 协会的主要业务范围

序号	主要业务范围
1	沟通会员单位与政府的关系，反映业内的呼声，研究国内外会展业发展动态，为协助政府实施行业管理，促进行业发展，提供政策建议。
2	制订行业规约，协调关系，做好行业服务工作，聘请法律顾问，维护行业会员的合法权益。
3	组织开展会展业调查、评估、信息发布，开拓会展市场。
4	指导和督促会员单位依法经营，加强行业自律。
5	促进业内的协作与互助，协调会员与会员、会员与其他社会组织和单位的关系，调解会员之间因举办会展项目而产生的矛盾。
6	发展会员并定期举行会议。
7	组织研讨会、业务培训，协助高校会展人才培养，开展咨询、服务，编辑会刊和有关业务培训资料。
8	经有关部门批准，会同有关单位组织会员与行业成员参与国内外会展活动，承接申报项目的代理。
9	经有关部门批准，组织开展与国内外会展业的交流与合作。
10	接受业务主管部门和其他政府部门的委托，组织开展行业发展的调研和决策论证等工作。
11	组织开展协会章程规定的其他活动，促进会展业配套服务体系的完善。

市会展业协会把促进会展人才教育培训作为自身的主要工作之一。为促进杭州市会展教育发展，协会积极推进高校专业理论和业界实务经验整合对接，专门召开高校会展老师与会展企业老总座谈会和茶话会，引导促进他们“结对子”，共同提升；积极向会展高校介绍会展项目，动员和促进会展院校师生参与项目的策划和运作，努力将项目资源转化为会展教育资源；建立协会与会展院校的常态联系机制，加强杭州市会展业发展中的问题研究，推进应用型会展人才的培养等等。在会展培训方面，与杭州市会展院校合作，开展会员单位的员工培训，为协会会员单位量身定做培训方案和内容；与杭州市干部培训中心等省级市级机构合作，引进国内国际的会展培训项目，开展会展专业技术证书培训，如举办长三角现代会展人才培训考核项目；与中国会展经济研究会等国家级国际级机构合作，联办中国会展人才高级、中级培训班，通过对方的专家资源，广邀全国乃至境外会展业界知名人士来杭开展各类培训，提升杭州市会展业从业人员的素质。

图 1-3　城市学院教师参加杭州市会议展览业协会理事会议

1.1.3　高校代表:浙江大学城市学院

浙江大学城市学院是高校与政府、协会合作构建会展人才培养三方互动机制的积极探索者和典型代表。

浙大城市学院在中国高等教育改革创新中应运而生,于 1999 年由国家教育部和浙江省人民政府批准设立,是浙江大学、杭州市人民政府合作办学,并与浙江省电信实业集团共同发起创办的全日制本科普通高校。现任院长是浙江大学博士生导师吴健教授,现任党委书记是浙江大学党委委员胡礼祥教授。

浙大城市学院依托浙江大学的综合办学优势,根据现代科学技术发展趋势和地方经济社会发展需求设置专业。现设有 9 个学院,35 个本科专业,70 余个专业方向。学院面向全国招生,目前有全日制本科学生 13500 余名。2003 年起,学院依托浙江大学招收全日制硕士研究生和外国留学生。

图 1-4　浙大城市学院 LOGO

图 1-5　学院科技楼

图 1-6　学院理工楼

作为一所新颖的都市型大学，学院秉承名校浙江大学“求是创新”优良传统，发扬名城杭州“精致和谐、大气开放”的人文精神，在教学、科研、社会服务与国际交流诸方面全方位地为现代化城市建设作贡献。学院大力实施“依托浙大、立足杭州、服务浙江”的发展战略，努力将自己建设成为一所办学与地方经济社会发展需求紧密结合，市校合作办学机制优势充分发挥，应用型、复合型、创新型人才培养模式特色鲜明，培养质量稳定优秀，科研开发与技术服务成效显著，中外合作办学优势突出的高水平新型大学。

图 1-7 学院图书馆

浙大城市学院充分发挥自身的体制与机制优势，坚持高起点高质量办学，走“创特色，上水平”的发展之路。教育理念先进，教学资源丰富，勇于开拓创新，着力打造品牌，社会声誉与日俱增，是一所充满生机和活力的新型高等学府。学院以学生成才为本，着力构建全员育人、全过程育人、全方位育人的育人体系，倡导合格基础上的扬长教育，促进学生全面素质提高基础上的个性发展，在重视学生的专业知识和技场能学习的同时，十分重视学生的职业素质和实践创新能力的培养，提升学生的核心竞争力，精心培养具有社会责任感和较强的社会政治经济建设能力，具有国际视野和参与国际竞争能力的高素质人才。①

本着为城市发展培养人才的理念，浙大城市学院积极对接所在城市发展的人才需求，是国内第一批开设会展课程和专业方向的高校。2003 年，浙大城市

① 参阅浙江大学城市学院网站，http://www.zucc.edu.cn/index.php

学院传媒与人文分院与当时浙江省最大的会展公司——佳德展览有限公司合作，在广告学专业下开设会展策划与文案专业方向，这在国内属于最早开设会展教育的高校之一。随后，又在旅游管理专业下开设会展与旅游管理专业方向。2007年，又成功获得教育部批准开设会展经济与管理本科专业。浙大城市学院会展经济与管理专业归属传媒与人文分院，专业特色为策划与文案，又充分吸收广告学、公共关系等兄弟专业的优势开展办学。特别是通过与政府、行业协会的紧密合作，通过企业编制的专职员工团队和事业编制的专业教师团队的合作，采取基于"项目驱动"的创新型会展人才培养模式，使其在浙江省会展教育中处于领先位置，在全国也具有较高的知名度和美誉度。2009年获得中国会展行业评选委员会及其行业媒体共同评选颁发的"全国会展教育优秀院校"荣誉称号；2011年又获得中国会展经济研究会与行业媒体联合评选颁发的"中国会展教育优秀奖"。根据杭州市会展业发展的实际需要，浙大城市学院提出发展多专业集群的"大会展教育"，全方位打造满足浙江省、长三角乃至全国会展业发展人才的培养体系。

1.2 "西博办—城市学院"会展教育的互动

"西博办—城市学院"会展教育的互动是"政府—高校"会展教育互动的具体化，是政产学研合作的精华。自开展会展人才培养以来，浙大城市学院大力进行教育教学创新，与杭州市西湖博览会组委会办公室形成紧密联系和互动关系，共同培养会展人才。西博办也一直坚持"深度拓展、项目驱动、两级管理"的方针，紧紧围绕杭州城市的发展重点，着力提升产学研合作成效，进一步发挥西博办作为产学研合作示范基地和浙大城市学院作为杭州会展业人才培养基地的作用，从战略高度参与浙大城市学院的会展人才培养工作，积极提升杭州市会展学科建设和人才培养水平，确保浙江省和杭州市会展业的可持续健康发展。西博办与杭州市会展院校开展了广泛的合作，但主要的合作高校是浙大城市学院。双方的具体操作主要包括以下四点：

1.2.1 成立会展中心和实践项目驱动理念

西博办、浙大城市学院联合成立浙大城市学院杭州城市会展研究发展中心（下称"会展中心"），承办和参与西博会项目的运作，采取"基于项目驱动的会展创新型人才培养模式"开展会展人才培养。所谓的"基于项目驱动的会展创新型人才培养模式"，是指通过会展中心承接西博会、浙江大学、企事业单位等实际的会展项目；将这些会展项目作为教学资源进行开发，使项目对接会展教学；会展项目运作过程分为策划期、执行期、总结期。策划期项目进课堂,学生组成团队参与项目策划,执行期学生进入基地参与会展执行,总结期项目回到课堂,学生参与总结。

西博办对会展中心进行了全方位的支持,为会展中心获得充足的项目、企业编制员工的养活和日常运作提供了保障。会展项目是源头活水,一方面通过项目运作,在学校不承担会展中心费用的情况下保持中心的财务良性运行,养活中心的企业编制的专职员工团队;另一方面,把会展项目作为教育资源进行深度开发,紧密对接会展人才培养和本科教学,使得"基于项目驱动的会展创新型人才培养模式"得以成功运行。

表 1-6 项目支持的形式

序号	支持形式	说　明
1	独立承办	优先支持会展中心独立承办与自身实力相当的西博会相关会展项目,在项目筹备、组织、实施过程中,西博办给予协调指导,帮助解决有关问题,并提供宣传平台,扩大项目影响,确保项目顺利实施。
2	服务外包	西博会在百余项会展项目的运作中,充分考虑浙大城市学院的学科优势和人才培养需要,通过多种服务外包的形式让会展中心参与项目运作工作。
3	优先立项	会展中心可以自行策划符合杭州市会展业发展需要的会展项目,在符合《西博会项目管理实施办法》等相关条件的前提下,可优先办理西博会项目立项,并获得西博会的各方面支持。

在西博办等机构"以项目带支持"的帮助下,会展中心成立以来,每年主办、承办或参与来自西博会、浙江大学、企事业单位的会展项目 20 余项,每年创造毛利润 100 余万元,不但自收自支养活了中心 10 名企业编制的专职员工,而且能够惠哺会展教育研究,极大地推进了浙大城市学院的会展教学和研究工作。

1.2.2　承办中国城市会展高峰论坛和中国城市会展教育研讨会

作为西博会开幕期间的主题论坛,中国城市会展高峰论坛自 2008 年创办以来,目前已经成功举办三届。在中国城市会展高峰论坛同期举办城市会展教育研讨会,采用"落地免"的形式邀请中国会展教育专家、各高校会展专业院系负责人和学科带头人与会。目前,能够采取"落地免"形式连续举办会展教育研讨会的,在中国大陆还不多见。这也是对中国会展教育的一种贡献。

以 2010 年的论坛为例,论坛邀请了杭州市政府、国家商务部、上海世博局、国家贸促会、国际旅游组织等领导和嘉宾出席。会议采用主题演讲、双人演讲、互动访谈等形式,就后世博时期中国城市会展发展的新机遇,世博会国家馆——国家形象的最佳展示平台,借鉴世博会经验、打造会展名城,上海世博会对于城市会展业发展的启示与思考等议题进行深度讨论，取得良好的效果。

值得说明的是，中国城市会展高峰论坛主要是来自于长三角会展业界的人士，而同期举办的教育论坛又使国内的会展教育精英汇聚在一起，因此该论坛已经不仅实现了会展教育界的研讨，而且构架了会展教育界和长三角会展业界的互动和交流。可以相信，随着中国城市会展高峰论坛、中国城市会展教育研讨会的持续举办，必将对中国会展业的发展、中国会展教育的发展产生重大的影响。而持续举办中国城市会展教育研讨会，很好地促进了浙大城市学院会展教育吸引力的提升和品牌的塑造。

1.2.3 承办行业刊物《杭州会展》

《杭州会展》是杭州市政府西博办、杭州市会议展览业协会主办，浙大城市学院具体承办的行业刊物，由浙大城市学院会展经济与管理专业建设负责人张健康博士担任执行主编。该杂志一般每年出版正刊 4 期，定期增刊 2 期，并根据实际需要出版专题性增刊，铜版纸彩色印刷，发行范围和方式为向长三角主要会展机构、国内会展教育院校免费赠阅。

以 2010 年第 3 期为例，开设的栏目如表 1-7 所示：

表 1-7 《杭州会展》杂志主要栏目

序号	栏目	内　　容
1	西博专栏	对西博会的最新动态、杭州会展业取得成果和合作交流进行报道和深度追踪，向长三角和国内会展业同行交流和传递、沟通信息。
2	世博专栏	结合 2010 年上海世博会这个举世瞩目的盛会，报道西博会如何对接世博会，取得自己的发展；以及杭州会展业如何对接上海会展业，实现借力发展的相关研究和思考。
3	行业动态	报道国内外最新的会展信息和动态。
4	调查研究	刊登杭州会展业人士的国内外调研和考察完成的深度调查报告。
5	城市会展	每期介绍一个国际知名会展城市。
6	八面来风	发布国内外会展简讯。
7	名家之见	发表国内外会展知名人士的研究文章和先进观点。
8	刊授课堂	邀请会展教育界人士撰文，传播会展基本知识，提升读者的会展专业知识。
9	会展技巧	邀请会展业界人士撰文，传播会展实务技巧，提升读者的会展组织、管理等实务能力。
10	协会活动	报道杭州市会议展览业协会的活动及其会员的信息。

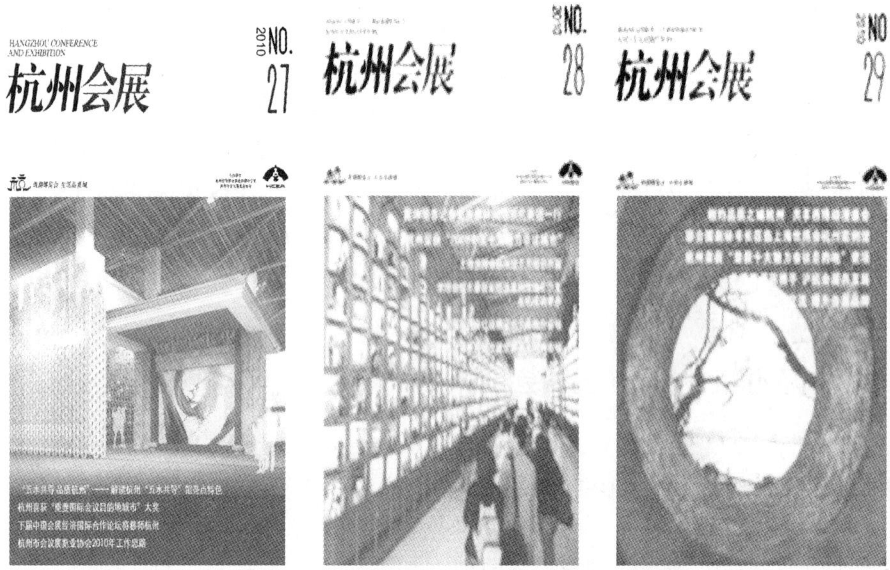

图 1-8 《杭州会展》杂志

除了四期正刊之外,《杭州会展》还出版固定性增刊两期:一期是在西博会开幕前结合当年西博会项目出版增刊;一期是在城市会展教育论坛结束后出版一期研讨会论文集增刊。随着刊物运营理念的成熟,《杭州会展》结合地市县和协会会员的需要,出版专题性增刊。如 2010 年,《杭州会展》杂志以“聚焦大杭州会展”为主题,出版了“千岛湖,打造国际旅游休闲度假胜地”、“萧山,打造华东会客厅”等专题性增刊,产生了良好的反响。浙大城市学院将《杭州会展》杂志作为自身会展教育品牌打造的又一个平台,通过向国内外会展院校免费赠阅该杂志,持续地扩大和打造自身会展教育在国内的领先地位。

1.2.4 开展课题研究合作

高校具有的会展理论和研究人才是政府会展主管部门所不具备的,而会展业在快速发展的当下,总会面临这样那样的问题,需要研究界帮助政府提供理论支持和参考解决方案,所以,课题研究合作是政府和高校互动的重要内容之一。

浙大城市学院根据自身学科优势,在西博办的支持下,结合杭州市和浙江省会展业发展的实际需要,有针对性地开展会展课题研究。近年来,陆续完成了《杭州市会展业竞争力提升研究》、《大型博览会绩效评估研究》、《休闲博览会研究》、《休闲——提升生活品质》、《世博会对西博会发展的启示研究》等课题的研究工作，不仅有效提升了浙大城市学院的会展研究水平和能力，加深了师生们对会展业的理解，同时也为自身的会展教与学提供学术支撑和案例支持。作为回报，师生们的这些课题成果，为忙于行业管理、急需理论支持的政府机构提供了互补性的帮助。课题成果往往成为了杭州市会展业科学发展的理论支持，为市政府部门决策提供了参考依据，因而产生了积极的社会效果。以课题为纽带，高校和政府之间相互的课题调研、交流变得日常化，交往日益频繁，这也为双方的深度合作奠定了良好的基础。

1.3 “市会展业协会—城市学院”会展教育的互动

协会是会展企业的聚合，这些企业拥有大量的项目资源，在项目运作期间存在大量的人员需求。学校是会展人才的摇篮，在培养学生过程中需要大量的实践资源，同时它拥有大量热爱专业的青年学子，他们对待实践充满着热情。杭州市会议展览业协会和浙大城市学院充分认识到相互的互补性，在本着推进会展人才培养的战略高度构建了互动机制。正是以杭州市会议展览业协会为平台，浙大城市学院与100余家协会会员单位高效地建立了对接与合作，使浙大城市学院基于“项目驱动”的创新型会展应用型人才培养模式有了丰富的项目资源和实践基地。

1.3.1 建立实习需求对接机制

以往存在着这样一种需求不对称的现象：一方面是高校会展人才培养需要实践机会，专业教师和学生苦苦寻找这些机会而不得；另一方面是企业在项目运作中急需高素质的临时性工作人员，企业向社会临时招聘往往面临着良莠不齐、难以管理的困境。在这个过程中，也有企业尝试联系学校的，但是有时会得到“时间太紧无法组织落实”、“非实习期无法派出学生参与实践”、“影响课堂教学无法派出学生”等等答复。在市会展业协会和浙大城市学院的合作中，如何实现协会会员企业与高校需求的有效对接，是两者互动的基本工作内容。

在对接机制建设过程中，首先是需要提前得知会员企业的实践需求信息，包括岗位需求、人员需求和时间跨度，这样高校在组织学生参与过程中可以做到心中有数，选拔合适的学生参与相关工作，既满足会员企业项目运作的需要，也实现高校人才培养的目的。所以，市会展业协会首先在收集和发布会员企业实践需求方面构建了相关机制，使会员企业的需求信息能够较早地传递给浙大城市学院，避免了组织学生参与时间过于紧迫的现象。

其次是浙大城市学院在对接方面的机制创新。一开始，浙大城市学院也面临着其他学校同样面临的问题，就是学期中实习和正常教学秩序的问题。如何解决“非实习期无法派出学生参与实践”、“影响课堂教学无法派出学生”等问题呢？在基于“项目驱动”的创新型会展高级人才培养模式实践中，浙大城市学院构建了“柔性教学机制”。所谓的“柔性教学机制”，就是根据大学学习的特点，针对业界会展项目运作时间的刚性，建立柔性的学生课堂听课机制，引导专业学生在专业教师指导、履行课堂请假手续的基础上，自主利用一学期 17 周中 1～2 周时间参加会展中心或社会机构提供的专业实习实践，将实习实践日常化常规化，推进应用型人才培养。柔性教学机制的基本理念是将学生学期中的实践作为教学的重要组成部分，写入所有专业课程的教学日历的基本要求之中，而非固执于传统“影响课堂教学的活动”的落后思路。大学学习包括课堂学习，也包括社会专业实践；包括听课，也包括自学。所以，柔性教学机制在课堂教学照常进行的情况下，派出部分学生在教师的指导下参与企业项目运作，不参与项目的学生照常上课；参与项目的学生需要以自学的形式完成在参与社会实践期间老师讲授的课程内容。在派出学生的选拔方面，学校注意到各个课堂的平衡问题，避免某个课堂因为派出学生太多而变得冷冷清清，影响教学效果；同时学生参与项目，是一种顶岗工作，而非志愿者形式，以确保专业人才培养所需的实习质量。柔性教学机制解决了企业和高校实习需求时间点不同的问题，避免了企业要人时学校固守传统观念派不出学生，学生需要实习的时候企业没有项目运作，学生空坐冷板凳的尴尬，有效地通畅了高校和企业之间的互动与合作。

1.3.2 建立实习选拔机制

因为学生参与的都是实战项目，是顶岗实习，以工作人员的身份出现在项目运作中，需要面对较大的压力和挑战，所以需要对报名的学生进行选拔。

浙大城市学院通过校园网站、短信等形式将实习需求信息告知会展及相关专业学生，自愿报名。会展专业学生由于专业的兴趣，同时教学计划要求学生在学期中参与 1～2 个星期的会展实践，所以一般都会积极参与。但这些实践机会也不仅仅提供给会展专业学生，而是广泛面向商学院、传媒学院、外语学院、艺术学院，甚至计算学院、信电学院等所有相关专业的学生。

有的项目是采取一轮选拔形式，即由浙大城市学院会展中心组织面试选拔，择优统一推荐给相关会员企业；或者是采取会展中心和企业联合选拔的形式，进行项目工作人员的选择；有的项目是采取二轮选拔形式，即在一轮选拔的基础上，用人企业再进行择优录用。

选拔机制不仅确保了项目的顺利运作，而且能够激发学生的参与积极性，提升竞争意识，发挥学生潜能，以“工作人员”的状态而非“实习学生”的心态参与项目。实习选拔机制造成的问题是部分专业能力强的学生屡屡获得实践机会，导致实践时间过长而影响专业理论学习；而部分能力比较差的学生，屡战屡败，不能获得学校要求的时间长度的实践机会，陷入“强者愈强，弱者愈弱”的马太效应。因为项目实际运作的需要，学校认可那些能力强的学生获得相对的、适度多的实践机会，也为此构建了平衡机制：一方面是在一些会展中心自主性较强的项目中，选拔学生时会偏向那些获得实践机会少的学生；另一方面，根据学校规定的实践时间要求，一旦有的学生达到了相关要求，则在选拔的时候会偏向未达标的学生。另外，学校建立学习成绩跟踪机制，避免学生专业实践过多而影响学习成绩的情况。

1.3.3 建立培训与讲座机制

浙大城市学院在与协会企业会员合作的过程中，充分挖掘和开发企业的积极性，利用企业人员，特别是一些资深的会展企业管理层人员的丰富业界经验，为培养会展人才所用。具体的开发形态是：

一种是基于项目运作参与的培训。为了推进学生的专业成长，每次学生参与企业项目运作，都要求设置正式的培训环节，根据具体项目的实际要求对参与项目执行的学生进行严格培训。相关企业项目负责人会走进学校，不仅对项目参与的具体工作提出要求，讲解工作要点，而且会扩充到整个项目的筹展期、运作期、总结期的一些思路和理念，讲述项目运作过程的酸甜苦辣，分享经验和技巧。专业教师会将项目带进课堂，继续结合课堂教学内容进行项目落实，以此深化课堂教学。

另一种是协会联系会员单位的资深人士到学校开设专业讲座或直接参与课堂教学，对师生讲授会展运作实务和管理经验，使学生更好地为胜任会员单位的后续项目运作奠定基础。事实上，业界人员将来高校讲座作为一种荣誉，表现出较为强烈的与学生交流的愿望。这些人员来校讲座之前，往往做了充分的准备，带来了专业老师课堂讲授之外的大量行业信息和经验，很好地鼓励了学生专业学习的热情，助推了学生的专业成长。而业界人员来校讲座的过程中，与学校和老师建立的联系，使得双方常来常往，互通信息，保持了双方的融洽合作关系。

1.3.4 建立评价与用人机制

就业是高校人才培养的重要环节，是经验人才培养质量的根本标准；会展人才是会展企业持续发展、拥有强大市场竞争力的根本保证，而浙大城市学院等高校培养出会展业的新鲜血液,也是会展企业翘首企盼的。所以,在市会展业协会与浙大城市学院的合作中,将实习评价与用人机制作为重要工作纳入了双方的合作内容,具体是:

一类是实习证书和实践鉴定。协会根据用人单位给参与项目学生的评价,制作实习证书和进行实践鉴定。实习证书是学生实践的宝贵记录,实践鉴定是学生专业实践的客观评价。实习证书和实践鉴定为学生所喜爱,激励着学生参与专业实践。试想,当学生带着一大摞记录他们专业成长经历的实习证书和实践鉴定去寻找工作的时候,他们是那么的信心百倍。我们认为:证书文化是会展教育中不可或缺的建设内容。在企业会展项目参与过程中,有的企业会员发现好苗子,就与学生建立持续的实习联系,等到学生毕业后直接留用。其他企业会员,也会根据协会的实习证书和实践鉴定,在用人的时候优先考虑浙大城市学院在会展实习实践中表现优秀的学生。

再一类是基于学生实习表现的就业推荐信。协会根据学生在企业会展项目参与的实际表现出具就业推荐信,推荐在实习实践中表现优秀的学生到社会其他会展相关企事业单位就业,确保会展专业学生高质量的就业。

与市会展业协会的合作,确保了浙大城市学院会展专业学生在大学四年的专业学习中能够有较为充分的会展项目实战参与机会,有利于浙大城市学院培养出对行业真正了解的、具有较强专业实践能力的会展人才,以及基本实现专业对口的高质量就业。

总之,西博办、杭州市会议展览业协会、浙大城市学院三方在会展人才培养机制方面扎实地探索和实践,取得了良好的成效,探索出了"西博办—市会展业协会—城市学院"三方围绕城市会展的人才培养、理论研究和项目运作的紧密协作、共同推进的互动机制和途径。西博办、杭州市会议展览业协会、浙大城市学院三方的合作目标是:在共同推进杭州会展业的发展过程中,努力将浙大城市学院打造成全国知名的会展教育特色院校和全国会展人才培养的重要基地。

1.4 重构高校会展教育生态的思考

"开门办学"是许多高校的办学理念,但是实际做得好的并不多,表现在真正遇到社会需求的时候,一些保守的教务机构和一些不愿意作为、多一事不如少一事的部门往往固守传统思路,以自我为中心思考问题,往往以"影响教学秩序"等冠冕堂皇的名义导致了"开门办学"成为一句空话。这也逐渐造成了教师课堂讲授的内容脱离业界实际操作越来越远。教师闭门造车,学生缺乏实践,已经成为高校人才培养的一个重要问题。

专业教师往往会面临这样的困惑：在学期间组织一次专业实践，需要跑这个部门那个部门办理手续，碰到一些软钉子，以至于带领学生实践的热情被浇灭。另一种困惑是学生到了实习时间，这时各个高校学生都一拥而上，各个企业人满为患；而企业有的时候没有这么多的实践机会，即便学生去了也只是坐坐冷板凳，实习成了喝茶看报纸。这里面需要讨论的是，课程的教学计划到底应该是刚性的还是柔性的？如何使课程的教学计划能够适应把握社会提供刚性的实践机会？如何使学期中的学生专业实践成为课程教学计划的一部分，成为"本来应该这样做"的内容，而非某些教务机构人士眼里的异物？还有，如何营造良好的氛围，让学生积极地参与专业实践也是一个生态方面的问题。如果氛围不好，现在的学生即便有实践机会也会挑三拣四和抱怨，在"稳定压倒一切"的思维下会导致学校教务机构和管理部门对某些实习项目态度的改变或捉摸不定，让参与实践的教师身心疲惫。

当然，企业的发展程度也是影响"开门办学"的障碍。中国的企业发展历程还比较短，总体还处于发展阶段，社会责任感欠强。对在人员招聘方面直接要求"来了就好用"，但是对参与行业人才培养没有太多的兴趣，不愿投入精力和财力参与学校的人才培养。在有人员需求的时候，也往往是使用为主，甚至将学生作为廉价劳动力，没有将自己和学校的合作视为人才教育的重要一环来看待。在目前高校持续扩招、学校专业教育缺少实践机会的背景下，这种纯粹的劳动力型的实践比较多，很多时候学生以志愿者的身份参与，缺少专业技能的培养和指导。在当前的社会发展阶段，企业是需要引导，甚至约束的。在这里需要解决的一个问题是，如何通过引导来提升企业参与专业人才教育的责任感和积极性？

政府在良性教育生态构建中具有关键性的作用。从近些年教育投入的资金的不断壮大来看，政府对教育事业不可谓不重视。但是对于高校来说，还需要具体的人才培养支持。如当前的高校和企业合作中，企业处于上位，高校明显处于下位，这种生态状况在人才培养方面存在着缺陷。政府在良性教育生态构建中的关键性作用应该集中在：如何为高校开创一些"源头活水"（而非一次性的资金投入），让高校办学有可持续的项目资源、人才培养资源和资金来源，使高校在与企业的合作中更具有话语权？如何发挥半官方色彩的行业协会的作用，提升协会企业会员参与人才培养的意识，调动他们积极参与人才培养？

教育生态理论是一种整体互动的教育思想，"其内涵是将生态学原则渗透到教育过程各要素、各环节中，以生态学观点来研究教育与外部生态环境之间以及教育内部各环节、各层次之间本质的、必然联系的基本规律。”[①]教育生态的概念和理论能够很好地启示我们，如何在政府、行业协会和高校之间形成良性互动，重构高校会展教育生态，推进高校人才培养的有效开展和健康发展。浙大城市学院在与政府、行业协会的互动机制中对其中的一些问题进行了探索和解决，构建了相对良好的会展教育生态。

1.4.1 会展教育生态重构中的政府职能思考

在浙大城市学院会展教育生态的构建中，首先政府相关部门，即西博办发挥了极其重要的作用。西博办通过与浙大城市学院共同组建杭州市城市会展发展研究中心这个平台，“以项目带支持”，注入会展项目和研究项目，实现放水养鱼，支持会展人才培养。这里的“以项目带支持”，主要是会展项目，让浙大城市学院通过会展中心承接、参与杭州市政府主导型的会议、展览和活动的运行管理。在把会展项目交给社会企业做还是交给学校机构做的时候，西博办选择把机会更多地给高校，因为交给高校做，不仅可以把会展项目保质保量地完成，同时也具有人才培养的价值和意义，这对政府来说是一个应该重视的因素。

有人会问：学校机构能够和社会企业竞争吗？学校机构的项目运作能力是否能够得到保证？因为这些实际的会展项目运作是来不得半点疏忽的。将项目效给学校做，政府相关部门是否需要承担很大的风险呢？这是一个很好的问题。实际上，对会展业来说，学校机构具有天然的优势。以浙大城市学院为例，其会展中心具有 10 人规模的专职员工团队，专门负责项目运作，并且选派原来的学校教育发展公司副总经理负责项目运行管理。这是会展中心作为校内机构与其他学校机构不同的地方。浙大城市学院会展中心不仅是一个实体运转的研究机构，而且是一个承接项目策划的执行机构；它面向社会时更多的是个公司，面向学校时更多的是一个综合实践基地。除了专职员工团队，浙大城市学院还有 8 人的专业教师团队，在项目运行过程中也会参与项目的策划、执行和管理。更重要的是，因为会展业的行业特点，在项目执行期需要大量人员的参与，学校在这方面具有天然的优势，可谓伸缩自如。专业学生团队组织纪律性好，战斗力强，这是社会企业无法比拟的。犹如作战，浙大城市学院会展中心项目执行中的纵深性非常好，不仅有专职团队，而且有专业教师团队，更有数量庞大的专业学生团队，而且具有中心干事团队和普通学生团队、高年级团队和低年级团队之分。

---

① 王玮航：《家校合作，打造学校和谐教育生态》，《上海师范大学学报》（基础教育版），2010 年第 4 期，第 65 页。

这三支团队经过很多大大小小会展项目的执行考验，已经变得成熟，组成了执行力非常强的会展策划和执行团队。这样的团队在杭州市乃至浙江省的会展公司里面也是属于有一定规模的。实践证明，浙大城市学院会展中心作为项目执行机构，项目运营中具有高校严谨扎实的作风，没有一些社会企业的某些坏毛病，各方面能力处于杭州市会展公司的前列，在杭州市会展业界塑造了良好的品牌。

另外，作为行业协会的管理和指导部门，政府相关机构还可以指导行业协会，通过协会引导协会会员参与到会展人才培养过程之中。数量众多的会员企业项目是人才培养的重要资源。

1.4.2 会展教育生态重构中的学校理念思考

浙大城市学院在与政府的沟通过程中，是本着"要项目不要资金"的理念的。因为给资金是不可持续性的，只能给一次或几次，更重要的是无法改变会展教育的生态。而会展项目是每年都会有的，是源源不断的，是可以改变会展教育生态的，而且有了会展项目，实际上也就有了经费。

会展中心通过项目运作，收获了现金流，不仅在学校不掏一分钱的情况下养活了中心的专职员工团队，而且实现了结余资金惠哺会展教学的目标。会展中心通过项目运作，收获了信息流，将会展业最新信息和会展项目源源不断地输送到课堂教学过程和学生学习的日常化实践之中。教师和学生都吸入了来自一线的新鲜氧气，师生的教学都建立在大量实际项目之上，使得整个教学变得异常鲜活。

更重要的是，会展中心在运作项目过程中实现了教育生态的有效重构。会展业是十分综合性的，在运行过程中需要多方面的专业机构参与，因此外包是会展运作中的常规举措。浙大城市学院会展中心有了项目之后，社会会展企业很多时候作为乙方单位参与会展中心的项目运作。处于甲方单位地位的浙大城市学院，在教育生态上就占据有利地位，能够从人才培养上主动地利用项目锻炼使用学生。项目参与单位因参与会展中心项目的缘故会积极地接受浙大城市学院的学生去实习，会重视浙大城市学院去实习的学生。有时候，学生是直接以会展中心工作人员的身份派驻到对方公司去顶岗工作的，而因为浙大城市学院的学生好用，所以实习需求源源不断，专业学生实习机会非常丰富。

学生参与项目实践是作为课程教学的内在要求和应有之义。为了实现项目运作时间的刚性，浙大城市学院构建了柔性教学机制，要求学生每学期 17 周中拿出 2 周参与会展中心的项目实践。试问：学生一个学期 17 周都是坐在课堂里听课好，还是 15 周听课，机动 2 周参与项目运作好呢？很多学生会因为不知道要学什么而处于迷茫状态。而参与实践后回来的学生，因为在参与项目过程中亲身感受到了业界需要什么，往往精神状态良好，学习变得繁忙。这就是高校教育需要的效率。值得注意的是，柔性教学计划并非在某两周所有学生都停课去实习。这个机制的根本原则是适应项目运作的刚性，这里的“刚性”不仅在于时间方面，也在于实习人数的需求方面。会展项目有多少岗位需求，才让与之对应数量的学生进行参与，不参与的学生则照常上课。这就是提升人才培养质量的实质举措。在教育教学改革不断深入的当下，不少高校是应该实实在在抛弃那些陈旧的计划和顽固的思维，转换思想，采取切实举措提升教育质量的时候了。

1.4.3　会展教育生态重构中的协会职能思考

中国的行业协会其实都是半官方色彩的，在政府部门的指导下开展工作。如果政府在教育生态中有良好职能的发挥，它也能够协调行业协会更好地参与人才培养。

如前所述，杭州市会议展览业协会汇聚了杭州市几乎所有会展企业和机构，资源丰富。单个企业对人才培养可能意识不强，但是如果有行业协会引导，则情况会大不一样。企业和高校是本来就存在内在合作需求的，要解决的只是这种需求如何在人才培养的层面运作。

在年度优秀会员评选中，市会展业协会设置了如企业老总和资深员工到高校讲座次数、接纳学生实习人数、高校项目合作次数等指标。和高校的互动与合作情况，也作为协会向政府推荐会展项目承接机构的依据之一。

依着会展教育生态的重构，高校作为人才培养的专门机构，需要做主动出击者，积极作为，大胆沟通，努力争取政府的相关支持，调动协会的力量来提升与企业的对接，为构建良好的教育生态而努力。

02 基于项目驱动的创新型会展高级人才培养模式

如何培养符合时代需要的创新创业型人才，是所有应用型本科院校面临的重要课题。在会展经济蓬勃发展、会展人才紧缺以及国内会展人才培养刚刚起步的背景下，浙江大学城市学院与杭州市政府积极构建了校内综合创新实践基地——浙大城市学院杭州城市会展研发中心，以专业教师团队、专职员工团队、专业学生团队为核心，将政府资源、学校后勤资源转化为人才培养资源，采用基于“项目驱动”的创新型会展高级人才培养模式进行应用型人才的培养，获得了初步的成功。

2.1 项目驱动人才培养模式的平台和项目来源

2.1.1 项目驱动人才培养模式的运作平台

浙大城市学院杭州城市会展研发中心（简称会展中心）是浙大城市学院基于“项目驱动”的创新型会展高级人才培养模式的运作平台。会展中心由浙大城市学院与杭州市政府会展主管部门联合举办的校内综合教学实践基地，其基本目的是通过该中心，承接政府和社会会展研究课题和会展项目，并把这些项目转化成会展人才培养资源，以项目驱动为理念，让学生在本科学习的阶段能够全程参与会展项目的运作，实现项目参与的日常化，从而实现高级会展创新型人才的培养。

关于会展中心的发展历史、基本架构、三大职能、运作机制、发展战略等，请参见本书《独具特色的创新综合实践基地：会展中心》章。

2.1.2 项目驱动人才培养模式的项目来源

顾名思义，项目驱动人才培养模式的实现首先需要有会展项目。很多学校也有类似的人才培养模式或曾经尝试构建类似的人才培养模式，但是最终效果不是很理想或没有成功，其原因主要是没有足够的项目，或者根本就无法承接到社会的实际项目来服务于人才培养。巧妇难为无米之炊，真实的项目是项目驱动人才培养模式成功的关键因素。浙大城市学院会展中心的会展项目的来源主要为以下三个方面：

1. 杭州西湖博览会项目

每年一届的杭州西湖博览会项目都有100多个会议、展览和节庆活动项目。其中一些政府主导型会展项目都需要寻找社会会展机构进行承办。

在杭州市政府积极推动市政府机构与浙大城市学院进行政产学研合作的背景下，以共同培养会展创新型应用人才为目标，我们邀请了杭州市政府会展办共同组建了会展中心，并邀请了杭州市政府西湖博览会组委会办公室的主任担任会展中心的顾问等。与政府的紧密合作，保证了会展中心能够优先获得承担和参与杭州西湖博览会项目的机会。

政府在选择合作对象的时候，是愿意把会展项目交给社会会展公司还是浙大城市学院的会展中心？这里需要考虑两个问题：机构实力和附加价值。

首先是会展中心与社会会展公司的实力比拼。会展中心拥有专职员工团队10人，专门负责项目的承接、策划与执行。这支专职团队保证了社会实际会展项目运作的质量和成功。10人规模的会展公司在浙江省并不算小，浙江省社会上的一般会展公司的员工团队也基本都只有10人规模，有的甚至更少。与社会会展公司不同的是，除了专职员工团队之外，浙大城市学院还有一支8人组成的专业教师团队和数量众多的专业学生团队。专业教师团队中多人具有博士或硕士学历，精通会展专业相关理论知识，并对国际会展业的运作有较深的研究和了解。这支专业教师团队在会展项目运作过程中，可以发挥很好的顾问、策划和参与作用，确保会展策划方案、执行的高质量。专业学生团队也是一支有生力量。会展业的业态是在执行过程中需要大量的人员参与。专业学生团队在专业老师带领下进入项目运作，特别是执行阶段，素质整齐具有专业水准，并作为教学活动管理方便，专业学生团队在会展中心的项目运作中更像一支战斗力极强的正规军，使得社会会展公司望尘莫及。这三支团队整合出来的优势和战斗力，是社会会展公司所不具备的，是会展中心的优势和实力所在。

其次是附加价值。政府将项目交给社会会展公司运作，也能够确保会展项目高质量的完成。但如果将会展项目交给浙大城市学院会展中心运作，则会增加一个政府十分在意的附加价值，这就是会展人才培养价值。杭州市政府在推进会展业发展中，把推进会展人才培养作为一个重要的任务和战略举措。因此，将会展项目有意识地交给浙大城市学院会展中心承办，让会展中心在保质保量完成会展项目运作中，同时开发出项目的人才培养价值，成为杭州市政府会展主管部门的价值取向。

除此之外，杭州市的8个市辖区、3个县级市、2个县都设有会展办这一机构，也拥有很多大大小小的会展项目，需要开展很多的会展活动。在西博办的带领下，这些编制少、人手缺的区市县会展办也把与浙大城市学院会展中心合作作为自己一项重要的工作策略，将一些会展项目交给会展中心承办或参与。这为会展中心带来了丰富的项目资源。

图 2-1　2009 年中国城市会展高峰论坛时我院的学生工作人员团队

2. 浙江大学国际会议

作为中国一流学府，浙江大学每年召开的国际型学术会议约有100场，同时还有大量的校内活动、小型展览等。以往这些会展活动的运作，往往各自为政，由不同学院主办，结果是很多博导教授繁忙于细琐的会务活动，做的是与自身专业毫不相干的事情，造成了人力资源的巨大浪费，而且相关运作也不够专业水准。在"专业的人做专业的事"理念的指导下，浙江大学会展活动，特别是一些国际会议，慢慢开始寻找社会会展公司来运作，而浙大城市学院会展中心作为浙江大学自身内部的一个实力会展专业运作机构，自然有不少优先权。由于会展业快速发展，社会会展公司有些鱼龙混杂，一些会展公司不诚信运作造成了一些社会机构，特别是政府机构、高校等对社会会展公司的不信任。政府机构、高校等机构更愿意把自己的项目交给浙大城市学院会展中心这样背景可靠和值得信赖的会展机构运作。

其实，每个学校都会有各类会议、展览展示和活动，可谓数量众多，数不胜数。如果学校层面加以引导，将这些会展活动开发成会展人才培养资源，则每个学校的项目驱动人才培养模式都可以运作起来。但是这方面会遇到的阻力是：相关学院会觉得自己有一批专业老师、行政人员和学生可以组织起来进行会议运作，交给会展机构做，不管是校内的还是校外的，都需要承担一笔费用，会增加支出。

在这个问题上，一方面是学校需要“专业的人做专业的事”的理念和具有“将后勤资源开发成人才培养资源”的意识，认识到人才培养的重要性，进行“学校导向，市场机制”下的校内会展项目运作。所谓“学校导向”，是学校积极主动地引导，甚至可以直接出面牵线搭桥，促进某些校内会展项目的学院和校内会展人才培养基地的合作。需要注意的是，校内会展人才培养基地不需要也没有能力承担所有校内的会展项目，只需有选择地承办有人才培养开发价值的会展项目。所谓“市场机制”是主办学院将会展项目交给会展中心承办时，是需要付费的；双方通过议价达成合作；在校内会展基地有优先权的基础上，也可以寻找校外会展机构承办会展活动。另一方面是校内会展人才培养基地提供服务的性价比问题。首先是价格合理。因为是校内的服务与人才培养的综合实践基地，不以盈利为目的，报价往往只是接近维持基地日常运作和专职员工开支需要的成本性价格。这样不至于让学院觉得把项目交给校内会展人才培养基地运作增加了自己一大笔开支。其次是服务质量的问题。要让主办学院觉得交给校内会展人才培养基地运作，会议质量和效果有了很大提升，付出的钱很划算，得到的服务物超所值。这方面，学校需要走出的一步是建立会展项目运作的企业编制的专职团队，纯粹靠专业老师和学生来进行实际的会展项目是不现实的，不具有持续性和可靠性。在给政策的前提下，学校也要建立机制，让校内会展人才培养基地“自负盈亏，自我养活”，以保持基地的活力和战斗力。总之，如何解放思想，做好内部挖潜，做活会展人才培养模式，是每个高校需要认真思考和努力落实的工作。

3. 社会会展项目

通过不断的努力，浙大城市学院会展中心在社会上建立了自己的声誉，打响了自己的品牌。不少公司、各市县驻杭办事处等都纷纷联系浙大城市学院会展中心并建立合作关系，在杭州市会展业界，会展中心先后获得了杭州市十大营销策划机构、2010年上海世博会优秀服务奖，承办的多个会展项目获得杭州市会展业评比年度金奖。

图 2-2　会展专业学生参加中国第三大贸易型展会——义博会的工作

除了承办会展项目之外，会展中心还获得了大量社会会展机构会展项目中的某些外包工作。会展是个综合性很强的工作，一个项目的运作往往是多个企业参与，各自发挥专长，实现高质量的会展项目运作。正是这个特点，会展中心也凭借着自己的实力和专长，源源不断地获得了社会会展公司承办会展项目的一些外包业务，包括项目策划、会展设计、人员接待、会展人力资源提供等。

以往一些人担心能否自我养活的情况根本不存在，更多的问题出现于：这么多项目如何基于人才培养的需要进行选择？在项目十分充足的情况下，如何防止市场强势，确保会展中心人才培养的基本使命和目标不被边缘化？

浙大城市学院正是以其独特的校内综合创新实践基地——会展中心为平台，源源不断地从政府机构、学校内部和社会机构中引入会展项目，构建了基于“项目驱动”的创新型会展高级人才培养模式，不但自收自支养活10名企业编制员工，在实现盈余的同时，更是有效地创建了国内为数不多、充满活力的会展人才培养模式，为自身人才培养提供了大量的实践机会和教学案例，使会展人才的培养建立在日常化的会展项目运作之中。

2.2 项目驱动人才培养模式的三支团队

1. 专职员工团队

目前会展中心专职员工团队人员10人，这些员工为企业编制，实行企业化管理，人员经费由会展中心自收自支，用项目运作盈利养活。经过两年的运行，浙大城市学院已经成功实现了专职员工团队的自收自支，并有所盈余。

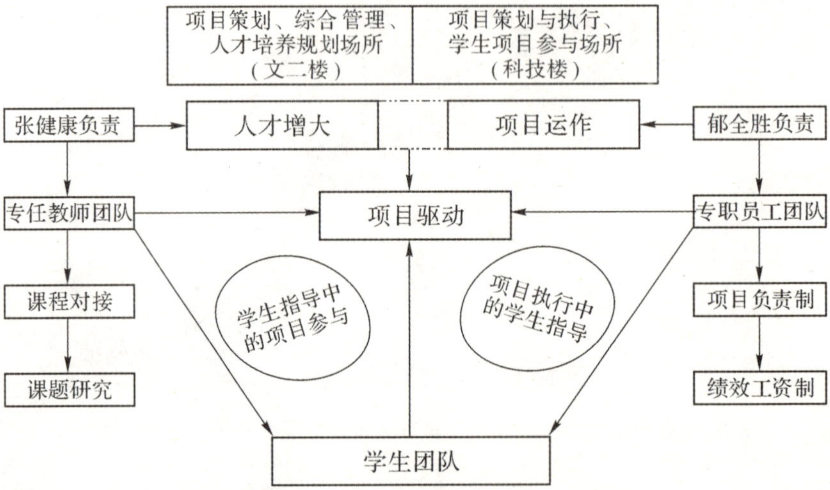

图 2-3 项目驱动人才培养模式三支团队互动图①

专职员工团队是会展中心项目运作的核心团队，为会展项目的顺利承接和成功执行提供了队伍的保证。校内综合创新实践基地要有市场所需要的执行力和竞争力，必须建立这样一支专职员工团队，并自我养活。没有专职员工团队是很多高校建立类似机构失败的根本原因。但是要构建专职企业编制团队并建立自我养活机制，对很多高校的管理者内心造成挑战和压力。很多高校管理者因为“万一不能实现自我养活怎么办”的疑问而停止脚步，不愿意承担冒险。其实，既然面对这样的问题，思考的重点为何不落到“如何防止不能自我养活”问题的解决上呢？浙大城市学院会展中心刚刚组建时，就是校长、副校长亲自挂帅的，政府部门也派出了会展办的主任、副主任的强大阵容参与会展中心的组建工作，

① 图中的张健康、郁全胜均为会展中心副主任，张健康负责专业教师团队管理，专业教师团队职责为推进学生指导中的项目运作参与；郁全胜负责专职员工团队管理，专职员工团队职责为推进项目运作中的学生指导参与。

双方进行了高效的磨合和资源的引入机制建设，最终使会展中心发展壮大。同时，需要选拔一位负责会展中心项目经营的人才，让他具体负责挑起养活会展中心专职员工团队的担子。浙大城市学院在这方面的操作是：抽调学校教育发展公司副总经理到会展中心担任副主任，享受学校中层干部待遇，负责项目运作，承担通过项目盈利养活专职员工团队的任务，做到“有位子有担子”；在学校和政府给政策和资源的基础上，加强会展中心经营管理副主任的绩效考核和奖励，促进其工作积极性。

这里需要强调是，专职员工基本团队一定是自我养活并且是企业编制的。有的学校为了显示重视，给予专职员工基本团队事业编制，这必将造成会展中心最后的运作行政化，缺乏市场竞争力、项目承接动力和执行力；而且由于事业编制的稀缺性，会造成中心在进人选人方面受到过多的干扰，引进来的人不能真正很好地挑起项目运作的担子。

专职员工团队的基本任务是在项目运作中进行学生指导，项目运作是其核心任务，学生指导是其辅助工作。所以，在考核方面，会展中心对专职员工团队进行目标考核和过程考核，也就是在项目运作过程中，专职员工团队成员在保质保量完成项目运作（目标考核）的同时，要带领和指导学生展开会展专业实践（过程考核），确保项目高质量完成与会展人才培养目标的实现。学生既是负担，又是项目工程运作的力量。与此同时，浙大城市学院在承担的会展项目运作策划中，既注重结果，千方百计取得最佳的执行效果，又注重项目运作过程中的人才培养价值挖掘，在项目策划期、执行期和总结期都认真设计课程对接和学生参与等，做好项目的教学价值开发。

2. 专业教师团队

学院目前有会展专业教师团队 8 人，其中高级职称 4 人，博士后、博士与在读博士生 4 人，双师型教师 3 人。这支团队是会展人才培养的核心团队，与会展中心专职员工团队关系紧密，确保了基于“项目驱动”的创新型会展高级人才培养模式的活力和水准。基于项目驱动和对接的需要，专业教师团队成员以各种形式进入会展中心参与项目运作，具体形式包括：

基于课程对接的进入：为更好地培养创新型会展应用人才，实现会展课程教学与中心项目运作的深度互动，浙大城市学院通过“1＋1＋1”教改模式推进课程与会展项目的对接。所谓的“1＋1＋1”教改模式，是指学校以给会展专业教师团队设立教改课题的形式，要求每个学年进行“一位教师以一门课程对接会展中心一个项目”的教改活动。相关教师进入会展中心参与会展项目，并将项目引入课堂，与课程对接，使选课学生参与项目的策划、执行、总结全程运作。由此，任课教师需要全程参与项目的承接、动脑会议，以及项目运作各个环节细节性的事务，以便做成教学案例作为课堂讲授的内容。

基于挂职锻炼的进入：会展作为新专业，教师队伍也需要参与实际会展项目的运作，不断获得锻炼。专业根据专业教师的教学任务轻重和个体情况，有计划地派驻老师到会展中心，进行“双师型”的培养，使专业教师不仅具有专业理论知识，而且具备会展运作的实务经验，提升会展人才的培养水平。

基于项目运作的进入：会展业是需要大量人手的产业。有时候项目执行阶段缺少人手，同时参与项目执行的学生也需要加强专业指导，因此专业教师也会按照项目的需要参与项目运作。

根据教育部相关文件精神，浙大城市学院会展专业教学正在逐步减少课堂教学时间，突出学生实践时间；要求会展实务类课程的教学，必须有一定比例的时间利用会展中心的项目进行实战性的真实项目的策划、执行和总结等各环节的实践。通过这种方式，专业教师团队负责课程教学过程中与会展中心业务的衔接，组织学生动脑小组开展会展项目策划；结合课程内容，负责对学生进行项目执行所需要的相关业务培训，指导学生参与项目执行和顶岗实践；通过总结环节，对学生的会展策划和项目参与进行课内外的全面指导和讲评，做到了课堂与实战的互通。

浙大城市学院专业教师团队经过几年项目运作的参与，已经走向了成熟，在专业教学和项目运作方面表现出了很强的能力。与专职员工团队“在项目运作过程中指导学生”不同，专业教师团队的使命是“在指导学生过程中参与项目”，即专业教师团队的核心任务是利用好会展中心的项目资源，指导学生利用由项目资源转化来的教学资源，引导学生结合课堂知识做好专业实践，促进学生专业能力的提升；同时，专业教师团队也参与项目的执行，这是因为学生是在项目执行阶段得到最大的锻炼的，教师需要和学生一起参与项目执行，在实践中指导学生，并为自己后来的教学项目总结等积累素材。

3. 专业学生团队

专业学生团队的核心组成是会展经济与管理本科专业学生，也包括旅游管理专业的会展与旅游管理专业方向、艺术学专业的会展设计专业方向等学生。同时，学校内与会展相关的专业、对会展有兴趣的学生也构成了会展中心专业学生团队的补充成员，他们都可以通过自由报名参与项目运作。学生进入中心参与项目运作的方式包括：

(1)以学生干事的身份进入

这种参与方式是以会展经济与管理专业和会展专业方向的学生为主的、面向全校学生选拔。

会展中心根据实际工作需要，设立学生干事岗位。学生干事采取选拔方式进行，吸纳优秀苗子采用会展人才精英化培养。会展专业目前还是国家的试办专业，全国各个高校也是群雄蜂起，欲在会展教育方面争得一席之地。在这样的背景下，学校在加强基础建设，确保整体学生培养质量的基础上，有意识地采取策略培养会展专业学生的精英团队，通过这些学生走向社会后的超强专业能力打响会展专业的品牌，不失为一种会展教育市场竞争的有效策略。

学生干事参与中心的项目的全程运行以及中心的日常工作。学生干事岗位采取 AB 岗，根据学生的课程情况，灵活安排学生在会展中心坐班参与项目的时间。同时，入选的学生应该保证有一定的时间参与中心的活动和安排的各项工作，做到在上课的时间之外，其余时间则主要在会展中心参与项目的运作，实现本科阶段会展项目参与的日常化、常规化。为体现学生工作的价值，会展中心以津贴形式给予学生适当的报酬。

一些素质好、悟性高的学生干事，通过会展中心的项目参与，专业能力获得了很快的提高，以至于能够独立承担项目执行中的一些关键性工作，独当一面地开展工作，能力甚至胜过一些社会会展机构正式员工。从学校来看，这些学生的成才是其最大的成果，而这些人才必将能够未来在浙江省，乃至长三角的会展业占据一席之地，最终为浙大城市学院会展教育打响品牌做出贡献。

图 2-4　会展中心学生干事召开年度总结会议

(2)基于课程的进入

这种参与方式限于会展经济与管理专业和会展专业方向的学生，或者选修了会展相关课程的学生。

根据教学计划和具体课程的设计，会展经济与管理专业的专业核心课程和专业指定选修课程都存在着与会展中心项目对接的可能。基于课程进入的学生是整体性的进入，所有选课的学生在任课老师的指导下参与项目运作。基于课程进入的学生，其参与中心项目的环节，将作为其取得课程学分的前提和必要条件，其在中心参与项目的表现是其课程成绩的重要组成部分。

(3)基于项目的进入

这种参与方式是以会展经济与管理专业和会展专业方向的学生为主的、面向全校学生。

该类参与方式适用于项目运作期间需要大量工作人员的特定项目。会展项目执行阶段需要大量员工的行业特征，为会展人才培养提供了巨大空间，也为专业学生实践提供了良好机会。几乎每个项目在执行阶段，都需要有学生参与。我院会展中心在项目执行阶段每年提供的专业实践机会都在2000人次以上。

会展中心会根据项目运作的需要，以及为学生提供实践的考虑，灵活招募相关工作人员。因为是参与实际项目运作，所以基于项目进入的学生也需要通过一定的选拔，确保项目执行的胜利完成。

(4)基于本科周期的进入

这种参与方式体现为一个培养的过程，以会展经济与管理专业的学生为主。为培养应用性会展应用型人才，会展经济与管理专业学生整体进入中心。

根据学生专业学习的特点，大一学生进行初步的、外围的参与，做一些基础性的会展参与，主要立足于对会展业的了解和初步感受；大二大三结合专业课程进行深度的、核心的参与，主要立足于对会展专业实践能力和就业竞争力的提升，培养出相对成熟的会展专业人才；大四则是通过会展中心的推荐，进入社会会展公司实习，基于就业开展专业实践。大二大三时间段是学生专业能力形成的重要阶段，因此也是专业学生参与会展中心项目运作的主要时间段。

(5)基于中心延伸基地的进入

这种参与方式是以会展经济与管理专业和会展专业方向的学生为主，面向全校学生。

在项目运作过程中，中心与社会会展机构形成业务往来关系。在此基础上，会展中心积极挖掘业务合作单位的实践机会，建立各类学生实践基地。会展中心选派优秀的学生，特别是大四学生进入这些基地进行毕业实习实践。学生进入中心外设的实践基地，以中心学生干事的身份参与实习，接受会展中心和实习单位的严格考核和管理。学生进入会展中心外设的实践基地的补贴，由会展中心会商基地考虑。会展中心在对学生管理的过程中，也基予就业的目的积极与实习单位沟通，以便促成学生高质量的就业。由于有基于会展中心延伸基地进入的通道，基于"项目驱动"的创新型会展高级人才培养模式就成为了一个开放性的、校内校外有效互通的人才培养模式。

图 2-5 会展专业学生为菲律宾副总统(左二)介绍杭州会展业发展情况

2.3 项目驱动人才培养模式的操作形态

2.3.1 项目驱动人才培养模式的基本形态

基于"项目驱动"的创新型会展高级人才培养模式的主要特点是：

1. 实务类课程的进入

基于应用型人才培养的需要，基本上会展类课程都需要采取项目驱动的理念，将整个教学过程建立在会展中心承接的项目之上，突出会展理论和实践的对接度，强调会展专业教学的实务性。特别是会议策划与组织、大型活动策划与组织、展览策划与组织、会展客户关系管理等会展核心课程，都率先进入会展中心，与中心承接的会展项目的紧密对接，开展教学模式改革和创新，为基于"项目驱动”的创新型会展高级人才培养模式建立样板。

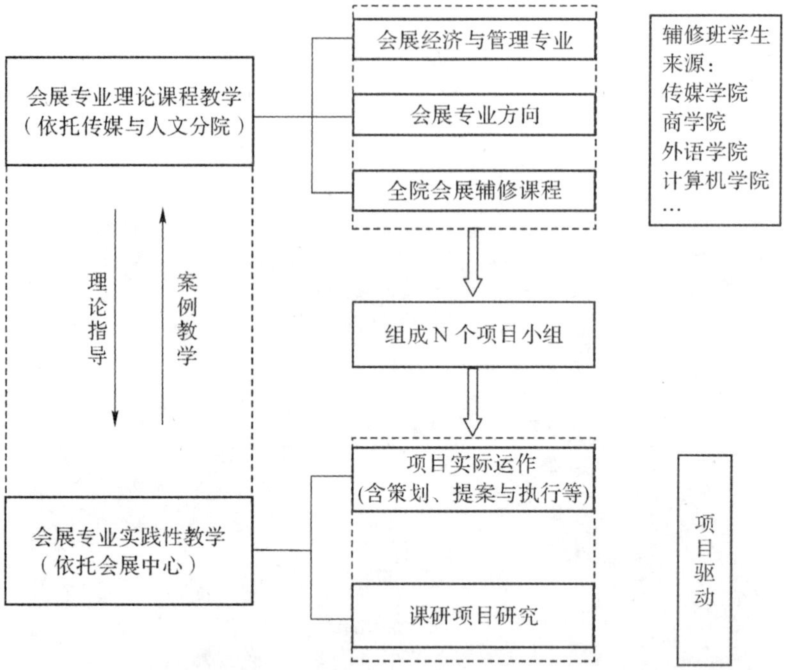

图 2-6　基于“项目驱动”的创新型会展高级人才培养模式示意图

有一些常规性的会展项目，已经长期由会展中心运作，对于这些项目，则构建稳定的项目—课程对接。一些变动性的项目，则通过事先的沟通，使教师在教学内容设计和教学日历安排中加以体现。所有这些项目，都要求参与老师最后完成教学案例的写作，以便用于以后的专业教学中，使项目驱动人才培养模式不仅建立在现时的会展案例中，而且建立在过往的会展项目中，增加项目驱动人才培养模式的深度和厚度。

2. 学生项目小组的形成

学生组成N个项目小组，参与会展中心的项目的全程运作。项目分策划期、执行期、总结期。策划期、总结期，项目进课堂，学生以项目小组参与讨论；执行期学生进中心，部分学生参与项目执行，其余利用周末时间观摩项目执行。具体包括：

策划期——项目进课堂，在专业教师主导、专职员工参与下结合课程教学内容，组织学生参与项目策划。专业教师组织学生以项目小组形式进行课内外会展项目的策划讨论、策划提案等，并将策划成果发表到校内网络平台新闻中心网站，实现会展中心和新闻中心互动。浙大城市学院会展人才培养定位在会展的策划、文案和管理上，所以从专业定位来说，这个环节的学生参与非常重要。俗话说：三个臭皮匠顶个诸葛亮。数量众多学生一起参与会展项目策划，爆发出来的策划创新力是惊人的。学生思路新颖，观点前沿，对社会的新现象新情况反应很快，策划上又没有太多条条框框，所以往往能够产生很好的点子。当然，学生的策划书很多时候是不可用的，毕竟他们还是处在专业学习的过程之中，所以策划的东西很多时候太理想化，可行性不强。虽然其策划书整体上不可行，但是学生的策划书里也常常会包含闪光的东西，某个点子却非常好，是久限于行业内的人士不能够想到的。在这种情况下，对这些点子加以吸收，写入会展中心的最后策划书中，递交会展主办单位，往往使会展中心的策划方案略胜一筹。

图 2-7　会展专业学生参加项目开幕前期的紧张的物料准备

在策划期，十分需要专业教师对学生进行策划的指导，让学生大胆地做出自己第一条“小板凳”，最后专业教师将会展中心的正式的策划书给学生，让学生自我寻找自身策划和正式策划的差异和差距，同时老师进行进一步的指导，使学生会展项目的策划能力获得实际的提高。

执行期——学生进中心，参与项目执行。根据项目实际运作的需要，会展中心选拔部分学生参与项目执行。由于会展项目的执行阶段一般会包含双休日，所以，没有被选中直接参与项目执行的学生也可以在周末这个时间段观摩会展项目执行，实现某种程度的全体参与，既检验策划阶段自己的策划，也为后阶段的总结做好准备。

执行期会展专职员工团队是在项目执行中指导学生，专业教师团队是在指导学生中参与项目。专职员工团队、专业教师团队都会积极引导专业学生在课堂专业知识的指引下开展项目执行的参与，深化课堂教学。执行期参与项目的学生是作为正式工作人员进入的，而非志愿者身份。这一点非常重要，一则我们是培养会展专业人才的，为此通过学生直接的顶岗实践来加速专业人才培养；二是需要学生树立这一意识，因为其参与的项目是一个实际项目，只许成功不许失败，每个参与项目的学生都要以正式工作人员的角色迎接会展项目运作过程存在的许多不确定带来的巨大压力和挑战，胜利完成所在岗位的工作。

总结期——项目再次进课堂，教师结合课程内容组织学生参与项目总结讨论，让所有学生在参与策划和项目执行（或观摩）基础上，深刻领悟会展项目运作的要义，获得实践经验，提升专业能力。总结期进行建立在课程内容和项目实践基础的讨论深化的基础上，促进学生提升实践的经验，归纳课程的相关知识，使课程的理论知识变得鲜活，转化为学生的专业能力。在这个过程，专业教师也通过自己与学生的体会和经验，和学生共同完成会展项目的教学案例制作。

总结期的工作是项目驱动人才培养模式的“画龙点睛”之笔，对师生会展专业能力的提升具有重要意义。这方面需要防止：项目执行很辛苦，辛苦完了之后，专业教师团队、专职员工团队都松了一口气，做万事大吉状，急于去休息休养了。

3. 学生的全程性深度参与

学生参与会展中心的项目运作是全程性的和深度的，包括前期会展项目策划、会展项目提案、项目的具体执行、项目的总结、教学案例的制作。浙大城市学院会展教育始终认为：志愿者性质参与的会展实践不能满足专业人才培养的需要。所以在其项目驱动人才培养模式之中，始终将学生作为正式的项目工作人员来使用和培养。为了让学生承担起正式项目执行人员的责任，除了课程和教学环节的考核之外，会展中心也给予学生参与项目合理的报酬，使他们认识到自己的工作是拿报酬有责任的。在专职员工团队、专业教师团队的力量能够既保障会展项目顺利执行的情况下，在专职员工团队、专业教师团队强力指导下，将学生压到项目执行的一线，加速学生专业成长。而学生也通过组建学生项目小组的形式，加强相互协作和沟通，以确保各自岗位职责的顺利完成，这也很好地培养了会展专业学生十分需要的团队意识和沟通能力。

4. 学生参与的专业性与研究性

建立在理论基础上的实践才是有意义的。学生参与会展中心的项目不但包括会展实务项目，学会实务项目操作技巧技能；还包括会展课题的研究，深化会展理论的掌握和会展问题的解决能力。

图 2-8　会展专业学生参与项目过程中

因为会展项目参与过程中，并非像有些学生想象的那样有趣好玩，往往表现为一种辛苦、简单甚至枯燥的工作。在这样的情况下，学生以何种状态参与项目运作，决定着项目驱动人才培养模式的效率和效果。浙大城市学院通过设立学生课题或者让学生参与教师的会展课题，要求学生带着眼睛、头脑参加实践，做到"眼观六路耳听八方"，以实现在一个"点"上工作而达到对会展项目运作整个"面"的了解和掌握。带着问题、课题参与项目能够进一步促进学生的专业思考，使项目驱动人才培养模式增加研究性等等，对项目驱动人才培养模式内涵的深化具有很重要的意义。

5. 中心与专业的一体化互动

浙大城市学院会展教育主要包括会展经济与管理专业、旅游管理专业的会展与旅游管理专业方向、艺术学会展设计专业方向等。这些会展教育与会展中心实现紧密对接，一体化运作，相互视对方为不可或缺的一部分。会展课堂教学为学生在会展中心提供理论指导，给会展中心提供必要的人力资源支持；会展中心的项目参与为会展课堂教学提供案例教学，给专业学生提供专业实践机会。会展中心紧紧围绕人才培养开展项目运作，将专业人才培养作为项目运作的必要环节；专业人才培养紧密依托中心项目开展，将项目参与纳入教学计划之中，形成项目驱动人才培养模式中的双向互动。

图 2-9　会展专业学生项目参与中的专业讨论

2.4　对项目驱动人才培养模式的思考

2.4.1　政府和学校的鼎力支持

会展业是一个政府主导色彩很强的行业。会展人才的培养与会展业的发展一样,同样离不开政府的强力支持。政府和学校的鼎力支持是基于"项目驱动"的创新型会展高级人才培养模式获得初步成功的基础。会展人才培养模式的改革创新,包括政府高校联办会展中心的机构磨合、会展项目资源的引入、企编专职员工团队的建立、柔性教学计划的设置等等,都需要学校和政府的大力支持,甚至身体力行,付出大精力为之开拓出新路。否则,会展中心就可能因为机制问题,也可能因为无法承接到项目而名存实亡,基于"项目驱动"的创新型会展高级人才培养模式也就无从谈起。

在高校、政府合作方面,高校具有更多责任,需要付出更多的努力。有的学校的领导抱怨其所在地的政府部门没有参与人才培养方面的意识。但是,其实这里很关键的是,学校领导需要发挥主动性,亲自为引入政府资源主动登门拜访相关部门,积极去沟通磋商出可行性的对接方案。被动等待,让政府部门找上门来是不太现实的,再说高校这么多,别人又为什么找你呢?学校领导要着眼于机制建设，在与政府合作初期乐意做些小事，积极地推进与磨合，协助政府完善和完成社会服务和政府工作，努力获得他们的支持，引入资源，做活做强学校的人才培养。

2.4.2 刚性的项目运作与柔性的课堂教学

会展项目运作的时间性是十分强的，是刚性的，不能够改动。以往课堂教学似乎也是刚性的，这也许是传统保守观念作祟的结果，也可能有多一事不如少一事的思想和不图进取的状况等原因。根据教学规律和人才培养的实际需要进行改革是教学管理部门的核心工作，而非墨守成规地拿僵化的东西去评价和管理教学。项目资源转化而来的教学资源，是应用型人才培养中的宝贵资源。采取柔性教学机制，正是落实应用型人才培养的重要举措，也是提升教学质量的有效手段。我们发现，学生利用一至两周的时间离开课堂参与项目执行，要比其整个学期 17 周都闷在课堂里听课效果要好得多，参与实践后学生不仅提升了专业技能，更知道自己需要学习些什么，因而学习的积极性、主动性和出去实践之前往往不可同日而语，甚至判若两人。

学生离开课堂参与项目运作的时间是根据会展中心项目运作的需要来设定的，以保证学生实践有事可做、有专业的事情做，取得专业实践应该有的效果。学生参与项目运作是部分学生，大部分不参与的学生照常上课；参与项目的学生落下的课，老师不再补课而由学生自学跟进。这里我们的理解是，参与项目实践也是课程学习的重要组成部分，学生本来应该在课程学习的过程中参与项目实践；大学专业学习自学是一种重要形式，专业学习不一定要全部在课堂内完成。另外，我们不赞成集体停课让学生参与项目，这主要是与实际项目运作形态和人员需求不符合，大量学生进入会展中心往往没事可干，达不到实践的目标。在长效机制的运作中，浙大城市学院是根据项目运作的实际进行学生参与的选择；同时也不会在同一课堂抽调过多的学生，以免影响该课堂的教学氛围，我们往往在会展经济与管理专业、旅游管理专业会展与旅游管理专业方向、艺术学会展设计专业方向等课堂里进行平衡性的抽调和选拔，确保课堂教学和项目执行两个方面的平衡与共同发展。在这里，允许学生每学期有一至两周的时间离开课堂参与项目执行，需要跟进严格的学生管理、实践管理制度，以及如何通过适当的教学计划调整，使柔性教学机制下的教学课时数符合教学规定的基本要求。

虽然是部分学生参与项目执行，但是如何通过会展中心项目达到整个课堂学生的专业提升效果呢？如前所述，我们将项目分为策划期、执行期、总结期。策划期，项目进课堂，与课程对接，让学生在教师的指导下整体参与项目策划，着重培养学生的创新策划和文案写作能力。执行期因为不需要过多的学生，整个专业的学生都参与项目执行不现实，但是展会往往都包含周末的时间，所以我们采取部分参与执行，部分观摩展会。教师参与其中，在参与项目执行中指导学生，同时积极积累素材，制作教学案例。最后阶段是总结期，这个阶段也进入课堂，作为教学环节的一个组成部分。在总结期，专职员工、专业教师都进入课堂，师生充分互动，对自己亲身参与的展会项目进行总结评价。

2.4.3 双师型教师的培养和教学案例的获得

作为一个新兴的专业，会展专业面临着师资队伍不成熟、专业教材稀缺或者理论与实际脱节等问题。如何解决这些问题，提升人才培养的质量，是每个会展教育院校面临的紧迫课题。

基于"项目驱动"的创新型会展高级人才培养模式不但能够使学生得到专业的锻炼，而且能够使教师的会展教学水平得到提高，为突破会展教育师资和教材瓶颈提供了解决方案。为了促进教师队伍的成熟，浙大城市学院积极推进教师的项目参与，让教师深度参与会展中心的项目，获得会展项目的操作经验，培养双师型教师队伍，提升会展教学水平。浙大城市学院要求会展专业老师必须进入会展中心参与项目，以此接触会展业界，将一线的所做所思所想结合教学内容传递给学生，与学生分享自己正面的经验和见识；要求专业老师表达出对专业所在行业的热情和激情，而且应该是高度的热情和激情，以带动学生专业学习的热情。通过进入业界，获得和积累丰富的会展操作经验，才能在课堂教学中超越书本，用自身特殊的经验和心得，吸引学生的注意力。

同时，教学案例的积累也是教师参与的重要工作，是浙大城市学院基于"项目驱动"的创新型会展高级人才培养模式的重要成果。浙大城市学院对每一个项目都会派遣一位专业老师进行全程参与与跟踪，一方面指导学生，另一方面进行教学案例资料的收集和整理，以便在项目完成后形成一个能够供教学使用的案例。在这里，浙大城市学院注重中小型会展项目的案例价值，因为这些项目是我们自己做过的，是鲜活的，具有很多生动的内容，不像一些从外界获得的国际大型会展项目的案例，运用到课堂很多时候具有空洞感；实际上学生毕业后是以组织运作中小型会展项目为主。教学案例是在当前会展教材不成熟背景下的良好补充教材，是浙大城市学院会展教学中的重要教学资料。通过会展案例，实际上也延伸了基于"项目驱动"的创新型会展高级人才培养模式的内涵，也就是说项目驱动不仅包括现实的项目，还包括过往的项目。随着时间的推移，案例积累越来越多，基于"项目驱动"的创新型会展高级人才培养模式将越来越焕发出勃勃生机。

2.4.3 学生参与过程中专业化的注重

专业的学生参与项目，需要体现专业性和研究性，防止志愿者化，单纯地做一些简单的劳动和成为廉价劳动力。因此，在项目前期，我们首先让学生在项目竞标阶段就参与进来，参与动脑会议，参与项目策划书的写作与讨论；同时，教师在课堂教学中也讲授相关知识，组织学生开展相关讨论，组织策划小组，布置课内外作业。在项目运作过程中，我们教师在自己带着课题和制作教学案例任务的同时，也要求学生带着小课题（或者参与教师的课题）进行项目参与，要他们结合课堂理论，思考为什么这样操作？能不能进行提升？在项目参与过程中完成小课题的研究，在项目结束后递交自己的研究成果，以此来促进会展理论的学习和专业能力的提升。在项目后期，让学生参与项目的总结，讨论项目运作中的得失；并且老师还将在课堂里进行项目运作的总结性讨论，让项目以案例的形式回馈课堂。因为学生亲身参与了这些项目，他们的体会是很深刻的，对他们的专业能力提升有很大帮助。

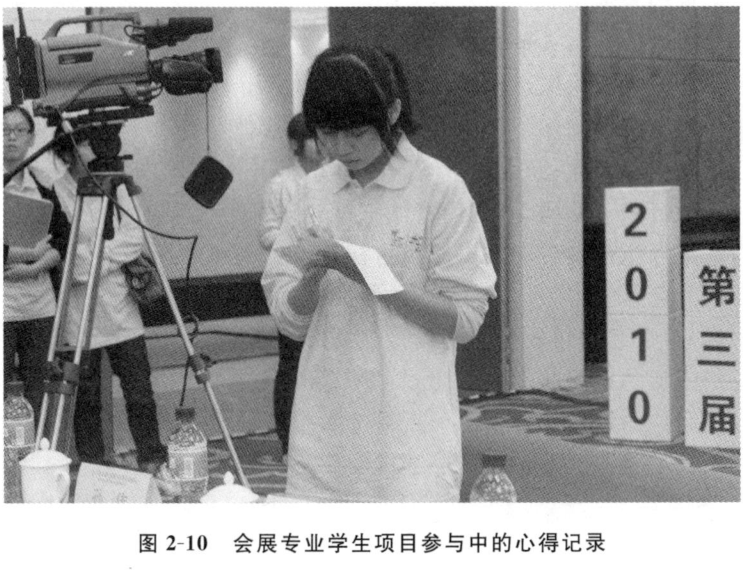

图 2-10　会展专业学生项目参与中的心得记录

随着会展项目实践机会的增加，会产生类似“会展执行参与都是做一些基础工作，不能学到很多东西”等消极的负面言论。浙大城市学院也曾经发生学生在网络发帖，对自己参加项目执行表示不满，认为是“打杂，工作很简单”、“自己交钱是来课堂听课的而不是去参加社会实践的”等等。在这个时候，学校的态度是很重要的。最不可取的是，学校方面以“稳定压倒一切”的思路，停止相关专业的实践活动，这实际上是对办学思路和人才培养模式的否定。一些学校如果发生类似的情况，应该追究相关决策者的责任。在这方面，浙大城市学院的态度是很明确的，第一是项目驱动人才培养模式符合国家和学校人才培养的基本取向，学校大力支持会展专业教师团队组织相关的教学活动。第二是答复学生：专业实践是课堂教学的有机组成部分，是专业学习不可缺少的；专业实践中不应该满足于简单的工作，需要积极地得到老师的指导，开发好项目参与的价值；学生必须根据专业学习的要求，并可以根据自己实际提出参与项目运作的申请，但学校不强制和制定专业学生参与某一项目。第三是要求专业教师：做好学生参与实践中的专业指导，使学生通过项目参与获得更多专业能力提升的价值。

2.4.5 市场强势和纯公司化倾向的防止

市场强势是指会展中心脱离和抛弃人才培养的根本目标，一味地追逐经济利益的问题。不少学校原先定位于人才培养的机构，渐渐演变成纯粹追逐经济利益的现象并不少见，最后的结果还往往是参与经营的个别人获利而学校却最终为这些机构的亏损买单。

浙大城市学院通过人事安排和岗位考核为中心提供发展方向的保证。首先是人事安排。作为校内综合创新实践基地的会展中心，其基本功能是人才培养。所以人事任免上必须确保负责会展人才培养的管理者处于上位，能够决定会展中心的发展方向。因此，浙大城市学院在抽调学校教育发展公司副总经理担任副主任负责项目经营的同时，更让传媒与人文分院院长担任会展中心主任，让会展经济与管理专业建设负责人担任副主任负责会展人才培养，主导和规划会展中心的发展方向，确保其人才培养基本职能的发挥。其次是岗位考核。对于会展中心来说，项目运作只是一个过程（当然也有专职员工团队养活的目的），人才培养才是根本目的。因此，学校对会展中心为学生提供的专业实践人次数、制作的会展教学案例的数量等都设定了严格的数量考核指标，促使会展中心在项目运作中将人才培养作为重要的一环进行设计。

03 多专业学科集群的“大会展教育”发展模式

由于会展行业的综合性，决定了所需会展人才的多样化，为此，浙江大学城市学院正在利用自身在会展人才培养和专业建设方面的先发优势，积极构建以会展与经济管理专业为基础，通过与不同专业的嫁接，建设多门类的会展专业方向，以多专业学科集群的“大会展教育”发展模式全方位培养会展业所需人才。

3.1 会展人才的紧缺性与层次划分

会展 1∶9 的联动效应反映了会展与旅游、传媒、酒店等多个行业的相关性，同时会展展前、展中和展后不同阶段也涉及很多专业性的工作，这些都反映着会展业专业人才需求的多样性。各个学校可以根据自身的办学资源和生源实际开展会展人才培养，来满足这种多样化的需要。

3.1.1 “会展人才是紧缺人才”的真实意涵

“会展人才是紧缺人才”，这是中国会展业界和媒体近几年发出的一个响亮呼声。但是，高校在办学的时候，需要思考的是会展业的人才生态和人才需求点所在，并根据自身的办学资源和生源实际做好自身的人才培养定位，进行差异化发展。不顾自身实际、一哄而上的办学形态，必将导致我国会展教育的失序和低效。

当前的会展人才高度紧缺是在中国这几年会展快速发展、各级政府纷纷打会展牌的过程中形成的。所以高校需要考量的是这种需求的可持续性以及总体的需求数量。可以肯定的是，中国对会展业人才的需求是具有较好的持续性的，因为中国的会展业刚刚发展起来，会有一个不断壮大的过程，而且还将随着中国经济的升级换代而繁荣和存在。

但是从人才需求的强度来说，这几年的会展人才需求强度是最大的，包括核心人才、辅助型人才和支持型人才；不过会展业对人才的饥渴性需求将不会长久，接下来几年将可能更多体现为一种中等强度的需求，并且人才需求层次将不断向高端发展，高端人才需求的状态是少而精的。

会展人才需求的考察需要建立在对会展业生态充分认识的基础上。会展业是一个内涵广泛的产业，一个会展项目的运作往往是多个专业机构分工负责来实现专业化的运作。比如说会展设计、会展宣传、展台搭建、展品运输、项目策划、项目管理、会展旅游、会展营销等等，往往由不同的专业机构来分包承担，这里面所需要的专业人才是多种多样的，不少专业都可以对接会展业的人才需求进行会展人才培养，从多方面为会展业提供多样化的人才。而我国本科层面设置的两个会展专业——会展经济与管理专业、会展艺术与设计专业，只能为会展业提供某一方面的人才，而单纯某一方面的人才需求其实并不是很大。我们在考察国内众多大中型的会展公司的过程中发现，这些公司里面的工作人员数量不过是十几或者几十人，并且真正获得高薪、处于公司决策和策划的核心层的人数更少，是个高锐度的金字塔结构。这是因为会展的业态是由多个具有不同专长的公司组成团队进行项目运作的合作型、分包型形态，会展公司并不需要自己养太多的专业人才，只需在项目运作需要时进行专业化分包。所以，广泛意义上的会展业人才需求非常大，所需的往往是多样化、多层次的人才，需要众多专业参与培养相关人才；单纯意义上的会展企业人才需求并不大，所需的往往也都是高级策划管理型人才，而基础员工处于底薪酬、高流动的状态。

以上这些思考进一步带给我们一些值得思考的问题，即如何通过本科教育为会展业提供会管理、懂策划的高级人才？如何为会展业的发展提供全方位的会展人才？正是基于对这些问题的深入思考，浙大城市学院的会展教育首先通过会展经济与管理专业的建设，定位于为会展业培养策划、文案和管理高级人才，然后依托会展经济与管理专业，嫁接旅游管理、艺术设计、英语语言文学、信息管理、广播电视新闻学开设会展专业方向，形成多专业学科集群的“大会展教育”，实现为会展业多元化人才的提供。

3.1.2 会展人才的层次划分

根据会展人才的会展项目运作中的作用，会展人才可以划分为会展核心人才、会展辅助型人才以及会展支持型人才。会展核心人才，如会展策划人员和会展高级运营管理者等，是会展项目中的决策性人才，是项目的策划设计力量，处于项目运作的顶端。会展辅助型人才，如会展设计、展台搭建、展品运输、展览器材生产销售等专业技术人员，是会展项目的实施性人才，是项目运作的中坚力量，处于项目运作的中端。会展支持型人才，如高级翻译、旅游接待人员等，是会展项目的补充性人才，为项目提升提供增值服务，处于项目运作的后端。

还有一种相似的人才层次划分是用旋涡型来表述，处于旋涡型结构核心位置的是会展运作人才，中间位置的是会展辅助人才，外围位置的是会展支援人才。这种划分除增加了一种图示之外，实际上与会展核心人才、会展辅助型人才以及会展支持型人才的划分并无二致。

以上的划分并不能完全地说明会展人才的层次，但是其中一点可以肯定的是，会展产业是高关联度的，会展人才需求是多元化的。除了通过会展经济与管理专业培养会展核心人才之外，我们可以根据会展产业的实际形态，通过其他专业培养更多样化的会展业需要的人才。

3.1.3 对我国本科会展专业设置的思考

从会展核心人才、会展辅助型人才以及会展支持型人才这个人才划分层次来看，我国本科教学的会展经济与管理专业、会展艺术与设计专业的人才培养定位应该更多的定位于会展核心人才。不定位于核心人才培养是对本科会展专业办学的一种错误，不能成功地培养出高级会展核心人才则是本科会展专业办学的一种失败。这方面，我国初兴的会展本科教育任重而道远。

以前，我们经常把项目策划分为“说什么”、“怎么说”两个方面，认为策划是决定“说什么”，而设计是侧重图像表现“怎么说”；文字表现则是处于“说什么”与“怎么说”中间，但也更多是策划方面的工作。这种提法运用于前些年艺术设计人才紧缺时的人才培养是没有问题的，但是在现在艺术设计专业办学过于普遍、设计人才相对饱和的情况下，则会产生很大的问题。目前艺术设计类专业就业困境的主要原因之一就是学生专业技能比较强，但真正懂策划会策划的很少。工匠型而非艺匠型的艺术设计人才状态，已经不能很好地适应社会对艺术人才的需求。艺术设计类专业的学生都属于艺术类招生，文化课成绩较低、基础较差的特点决定了这些学生在专业学习中更多地取向于专业技能来发展硬能力，而往往不能很好地接受一些文化类课程发展出较强的软能力。虽然很多高校的艺术设计类专业人才培养都提出了“策划”、“创意”等目标，但是其生源的性质和质量已经决定了这种目标定位最多只能做到“夹生饭”，无法培养出真正善于策划的艺术设计人才。

如何改变这种局面？最有效的应该是会展艺术与设计专业按照文理科招生，招收文化素质比较好的学生进行培养。其实，在人才培养方面，策划、设计哪个处于上位？哪个应该放在更核心的位置？应该是不难回答的问题。从产业形态上看，策划主导设计；从人才市场需求来看，社会饥渴于策划人才，饱和于设计人才。从培养的可能性来看，随着电脑及其相关软件的发达，设计更多借助于电脑实现而非传统的手绘，因此文理科生源学会展艺术与设计专业具有很好的可行性。就现实来看，策划文案的门槛比设计的门槛要高，策划应该处于艺术的上位，我们的人才培养定位应该是“策划＋设计”，而非“设计＋策划”。当然，有的学校会考虑生源的问题。如果按照文理科招生，会有人报考吗？实际上，我们需要关注那些有艺术爱好又没有选考艺术类的生源。随着生活条件的提高，文化课成绩好、有艺术爱好和专长的考生比例不断增加，他们更加有信心于文化课而没有报考艺术类，但是在高考志愿填写时他们希望能够学习艺术的相关专业。如果能够招纳这批报考文理科的学生，则可称为会展艺术与设计专业的真正的优质生源，合适的材质使学校能够为社会培养出所需要的会展策划设计人才，而这也是学校办强专业办出特色的策略。

在按照文理科招生的基础上，我国应该调整目前两个会展本科专业的名称，会展艺术与设计专业似可更名为会展策划与设计，定位于会展策划、设计类核心人才的培养；会展经济与管理专业似可更名为会展营销与管理，定位于会展营销、管理类核心人才的培养。这样的专业定位更有利于合理配置会展人才培养的资源和职责，平衡两个专业在人才培养中的地位，为会展核心人才的培养作出贡献。

3.2 以传播学学科建设推进会展专业建设

3.2.1 浙大城市学院传播学的会展传播研究特色

自引入中国以来，传播学适应信息社会和知识产业发展的时代要求，其应用领域越来越广，并对社会各行各业产生着重要影响。浙大城市学院的传播学积极走特色化发展道路，运用传播学的理论方法分析现代企业营销中面临的问题，尤其是用传播学的视野深入研究当下蓬勃发展的中国会展业，在营销传播学下面发展出会展传播的学科优势和特色。

会展活动是融经济传播、文化传播和组织传播为一体的传播形态，会展传播成为应用传播学的重要组成部分。会展不仅传递产品信息，组织经济活动，而且传播知识、价值观念、历史文化，对于提升城市的综合实力具有极为重要的意义。会展业是文化创意产业的重要组成部分，杭州市把会展业作为文化创意产业扶持的重点产业。浙大城市学院传媒与人文分院努力把会展业作为文化创意产业进行重点特色化打造。

浙大城市学院将会展经济与管理专业设置在传媒与人文分院下面，进行基于传播学的会展人才培养，体现出浙大城市学院对会展学科发展和人才培养的独特理解与定位。浙大城市学院传媒与人文分院具有较强的营销传播（Marketing Communication，简称 MCOM）教学研究团队，较早将会展、广告、公关等现代企业营销工具整合纳入自身教学和研究的范畴之内。传播学正好是研究人与人沟通以提升效果的学科，营销传播学则是在企业营销中的人与人沟通交流的学问，促进信息的有效流通，促进营销目标的实现。会展业是一个人流、信息流、物流高度汇集的产业。传播学的研究范围很好地涉及和覆盖了人流、信息流、物流等会展活动的要素。从产业实效上看，传播学的视角可以很好地帮助参展商提升参展效果；从人才培养角度来说，传播学的视角可以培养出具有对人流、信息流以及物流敏锐性的人才。会展项目运作的成功、展会贸易的达成，都离不开高效的沟通，离不开对人流、信息流、物流的有效掌控。

3.2.2 浙大城市学院会展传播学科方向的优势资源

浙大城市学院的会展教学和研究的优势，除了拥有杭州积极打造“会展之都”的优良产业环境和杭州作为重要的会展旅游城市对会展人才旺盛的需求之外，主要有着表 3-1 所列的优势资源。

表 3-1 浙大城市学院会展传播学科方向的优势资源

序号	优势资源	说　　明
1	“政府—行业协会—高校”三方互动的高级会展人才培养机制	对会展教育生态进行有效的重构
2	实体化运作的杭州市会展研究发展中心（会展中心）	与杭州市政府会展管理机构联合成立，在政府、行业支持下拥有充足会展项目
3	拥有丰富会展项目运作经验和扎实会展专业知识的“8＋10”教师团队	其中事业编制专业教师 8 人，企业编制会展中心专职员工 10 人，形成了独特而有实力的教师团队
4	基于“项目驱动”的创新型人才培养模式	柔性教学机制的创设，专业教师加专职员工的“双导师制”
5	每年举办中国城市会展教育研讨会	采用“落地免”方式运作，所有与会嘉宾在杭吃住行及会务费由主办方承担
6	编辑出版定位于行业政策、学术研究、人才培养等的《杭州会展》杂志	一年四期正刊，两期增刊，向全国会展院校免费赠阅

以上会展传播学科发展的优势资源，在其他章节中都有专门论及，所以在此不再详细叙述。值得补充的是，在浙大城市学院会展专业教师 8 人中，拥有高级职称 4 人，博士后、博士与在读博士生 4 人；两位教师先后荣获“中国会展经济十大理论人物”奖项；两位教师在德国接受过国际会展专业培训，获德国政府及会展教育机构颁发的“会展高级经理人”证书，并对德国会展业进行了深度考察；一位教师正在美国进行为期一年的高级访问学者工作，调研考察美国会展教育；一位教师荣获 IEAA 颁发的美国国际会展经理人（CEM）证书。再加上人无我有的会展中心专职员工 10 人，形成“8＋10”的独特的教师团队。师资团队结构合理，力量较强，曾多次参与国家、省级、市级的大型研究课题，并参与上海世博会期间部分地方场馆的规划建设。

除此之外，浙大城市学院在会展教材的编写方面也领先一步。针对国内会展教材缺乏、不能够满足会展教育发展需要的情况，浙大城市学院主持编写的“21 世纪会展系列教材”于 2004 年 8 月在高等教育出版社出版，其中主要包括《会展概论》、《会展组织与管理》、《会展设计与布局》等，成为我国第一套会展系列教材，得到业界的广泛关注和好评。我院教师编写的《现代会展基础与实务》一书作为“长三角紧缺人才培训系列丛书”之一，被浙江省指定为会展师从业资格考试教材。同时，浙大城市学院教师在会展研究上取得一系列成果，在国内专业期刊上陆续发表了《德国会展教学体系的考察与思考》、《推进双元制会展教育》、《突破会展教育发展的瓶颈》等一系列有影响的会展类专业论文。

自创办会展专业以来，我院坚持依托业界力量办学，注重课堂教学和专业实践的互动融合，除了建设校内的会展中心以外，还在浙江省主要的会展机构建立了会展教学实践基地，为我院的会展教学奠定了良好的基础。

基于以上会展教育的人才培养理念、教学研究队伍、教学研究优势资源和先发优势等，浙大城市学院的会展传播不仅在杭州市和浙江省处于领先的地位，在国内也处于相对领先的地位。目前，浙大城市学院提出“以学科建设促进专业建设”的发展途径，深化会展教育深度；以多学科专业集群的“大会展教育”的发展途径，拓展会展教育的广度，通过学校集中资源的投入和港澳台知名企业家的捐赠，积极打造和确立浙大城市学院在国内会展教育和研究中的地位。

3.2.3 浙大城市学院会展传播的发展目标

《中共浙江省委关于加快建设文化大省的决定》提出：“从增强先进文化凝聚力、解放和发展文化生产力、提高社会公共服务能力入手，重点实施文明素质工程、文化精品工程、文化研究工程、文化保护工程、文化产业促进工程、文化阵地工程、文化传播工程、文化人才工程等‘八项工程’。”浙大城市学院传播学学科将依托浙江大学母体的优势，以为浙江省加快建设文化大省和杭州市建设历史文化名城、生活品质之城服务作为学科建设的指导思想，重点打造会展传播学科特色方向。总体目标如下：

(1)在科学研究上。会展传播方向建设将以党的十七大思想为指导，紧密跟踪和把握杭州市和浙江省会展产业的发展特点，设置传播学的会展传播与文化创意学科方向，深入开展会展业核心竞争力研究，深化会展绩效评估研究，为杭州市会展传播研究和产业发展服务。

(2)在人才培养上。会展传播方向将完善会展经济与管理专业课程教学体系，增强该专业教学内容的效果；认真抓好专业课程建设，大力推进重点课程、精品课程建设；修订已经在高等教育出版社出版的“21 世纪会展系列教材”；加快师资队伍建设，组建优质的师资团队；加快兼职教授队伍建设。进一步推进校内会展人才创新实践基地建设，完善校外教学实践基地建设，突出实践型教学，大力深化和拓展基于项目驱动的高级创新型会展人才，通过教学改革和创新，探索符合我校定位的会展人才培养模式，争取成为国内领先的会展专业、浙江省会展人才培训核心基地和国内知名的会展培训基地，做大做强浙大城市学院会展人才培养。

(3)在队伍建设上。目前浙大城市学院传播学学科是一个年轻的、学历层次高、研究能力强、很有发展潜力的学科团队。但高级职称人数和拥有博士学位人数比例偏低。在未来的建设中，一方面，我们要鼓励年轻教师攻读博士学位，开阔视野，提升知识、学历层次；另一方面，我们要加大人才引进力度，力争通过三年的建设，使取得博士学位(包括在读博士生)人数比现在翻一番，达到 60%以上。引进 2～3 名具有高级职称、在会展传播学界有所建树的学者，提升高级职称人数的比例，强化会展研究，实现本学科团队的年龄结构、职称结构、学历结构都达到最优化的目标。

(4)在社会服务上。浙大城市学院的传播学学术研究和人才培养，将始终以为杭州市的社会经济发展服务为中心，这是我们学科的立足点，也是我们学科的特色所在。会展传播方向将根据杭州市对会展业在产业发展的重要定位和发展现状，通过会展项目承接推进社会服务，紧密政产学研合作，为促进杭州市、浙江省会展业持续快速发展尽力。

(5)在学科水平上。力争通过会展传播学科方向的建设，使浙大城市学院传播学学科特色鲜明，优势明显，使浙大城市学院成为全国会展人才教育培训基地、长三角地区的会展研究领军机构。

浙大城市学院将立足这些目标，积极采取措施，提升教师团队实力和研究水平，深化人才培养和学术研究，通过对传播学学科会展传播学科方向的建设，走出“以学科建设推进专业建设”的发展道路。

3.3 浙大城市学院“大会展教育”的基本形态

浙大城市学院会展经济与管理专业是从 2003 年设置的广告学专业会展策划与组织的专业方向上发展起来的，于 2007 年正式获得教育部批准成立的专业。从 2003 年会展办学以来，浙大城市学院积极联合企业、政府合作办学，构建了“政府—行业协会—高校”三方互动的高级会展人才培养机制，采取基于“项目驱动”的创新型人才培养模式，在教师团队上组建了“事业编制专业教师”＋“企业编制专职员工”的“8＋10”团队，在专业教学上采取“柔性教学”机制，以适应项目运作时间的刚性，从而以其鲜明的特色在国内会展教育界获得了较好的知名度和美誉度。

基于较好的会展教育基础和会展业人才需求的多样性与复合性，浙大城市学院计划在“十二五”期间，更好地整合学校的会展教育资源，开展多专业学科集群的“大会展教育”，开设会展辅修专业，大力彰显出学校会展教育的特色，奠定中国领先的会展教育院校的地位。而这种办学思路，也是浙大城市学院这样一所历史不长的新型大学，利用新兴的学科专业走特色化发展道路，获得自身发展空间和办学资源的战略举措。

表 3-2　浙大城市学院大会展教育发展模式基本架构

序号	分　院	专　业	专业方向	建设情况
1	传媒与人文分院	会展经济与管理	会展与公关管理	已建
2	传媒与人文分院	会展经济与管理	会展与信息管理	已建
3	传媒与人文分院	广播电视新闻学	媒体活动策划	待建
4	商学院	旅游管理	会展与旅游管理	已建
5	创意与艺术分院	艺术设计	会展设计	已建
6	信息与电子管理分院	信息管理	会展信息化	待建
7	外语分院	英语语言文学	会展英语	待建
8	……	……	……	

3.3.1 旅游管理专业的会展与旅游管理方向

在国内的会展办学中，旅游管理是与会展专业走得最近的一个专业。很多高校都是在旅游管理专业办学的基础上开展会展教育的。事实上，浙大城市学院也在2003年广告学专业开设会展策划与组织方向不久，就开始了在旅游管理专业下面开设会展与旅游管理方向。

会展业和旅游存在着很强的依存关系和叠加关系。旅游的“食住行游娱购”六大要素是会展业发展的基础，而会展业是旅游市场的重要组成部分，会展业的发展极大地推动了旅游六要素的发展。浙大城市学院所在的杭州是一个著名的旅游城市和会展业发达的城市，近几年杭州会展旅游市场的快速发展对会展旅游人才提出了大量的需求。而会展旅游是一个相对高端的旅游服务活动，需要高素质的会展旅游人才参与其中。人才是决胜的关键，杭州会展旅游人才的质量和水平决定着会展旅游的状态。所以，定位于“为城市发展培养人才”的浙大城市学院自然义不容辞地担当起为杭州市、浙江省乃至长三角培养和输送会展旅游人才的任务。在国内旅游管理教育不景气的状况下，浙大城市学院如何突破现有旅游管理人才培养中的缺陷和不足，紧跟会展业的发展步伐，充分利用自身会展办学的资源和模式办出自己的特色和活力，是会展与旅游管理专业方向发展的重点所在。

3.3.2 艺术设计专业的会展设计方向

会展设计覆盖展品功能和样式的工业设计、展台的三维立体设计、宣传资料的平面设计等多样设计形态。在艺术类招生急剧扩张、市场饱和的背景下，艺术设计类专业需要寻找新的突破点，形成自身的办学特色，拓展出在人才市场中的地位和竞争优势。随着会展业的急速发展出现的会展设计人才紧缺的局面，浙大城市学院顺应这些特点和需求，在艺术设计专业下面开设了会展设计方向，将设计人才的培养重点向会展业突破。

会展设计是一个涉及广泛、内涵丰富的领域，需要运作建筑学、艺术学、心理学、照明排水等学科知识，对空间规划、平面布置、灯光控制、色彩配置等进行合理的策划和规划，并充分利用各种高新技术展示会展内容传播相关信息，使会展活动取得应有效果的综合性的创新工作。国际上的会展设计已经发展成多元整合的、涉及多形式设计门类的、表现形式综合的市场化展示形态。与此同时，会展设计十分注重展台整体设计的效果、效益、效率，强调“设计即是管理，管理即是设计”的理念，并且讲求灵活性、市场化和参与性的有效结合，所有这些都对会展设计人才培养提出了很高的要求。但是，目前我国会展设计人才的培养远远落后于会展业发展的需要，会展设计行业存在着较多的模仿抄袭、缺乏创新和环保的尴尬局面。这对浙大城市学院会展设计专业方向的办学既是挑战又是机会，而紧跟会展设计国际潮流和发展趋势，培养具有国际化理念的会展设计创新型人才，是会展设计专业方向的重要价值取向和基本定位。

3.3.3 英语专业的会展英语方向

由于在外语专业办学过程中，需要加强产业针对性，以使学生更加有目标地进行专业学习。而会展业作为高产业容纳度的产业，各行各业都举办会展活动，各行各业都需要懂会展的外语专业人才，是一个增强专业教育产业针对性的理想产业。同时，随着世界经济一体化的发展，作为高度国际化的会展产业，其巨大的人流、物流和信息流很多时候是在国际层面进行流通的，会展业对外语人才存在着巨大的需求。而会展英语人才的缺乏，已经一定程度上影响了我国会展业的国际化。正是顺应这种需要，许多高校顺风而动，举办会展英语专业或者专业方向。如北京第二外国语学院依托其外语院校背景进行会展办学，培养出了竞争力非常强的外语会展人才，确立了其在国内会展教育界的影响力。

英语专业的会展英语方向的人才培养定位需要熟练掌握英语，并且具有丰富的会展知识、能够胜任会展专业工作的复合型实用型人才。这与传统的英语专业人才培养有较大的差异。具有丰富的会展知识，建立在充分的会展技能实践上的会展英语人才，才能有更大的市场竞争力，这也是浙大城市学院未来会展英语专业方向办学的重点突破方向。

3.3.4 信息管理专业的会展信息化方向

信息化正在改变世界的形态，影响着人们的思维和生存形态，也对社会各个产业带来巨大的生态变迁。会展信息化是会展企业在项目运作过程中，利用信息技术手段提升管理水平和效率，提升自身实力和核心市场竞争力的重要手段。中国传统形态的会展项目运作采用的是人海战术，通过大量的工作人员实现项目的顺利实施和运作。但是随着人力成本的不断上升、会展项目规模的持续扩大、项目运作风险的增加以及项目运作品质和效率要求的提升，从传统的人海战术转向现代的信息化战术是会展业发展的必然趋势。

在信息产业快速发展的助推下，会展业已经在不断成熟的技术环境和市场环境下，敏锐地利用各种信息化手段和方式，来提升会展项目运作效率和服务水平，提高项目运作品质和效果。人流、信息流和物流高度密集的会展业存在着大量的信息咨询、信息收集、信息管理和提供信息交流平台建设等的市场需求，会展相关企业急需符合会展业特点和自身个性化需求的客户关系管理系统(CRM)、信息管理平台建设、信息网络、信息服务设备开发以及企业内部信息化管理的技术解决方案，由此产生大量的会展信息化人才需求。所以，顺应这个趋势和机遇，会展信息化人才培养成为浙大城市学院“大会展教育”的又一个重要内容。

3.3.5 广播电视新闻学的媒体活动策划方向

媒体可以说是最大的会展公司。随着媒介的多元化发展，新媒体的不断出现，传统媒体经营商过度依赖广告的弊端已经显现，多元化发展成为我国媒体的一个必然取向。各个媒体积极拓宽经营投资渠道，寻找新的利润增长点。媒体在多元化发展中一个重要的原则就是：“通过报纸已有资源所做的主业延伸；提高报业经营链条上各环节的附加值所做的相关延伸”①，而介入新兴的会展业是成为媒体的一种前瞻性选择。浙江省的电视、广播、报纸和网络新媒体等纷纷介入会展业，比如杭州日报与杭州体育发展集团共同组建杭州传媒体育会展有限公司，借助杭州日报的媒体资源和报纸活动版面，通过杭州体育发展集团所有的杭州体育馆和杭州市体育中心两个场地资源，积极介入会展业，主办承办展览、大中小型会议、大型活动，取得良好的经济效益。钱江晚报有限公司王慰平总经理认为：报业经济是“注意力经济”，“报业是最大的会展公司”，会展业是报业多元化经营中的一颗明珠。在实际的操作中，各个媒体及其各部门，都纷纷举办会展活动，拓展自身的收入来源，获得自身发展的资本，而这方面的收入也成为媒体管理层考核所属各部门的主要依据之一。

值得关注的是，近些年媒体对人才需求发生了根本性的变化。经过几年高校源源不断新闻人才的输送和媒体用人体制改革，以往采写编评摄的人才已经高度饱和，但是因为媒体多元化经营的发展，对会展策划人才的需求却越来越大。有个媒体老总感慨：能够做策划的人才，将会充分利用媒体的时间资源或版面资源，可能短时间内就可以带给媒体几百万的利润，这是不会做策划的人一辈子也不能给媒体的贡献；现在媒体缺乏的是懂会议、展览、活动策划的会展人才，特别是媒体的活动策划，传统的新闻人才技能已经不能适应现代媒体发展需要了。

根据媒体人才需求的变迁，浙大城市学院具有传统广播电视新闻学的办学基础，结合会展教育的优势，计划在“十二五”期间发展出媒体活动策划方向。

---

① 童杰：多元化，报业不得不为的选择，《传媒》2008 年第 8 期，第 25 页。

图 3-1　来自多个专业方向的学生参加世博会杭州馆的工作

为了增强多学科专业集群的“大会展教育”发展的辐射，设置与会展专业方向“双向发展”路径，浙大城市学院在现有会展专业方向开设和规划的基础上，面向全校开设会展辅修专业。从 2010 级学生开始，学有余力的学生大二开始可以进行会展辅修专业课程的修读。学生完成会展辅修专业课程计划，可获得相应的会展辅修证书。为了推进会展辅修专业的开设，学校对于学习时长和费用问题进行了针对性的修改，学生可在学院规定的最长学习期限内申请延长学习年限以完成辅修专业的课程学习；辅修专业免收专业注册费，根据学生选课情况收取修读课程的相应学分学费。

3.4　浙大城市学院“大会展教育”的运行机制构建

浙大城市学院采取“集群式”会展专业模块设置理念，有针对性地开设课程；多方位开发会展中心项目资源，采取项目驱动教学；学校多角度的资源配置，大力践行特色化发展思路，积极构建出“大会展教育”的运行机制。

3.4.1 “集群式”会展专业模块设置理念，针对性开设课程

所谓的“集群式”会展专业模块设置理念，是一个会展经济与管理专业和会展专业方向相互促进的发展理念，通过会展经济与管理专业的建设和优势来增加其他相关专业的办学特色和教学针对性；通过多专业办会展专业方向来增加会展经济与管理专业的厚度和广度，并以多元互动的形式实现会展传播学科的特色化发展。在教学管理形态上，“集群式”会展专业模块设置理念是一种学校构建一个会展教育委员会，统一对会展教学和人才培养进行规划和管理，立足于会展经济与管理专业，以会展经济与管理专业为核心点向相关专业方向进行辐射的会展教学和管理模式。各专业的会展专业方向的管理更多归属于会展教育委员会；会展类课程的设置是在会展教育委员会提出并沟通相关专业后确定的；会展专业方向会展类课程的教学安排和实施、教学管理和检查都归属于会展教育委员会；会展类课程的调整或增减一般需先由会展教育委员会提出，征求相关专业意见后确定实施，各专业无权对会展类课程进行随意的调整或增减。

图 3-2　多个会展专业方向的学生参加完项目执行后与领导和老师合影

会展教育委员会为各专业会展方向针对性地开设不同的会展类课程，由专业老师负责备课和承担教学工作；会展教育委员会充分利用会展经济与管理专

业的优势资源集中会展课程开设。在学分制的教学形态下，会展教育委员会可以在设计过程中针对某个专业开设相关的会展专业方向课程，但是在具体教学实施中，可以将所有课程放置在整个学校的教学平台上，作为所有专业会展方向的课程资源，供不同专业方向的学生进行选择。这样不同专业会展方向的学生可以一起选修相同的课程，让学生修读会展类课程有足够的可选择性和灵活性，也保证了专业方向课程开设中必要的听课学生人数和教学资源的有效利用。

图 3-3　来自不同专业方向的学生在会展项目中担任礼仪工作

3.4.2 多方位开发会展中心项目资源，采取项目驱动教学

在“大会展教育”的背景下，会展中心成为更多专业学生的平台，而会展项目也获得更加多方位的开发，比如会展与旅游管理、会展设计等教学的加入，使得项目运作在策划、文案和管理方面开发基础上进一步延伸出了会展旅游、会展设计的教学环节的设计。同时值得一提的是，即使还没有开设会展专业方向的英语、信息管理等专业，为了更好地在接下来开设会展专业方向，相关教师和学生也常常结合自身专业教学需要参与会展项目的运作，获得相关专业实践的经验。而在“大会展教育”理念的指引下，会展中心项目的多方位开发将变得更加有意识，在教学形态的呈现上也走向更加正式的课程进入、学生团队进入、教改进入等形式，因而将浙大城市学院“大会展教育”牢牢地建立在“项目驱动”的理念和机制上。

对于会展专业方向的学生，浙大城市学院实施“可控教学生态”下的顶岗实践的压力培养。所谓“可控教学生态”，是指在浙大城市学院会展中心拥有项目，很多社会会展机构成为会展中心的外包单位、乙方单位，社会会展机构在积极主动与会展中心合作的意识和动力的情况下，根据实际需要，以工作人员的身份派出专业方向的学生，让学生以团队的形式到对方单位顶岗工作，结合学生的专业方向集中提升项目运作中的某一方面工作的专业实践教学形态。这种在可控教学生态下的顶岗工作实践状态，对于学生来说是一种加压教学，对学生的专业能力提升起到了很好的作用。

3.4.3 学校多角度的资源配置，大力践行特色化发展思路

大会展教育的实现需要学校积极地配置教学资源和营造会展教育氛围来提升会展教育的吸引力。作为一个新兴的高校，浙大城市学院没有办法和其他已经具有较长历史、较好学科学术积淀的高校比拼，因此通过新兴专业走“人无我有，人有我优”的特色化发展道路，是其在当前激烈的高校竞争中的决胜战略。而会展经济与管理专业正是符合这样的要求，且具有较好基础的新专业。“大会展教育”本身更是比其他高校更快更多走一步的策略，是实现浙大城市学院成为全国领先会展院校的重要步骤，是奠定其会展教育特色化的关键策略。这一步的实现程度决定着多大程度上实现浙大城市学院全国会展特色领先院校的地位。因此在“十二五”期间，浙大城市学院将把教学资源集中投向会展等几个学校规划重点建设的学科和专业，进行重点的扶持。浙大城市学院在各项战略和规划的制定和实施中，包括教学科研课题的立项、学校实验室资金的投入，包括

教师出国考察进修的机会、学生出国交流访问的机会等等，都已经开始优先和充分考虑会展专业发展的需要，给予资源配置方面的重点倾斜和扶持。由于学校优质资源的投入和会展教育氛围的营造，对师生产生了巨大的吸引力。年轻教师乐意加入会展教学团队，开展会展课题研究；学生踊跃选读会展专业或选修会展专业方向，使学校的会展教育生机勃勃，人气鼎盛。

3.5 发展和提升“大会展教育”的思考

浙大城市学院在推进“大会展教育”办学过程中值得关注和思考的问题很多，这些课题不仅是浙大城市学院的，也不仅是尝试走类似发展模式的高校的，而更是全国会展教育界的。下面我们选择，讨论一下“大会展教育”办学的灵活度、校内外资源的目标性整合、专业方向学生导入度等问题。

3.5.1 “大会展教育”办学的灵活度问题

始终会有人质疑：会展专业方向的人才培养口径太窄，会不会造成就业的困难。会展是作为一种狭义的专业方向，还是作为一种广义的教学目标？对此，我们认为，会展既可以是一种狭义的专业方向，又可以作为一种广义的教学目标。

我们需要看到，会展业是一个高容纳度的行业，不仅各行各业有数量众多的会展活动，而且产业链条也足够的长，其中就存在着不少与浙大城市学院开设的会展专业方向直接相关的岗位，为这些专业方向的学生提供了良好的就业机会。当然，为了适应社会竞争的需要，对于会展专业方向的学生来说，会展知识和技能应该是构成其主要竞争力之一，但不应该是其全部竞争力。我们在会展专业方向的人才培养中也突出在会展方向技能基础上的其他专业能力的培养，以适应目前学生就业的“泛专业化”和岗位综合性的要求。因此，在课程设置中，不仅要通过学校公共课平台加强通识教育，而且要通过实践教学加强专业能力培养；既需要有一定的指定选修课，又需要有一定数量的任选课程，来让学生根据自己的兴趣发展自己的会展综合能力，也使相关专业在设置狭义的会展专业方向时具有一定的灵活性。

另一方面，专业办学需要有一个具体的产业作为教学目标，而有足够广度、宽度和精致度的会展业是一个十分理想的教学目标对象。将会展作为教学目标，即便学生毕业后不是进入会展业，但是学生具有的会展意识、理念和素养，在很多工作岗位都是适用的。我们应该认识到，除了专业的会展活动，从广义而言，会展已经是当今社会活动的构成，人类的生活已经被展览、会议和活动包围了。试想我们每天的生活和工作里面，哪一项是不能用会展的理念和方式去策划和运作的呢？实践证明，能够用会展理念和意识去构架、创新工作的人往往是高层次人才。

浙大城市学院大会展教育，既要脚踏实地地做好“点”，结合会展业的地方特色和人才需求，扎实地推进或做好每个会展专业方向；同时又要抬头看天，根据国际会展的发展趋势和理念，教给学生符合国际潮流的会展精神、理念和品质，从而使自身的办学具有较好的灵活性和适应性，走出广阔的天地。

3.5.2　校内外资源的目标性整合

当前不少学校把会展专业作为重点专业，也提出了重点发展会展教育。在这个目标下，学校需要反思的是，自身的各项措施和制度是否都体现了对重点发展专业的扶持，支持力度是否充分，是否汇聚了学校能够集合的教育资源来实现会展专业快速发展。学校走特色化发展道路，贵在目标明确，力度到位，这是各个学校要在全国争取某些专业领先地位的成功之道。

为此，学校层面需要大力整合校内资源，防止因为部门利益、个人利益而造成某些改革措施的偏废或者不彻底；不仅需要对未来要分配的资源进行重点的、有倾向性的配置，对过往已经配置的资源，也应该做到按照发展目标进行大手笔的调整。

在确立大会展教育的背景下，学校也需要进一步吸纳和寻找政府、社会资源服务和助推会展教学。比如对于浙大城市学院而言，考虑对现有会展中心的提升和改革也将是一个必要的步骤，包括如何提升会展中心的学术研究，以学术研究推动浙大城市学院的会展人才培养、社会服务的深化；如何进一步做好基于人才培养基本功能的人事安排以及团队架构；如何进一步紧密与西博办的合作关系，确保“政府—行业协会—高校”三方互动高级会展人才培养机制、基于“项目驱动”的创新型人才培养模式的根基稳固；如何落实会展中心“对内做小，对外做大”的战略，在紧密对接会展人才培养的基础上，充分引入社会资源服务于会展办学，等等。

3.5.3　专业方向学习导入度的问题

专业方向学习导入度是指学生的专业定位中的会展自我定位以及对会展的兴趣程度。专业自我定位以及兴趣程度对学生专业学习的质量很重要，直接影响着会展专业方向的教学效果。在各个学校办会展专业方向过程中，因为存在着有些专业和会展有较大的跨度，以及学生对会展的不了解，而出现会展专业方向教育中学生自我专业定位的偏差和兴趣度不高的现象，较大地影响了会展教学的质量。因此，增加学生专业方向学习导入度是一项需要加强的重要工作。

增加学生的专业方向学习的导入性，可做的工作包括：首先是会展专业教师团队要参与到新生的专业教育过程中去，让学生一进校就对会展产生兴趣，就把自己的专业发展与会展挂上钩。学生刚刚进入学校的时候，对专业的了解程度还不是很高，这个时候的引导意义很大。而会展业充满挑战和创新的特点，也是足以让新生产生兴趣的。其次是在全校范围内进行会展知识和会展教育的宣讲。作为大会展教育办学的学校的一种校园文化，这种宣讲是面向整个学校学生，传播最基本的会展知识，提升学校学生整体的会展知识，营造会展教育的氛围，会对学生的兴趣和专业方向选择产生无形却深刻的影响。为了增加吸引力，参照国外的做法，讲座主办者可以提供一点会展方面的小礼物给前来听讲者等。实际上，这些小礼物也是可以作为会展教育传播的媒体进一步增强讲座的传播氛围和影响力的。再次是不时开放学校会展教育的一些设施，让相关专业的学生前来参观和体验。如开放会展中心，专门安排教师为前来参观的学生讲解会展中心项目运作的过程和学生参与机制；如提供项目参与机会给非会展学生，让他们参与简单的会展项目的实施，体验会展运作的具体形态，培养出他们对会展的兴趣，为未来专业方向的选择和学习奠定基础。还可以组织参观会展活动，包括参观会展公司和会展中心、专业性展会等，来引导和增加学生对会展专业的兴趣。这些工作是细微的，其发挥的作用也是潜移默化的，但是站在学校会展教育文化建设的高度和层面，这些工作对学生会展专业方向学习的导入是很重要的，会直接影响到专业方向教学的效果。在大会展教育办学的背景下，这些工作应该提升到校园文化建设的高度并体现为校园文化来进行，以此为大会展教育营造一个良好的会展教育生态环境，走出真正有生命力的“大会展教育”发展道路。

04 国际化发展与特色专业建设

4.1 浙大城市学院对会展办学国际化的理解

国际化办学是现代高校办学的一种趋势，而会展业也是一个高度国际化的产业，因此，浙江大学城市学院会展办学国际化方面开展全方位的推进，致力于在教师、教学内容、教学媒介和方法、学生、教学效果等办学国际化"五要素"上实现与西方发达国家的对接和接轨，提升会展办学的国际影响力和人才培养质量。

4.1.1 教师的国际化

会展办学国际化首先需要在教师层面实现国际化。铁打的营盘流水的兵，学生不停地变化，但是专业教师却是始终在一个点上发挥着长期的作用。作为课堂的主导者，专业教师的视野决定着教学的水平和质量。

会展教师国际化最基本的是语言的突破，使其能够进行从汉语到英语的阅读，使其从中国的单一视界扩展到世界的多彩视界。语言的突破并非难事，但却是需要重视和花时间做的工作，需要营造氛围推进教师英语水平的整体提升。成长在长期的应试教学和哑巴英语教学环境里的专业教师，重点是进行英语口语的提升，一是课堂教学的双语改革。会展专业双语教学改革可以采取循序渐进的步骤，在所有有条件的会展专业课程中一步步地提升英语在课堂教学的比重，这不但是教师英语掌握和使用的发展过程，也有利于学生的双语适应和接受理解度。二是国际交流的需要。随着学校和国家重视教育的国际化，未来教师们出国接受培训和学习的机会越来越多。而为了适应专业交流和学习的需要，教师需要尽早做好英语方面的准备。学校既然已经提出了国际化发展的目标，首先需要建立机制和目标，抓好教师队伍语言突破这一基础性的工作，以利学校国际化发展的各项工作的开展和目标的实现。

会展教师国际化的首选措施是加大教师出国访问和考察的力度。这里需要强调的是，要选拔专业教师，特别是有潜力的年轻教师进行合适时间长度的出国高访。在时间上，半年或者一年是比较合适的。一是从实际效果来看，这样的时间长度能够实现预期的目标和效果。二是从成本来看，高访最主要的花费还是集中在机票和落地之时置办各种基本生活用品之中，而停留在国外时间段内的生活成本并不是很高。所以，三个月高访的成本和效果远不如半年或者一年的高访。三是半年或一年时间也可以很好对接学校一学期或一学年的时间区隔。当然，欧美的寒暑假时间还是与中国有所差异，但是基本还是能够对接的。

值得注意的是，一是专业教学管理队伍的国际化是高校国际化的基本保障。教学管理队伍的视野和水平决定着学校国际化的资源配置和战略策略，决定着国际化这一战略的最终能否实现。时间成本是终极成本，在这个激烈竞争的高校竞争环境中最不能浪费的就是时间，时不我待。所以，应该加速专业教学核心干部队伍国际化的水平，并逐步淘汰不能适应国际化要求的管理干部。二是国家把留学或者高访一年(不少于 360 天)的人员认定为留学归国人员。学校可以通过派出教师高访一年来提升教师队伍留学归国人员的比例，作为会展专业教师队伍国际化的重要举措。三是加强教师高访期间的管理，引导其在高访期间对高访学校教学、管理等方面的考察和学习，防止身在国外却忙于国内事务的状况。当然，学校也应该在这方面加强对教师在高访期间系统性的全方位支持，有针对性地设置高访期间的考核目标，使教师能够安心完成高访。四是加强教师出国学习和高访的意识引导。使老师将出国学习和高访作为一种难得的机会踊跃争取，而非视为一种艰苦的任务退避三舍。

在未来引进新专业教师的标准上，学校也要把目标瞄准留学归国人才上面。港澳台高校的教师中很多具有西方留学经历和博士学位，这保证了他们的教学水准、教学质量，而这些海归教师们带入的国际化教学内容、教学方法，也很好地推进了学校国际化其他要素的发展。可以预期，随着中国经济的快速发展，接下来留学归国人才会越来越多，这将使学校引进留学归国人才补充会展专业教师队伍成为一种现实的选择。

4.1.2 教学内容国际化

目前，学校已经开设了越来越多的会展双语课程，在教材方面也选择了国际经典教材。在国际化推进过程中，会展教学内容这一块需要注意以下三点：

首先是会展双语课程的程度问题。即合理控制英语在课堂教学中的使用程度,使教师和学生对英语口语、外语教材能够有良好的接受。在这方面要注意的是,积极适应老师和学生的实际水平,以教学效果为先,而且要防止为双语而双语,与教师和学生的接受水平不对称。所谓“积极适应”,是指通过师生互动交流的方式,将双语程度控制在师生努力一把即可达到的水平上。双语课程的最后目标是全外语课程。

其次是会展双语课程在总课程中的比例问题。未来双语课程不应该成为一种课程建设的类别,而是作为一种普遍要求存在;同时,在给予合适合理的时间内(比如 3～5 年),要求有能力和条件的任课老师将所有可以、应该双语的课程都进行双语化建设,即把双语教育作为专业的一种基本特色进行发展。在这一方面,不能小打小闹,修修补补,而应该整体性地操作,才能够实现脱胎换骨,整体性地发展。进行整体性的建设,并非搞运动,因为这里强调给予合适合理的时间,另外也需要认识到,如果不行动,未来和现在可能不会有大的不同,导致会展教育内容方面的国际化发展缓慢,空耗时间,贻误战机。

第三是会展教学内容国际化方面的灵活跟进的问题。教学内容国际化并非说采用了国际经典教材就实现了。不可否认,僵化地使用教材的现象存在于双语教学过程中。英语教材只是教学内容国际化的一个基础部分,教师需要以这个教材为基础和指引,进一步灵活跟进并引进国际上相关课程的最新内容、发展动态和最新理念,使用在课堂教学上。

4.1.3 教学媒介和方法的国际化

“媒介就是讯息”的含义是新媒介的出现是社会即将发生变革的信号,而教学新媒介的不断出现,是教学方式方法发生变革的信息。教师们需要关注国际会展教学新媒介的出现和使用情况,及时引进适用的新媒介,来改革教育教学方法。教师们需要加强教学新媒介使用意识和利用新媒介进行教育教学改革意识。

会展教学媒介包括多媒体教室配置、互联网使用、多媒体教学系统、课程资源共享建设等。目前高校普遍配置了多媒体教室和接入了互联网,开展了多媒体教学系统与课程资源共享的建设,但是面临的问题是互联网教学使用、多媒体教学系统与课程共享资源方面,师生接受度低和使用度低。

对于新媒介的利用问题,要使老师们知晓新媒介不仅是教学的工具,更是教学改革的工具。会展教学媒介和教学方法的改革是国际化发展气氛和氛围营造的重要体现。这方面文化的建设,对学校国际化发展是具有深刻意义的。为此,学校要注重国际上会展教学新媒介的使用情况和利用新媒介进行教学改革的情况介绍，引导会展教师参照国际标准进行教学媒介的使用和相关教学方法的改革。中国的教学方法还是处于教师满堂灌、学生被动接受的传统教学模式，这也导致了学生课外不必为听课做准备、听课效果差的局面。美国的教学形态很多是讨论式的，学生需要在课堂上做很多的发言和演讲，学生必须在课外积极准备，所以美国学生的课外作业和压力是很大的。有人会说：美国课堂的学生人数少而中国课堂的学生人数多，这是造成上述情况的主要原因。即便如此，教学新媒介的发展，也为学生人数多的中国课堂的教育教学改革提供了空间和更多可能性。会展专业教师需要积极地关注国际上会展教学对新媒介的使用情况，敏锐地利用新媒介进行会展教育教学的改革，将新媒介的利用作为自身教学改革的基本途径。

4.1.4 学生的国际化

会展国际化办学中学生要素的国际化，体现在学生以多元化的途径到多个国家进行留学，多个国家的学者到浙大城市学院进行学习、访问和交流这两个方面。

学生是教学的消费者和评价者，通过学生的国际交流是实现高校会展办学国际影响力提升的重要途径。目前，学校加强了国际交流与合作的主要体现是越来越多的学生通过合作项目“走出去”，为学生走向世界开通了多元化的渠道，成为学校国际化走得最前沿的要素。这里需要注意的是，学生国际化方面，不仅要追求“走出去”，而且要注意“引进来”，只有实现这方面的双向平衡，才是健全的国际化。未来学校可以设置这方面的指标检测体系，来考量学生国际化的双向平衡度和国际化的健全度。

学生是推进中国会展办学国际化的一种资源。当前，中国拥有数量庞大、具有较强经济实力的学生，对于产业化发展的西方高等教育来说是一个极具吸引力的重要市场。正因为如此，学生可以作为学校推进国际化的一种资源，来推进办学国际化其他要素的发展。在商谈合作项目时，不仅对会展专业学生的交流数量进行商定，而且在会展专业教师的交流数量、对会展教学内容、教学媒介和方法的交流方面都商定一个量化的指标。

4.1.5 教学效果的国际化

这是一个结果的考量。前面这些要素的提升，最终都是为了提升会展教学效果服务的。包括会展专业教育和研究的国际影响力、会展学生培养质量的国际影响力，特别是引入和打造先进的会展教学理念和资源，培养出具有国际化的视野、国际化的水平、能够参与国际竞争能力的会展专业学生。只有在这两方面都形成了一定的国际影响力，才能说在某种程度上实现了专业办学的国际化。

我们也可以看到，国际上很多高校是因为某个专业特强而闻名于世的；当前的国际教育竞争状态下，实现综合性的强大已经越来越难以办到。面对激烈的国际竞争、西方高校悠久的发展历史以及自身资源和实力的相对匮乏性，新兴学校国际化的策略是走特色化发展之路。通过集中资源做强做大新兴专业，在某个领域和专业形成国际影响力，实现特色化基础上的真正国际化。浙大城市学院会展专业正是在这种背景下，积极探索特色化基础上的国际化。如何抓住国际国内会展业大发展的机遇，制定具体战略战术，将学校的国际化战略很好地落实到会展专业上，使学校的国际化战略在这个专业上得到完美的实现，是学校和专业团队面临的最为关键的课题。

4.2　浙大城市学院港澳台会展教育平台构建交流

构建港澳台会展交流平台，是浙大城市学院会展教育国际化的重要举措。港澳台是中西文化碰撞、结合得最好的地方，高等教育国际化程度高。通过构建港澳台会展交流平台，不仅可以就近获得并学习到西方发达国家的会展教育理念和方法，而且可以直接向港澳台高校学习会展教育教学的举措，特别是借鉴西方高校取得成功的会展办学经验。因为文化背景的差异程度，学习港澳台高校的会展教学理念与操作模式，要比直接学习西方高校的可行性和可模仿性要强些。模仿是创新的基础！所以我们不应该回避模仿，只需在模仿基础上做好创新，即带着积极学习的眼光去接触、去寻找港澳台高等教育好的地方，对适合我们会展教育的地方加以模仿借鉴，并实现创新发展。

4.2.1　浙大城市学院会展教育与澳门的交流

2003 年 12 月，浙大城市学院与澳门旅游学院签订交流协议，建立了会展旅游师生相互交流学习的关系。每年采用学费互免的方式，选派一定数量的学生到对方学校学习。该项目从 2004 年开始，一直延续至今。澳门旅游学院成立于 1995 年，是一所隶属于澳门特别行政区社会文化司的公立高等教育机构，提供旅游企业管理、文化遗产管理、酒店管理、旅游及会展管理等学位课程和专业培训，为澳门和亚太区域培养具备专业知识和技能的人才。

图 4-1　2009 年 12 月，澳门旅游学院师生访问浙大城市学院

2005 年 6 月，在浙江省省长和澳门特首何厚铧的见证下，当时担任浙大城市学院传媒与人文分院常务副院长的李寿福教授与澳门科技大学国际旅游学院、澳门展贸协会的代表签订了浙江省和澳门会展教育与培训合作意向书。

2009 年 9 月，澳门经贸团访问杭州期间，在杭州市政府主持下，浙大城市学院传媒与人文分院院长张梦新教授与澳门科技大学国际旅游学院、澳门展贸协会的代表签订《关于澳门和浙江在会议、展览等合作意向书》，主要就会议、展览等专业教育和培训工作方面达成进一步合作意向。

澳门科技大学成立于 2000 年，依托澳门多元文化兼容并蓄的独特背景，以“增进文化交流，致力人才培养，促进经济发展，推动社会进步”为宗旨，致力于“高起点、高标准、高速度、高质量、高水平”地把自身建成一所开放的、兼容并蓄的国际性大学。澳门科技大学的培养目标是实践能力强的中、高级应用型人才，教育方针是多元文化下的兼容并蓄和坚持专业教育与通识教育并重。经特区政府批准，澳门科技大学可颁授学士、硕士、博士三个层次的学位证书。澳门科技大学具有整体优化的专业设置，同内地著名学府保持密切联系，与来自世界各地同行的特长相结合，择优发展强势学科和整体化效应，形成澳门科技大学的专业特色与整体优势。会展管理专业所在的国际旅游学院是澳门科技大学的主要学院之一。现任院长为梁文慧教授/博士。[①] 澳门展贸协会是澳门会展专业人员的协会,属非牟利机构组织,自2001年初成立,一直致力推动澳门会议展览及相关行业的发展。会员经营业务包括:会展、广告、教育、零售、金融、酒店、餐饮、多媒体制作、信息科技等会展相关服务行业。现任会长为林中贤先生。[②]

自2003年,浙大城市学院与澳门旅游学院、澳门科技大学、澳门展贸协会达成合作以来,各方在两地师资的交流和进修、两地会展专业的教学、两地学生的实习交流等方面进行了深度的探讨和实际合作。浙大城市学院会展专业教师团队共计约30人次受邀前往澳门参加学术交流、讲学和访问等。浙大城市学院教师多次受邀赴澳门参加了澳门政府主办、澳科大承办的亚太地区旅游会展教育与产业发展国际研讨会、亚太地区现代服务业高峰论坛、成人教育与社会发展研讨会等会议,很好地获得了港澳台会展专业办学方面的最新信息,开拓了教师的视野。浙大城市学院也利用其承办的中国会展高峰论坛和中国城市会展教育研讨会,积极邀请澳门方面代表来杭参会。

同时,张健康博士、方玲玲博士还受邀担任澳门科技大学国际旅游学院硕士课程的主讲教授,连续数年为澳门科技大学会展方向的硕士研究生主讲《会展与节庆策略管理》专业课程。张健康博士还受邀担任该校硕士研究生指导老师,参与该校会展专业方向的硕士生指导,目前已经完成或在指导的学生共计5人。

浙大城市学院以澳门为平台,积极派遣教师在这个国际化的平台进行学术交流与合作,扩大了其会展教育在港澳台的影响,这种影响更辐射国内外,对浙大城市学院会展教育影响力和知名度的提升也起到了很好的作用。与此同时,浙大城市学院利用这个平台结交了港澳台和中国大陆的会展教育方面的知名教授,借用他们的智慧和力量助推自身的会展教育,因而对会展办学起到了很好的推动作用。

浙大城市学院会展教育与澳门交流主要事项:

- 澳门旅游学院副校长一行来访浙大城市学院 2010-07-09
- 浙大城市学院选拔派出赴澳门旅游学院交流学生 2010-03-01
- 澳门旅游学院交流团访问浙大城市学院 2009-12-29
- 浙大城市学院与澳门科技大学、澳门展贸协会签约杭州市与澳门会展教育培训合作 2009-09-24
- 浙大城市学院选拔派出赴澳门旅游学院交流学生 2009-04-20

---

① 参见澳门科技大学官方网站,http://www.must.edu.mo/ch/gank.htm

② 参见澳门展贸协会网站,http://www.macaufta.com

- 浙大城市学院选拔派出赴澳门旅游学院交流学生 2008-05-09
- 浙大城市学院与澳门大学进行辩论友谊赛 2007-04-11
- 浙大城市学院张健康博士受聘澳门科技大学会展管理专业硕士研究生课程主讲教授并任硕士研究生导师 2007-09-15
- 浙大城市学院代表团赴港澳考察会展业 2006-05-29
- 澳门旅游学院学生代表团来学院交流访问 2005-12-22
- 浙大城市学院与澳门科技大学、澳门展贸协会签约浙江省与澳门会展教育培训合作 2005-06-09

4.2.2 浙大城市学院会展教育与香港的交流合作

香港是港澳台高等教育最为发达的地区。浙大城市学院与香港高校的交流合作也是最为频繁的。浙大城市学院多次派出由学院院长等学校主要领导为团长的交流团访问香港高校、知名企业及企业家，争取到了香港各界对浙大城市学院会展办学的很多资源和支持。

图 4-2 学院领导会见香港理工大学酒店及旅游业管理学院宋海岩教授

浙大城市学院会展教育香港的主要合作伙伴是香港理工大学。香港理工大学是具有 67 年历史，以实用人才培养为主，与工商界联系最紧密的知名大学。香港理工大学聘自香港及世界各地的教授及专家达 1000 余人，提供的课程均能切合工商界及社会人士的需求，其毕业生被企业誉为实用价值最高。香港理工大学酒店及旅游业管理学院，是全亚洲唯一获世界旅游组织（WTO）选定的全球

16 所教育及培训中心之一，也是亚洲第一所入选全球 15 大酒店及旅游学院的院校。该校的酒店管理专业现排名世界第四、亚洲第一。

浙大城市学院与香港理工大学在培养应用型人才方面的理念和定位是相一致的。基于香港、杭州对会展人才培养的需求，以及两校对彼此培养会展人才、打造会展专业品牌的做法感到兴趣，浙大城市学院将与香港理工大学进一步合作，共同推动应用型会展人才培养。

2007 年，香港理工大学面向浙大城市学院招收免试硕士研究生，截至目前，浙大城市学院已经选拔派出四批免试研究生到香港理工大学学习。在此基础上，2009 年，浙大城市学院与香港理工大学签署"酒店及旅游管理学硕士研究生学位课程"合作协议，开展联合培养旅游会展硕士研究生的工作，实现合作模式的进一步优化。根据协议，从 2009 年 10 月起，浙大城市学院毕业生可申请攻读香港理大酒店及旅游业管理学硕士学位，学制 1.5～2 年，英语授课；其中一门课程在浙大城市学院授课，其余课程在香港理大完成。

图 4-3　浙大城市学院学生访问香港理工大学

浙大城市学院会展教育与香港交流主要事项：

- 浙大城市学院与香港理工大学举办师生交流会 2010-12-22
- 选拔派出第四批赴香港理工大学攻读硕士研究生 2009-12-21
- 香港专业教育学院学生团来校交流 2010-12-07

- 香港中文大学副校长程伯中来校访问 2010-11-18
- 香港城市大学一行访问浙大城市学院 2010-07-13
- 选拔学生暑期赴香港中文大学学习交流 2010-04-26
- 选拔派出第三批赴香港理工大学攻读硕士研究生 2009-12-21
- 香港理工大学酒店及旅游学院访问商学院 2008-12-05
- 浙大城市学院与香港理工大学将联合培养硕士研究生 2008-09-23
- 选拔学生暑期赴香港中文大学学习交流 2008-04-25
- 浙大城市学院与香港理工大学酒店及旅管学院合作 2008-04-11
- 选拔派出第二批赴香港理工大学攻读硕士研究生 2008-01-03
- 浙大城市学院暑期赴香港中文大学交流 2007-09-21
- 派出首批赴香港理工大学攻读硕士学位研究生 2007-01-17
- 香港理工大学代表团访问浙大城市学院 2006-11-20
- 香港理工大学专家加盟浙大城市学院 2006-06-24
- 浙大城市学院代表团赴港澳考察会展业 2006-05-29
- 港澳新专家加盟浙大城市学院高级智囊团 2006-05-18
- 香港科技大学在浙大城市学院举办招生咨询会 2006-03-09
- 浙大城市学院师生代表团赴港学习交流 2006-03-01
- 选拔学生参加“香港理工大学暑假短学期培训班”2005-07-20
- 浙大城市学院师生访问香港中文大学 2005-03-04
- 香港理工大学副校长访问浙大城市学院 2004-10-15
- 浙大城市学院教师组团考察香港高等教育 2004-02-18
- 浙大城市学院教师考察团访问香港理工大学 2004-02-16
- 浙大城市学院学生代表团赴港访问交流 2004-01-16
- 香港城市大学学生访问团考察浙大城市学院 2004-01-09

4.2.3　浙大城市学院会展教育与台湾的交流合作

为进一步拓展与台湾会展交界和业界的交流，浙大城市学院从 2008 年暑假期间组织优秀学生赴台湾访问交流。主要活动内容为访问参观台湾大同大学、台湾中央大学，并与学生交流；参观文化遗迹和博物馆。

2010 年 1 月，在杭州市政府与台湾南投县政府联合举办的首届海峡两岸大学生竹艺设计大赛颁奖典礼暨发展论坛上，作为此次盛大会展活动的重要内容，浙大城市学院与台湾南开科技大学共同签署了合作协议，双方将开展课程研究、学者互访、学生交流等活动。南开科技大学是位于台湾南投县的一所私立大学，现有学生8000余人，设有工程学院、电资学院、商管学院及福祉科技与服务管理研究所。

图4-4　与南开科技大学、屏东科技大学、云林科技大学、亚洲大学等四所台湾高校的师生代表座谈交流

2010年8月，台湾世新大学、铭传大学、台湾实践大学、明新科技大学、南台科技大学、国立澎湖科技大学、大仁科技大学、树德科技大学、文藻外语学院、国立高雄餐旅学院等25所台湾高校的会展师生慕名考察浙大城市学院会展教育，详细了解了浙大城市学院会展办学情况及会展专业的建设情况，并参观会展中心。在此期间，双方探讨了深入交流和合作的可能性和方法，表示将共同推进两岸会展教育和人才培养。

浙大城市学院会展教育与台湾交流主要事项：

- 浙大城市学院组织各分院教学副院长访问台湾辅仁大学、铭传大学、云林科技大学、世新大学 2011-5-7
- 台湾云林科技大学代表团访问浙大城市学院 2011-01-20
- 台湾铭传大学教授团访问浙大城市学院 2010-11-23
- 浙大城市学院吴健院长率团访问台湾大学、铭传大学、云林科技大学、世新大学、东海大学、暨南大学等台湾高校 2010-10-17
- 台湾云林科技大学、屏东科技大学嘉宾来访 2010-10-15
- 浙大城市学院师生访问台湾高校 2010-09-27
- 台湾政治大学教授来浙大城市学院交流访问 2010-09-09

图 4-5　2010 年 8 月，与来校考察的台湾会展访问团交流

图 4-6　台湾高校会展访问团参观会展中心

- 台湾 25 所高校会展师生联合访问团考察浙大城市学院会展教育 2010-08-16
- 浙大城市学院派出访问团访问台湾云林大学、中央大学 2010-05-14
- 台湾昆山科大代表团访问浙大城市学院 2005-01-31
- 台湾学术代表团考察浙大城市学院 2004-08-06

4.3 浙大城市学院会展专业建设德国模式考察与借鉴

为推进会展教育，浙大城市学院于 2004 年 6 月派出张健康、黄彬老师赴德国参加会展培训。本次培训得到了德国国际培训和发展协会（InWent）资助。培训分为两个部分：第一部分是在德国瑞文斯堡联合教育大学会展管理系接受为期一周的课程培训；第二部分是参观德国的展览设施，并聆听展览界人士的讲座。两位老师参加这次培训，是浙大城市学院会展教育国际化的重要事件。在本次培训中，两位老师深度考察了德国的会展教育，了解了德国会展专业的教学计划及其“双元制”人才培养模式，较好地推进了会展专业的国际化办学。特别是对德国会展教育双元制的了解，为浙大城市学院会展人才培养机制提供了参考，并最终促使浙大城市学院“政府—协会—高校”三方互动的会展人才培养机制的产生。

4.3.1 德国会展教育概况

德国是“世界展览王国”，在会展业方面具有世界最强的实力，会展教育也声誉全球，但是德国会展教育方面并不是我们想象的那样规模巨大。德国除了科隆大学和瑞文斯堡联合教育大学等学校之外，其他的高校并没有太多的会展相关课程和专业。因为展览是个实践性很强的行业，相当于国内高职院校的瑞文斯堡联合教育大学的会展管理系在德国是最有影响的；相对于瑞文斯堡联合教育大学侧重实践性，科隆大学会展经济研究院的会展课程更侧重于研究性和理论色彩（当然，其最终也为提升会展高级经理人才的实践能力服务）。作为补充，在德国有的高校也有为某一展览公司而特别举办的会展管理短期培训班，培训内容有展会营销理念、展会的组织、成本控制、展会服务等。

德国会展业专门人才的培养基本上是定向的，学生大多数来自展览公司，经过学习和培训的学生毕业后还是回到自己的公司，为公司服务。这些学生平时可以从展览公司得到工资，一般在学校里学习三年，一年半时间上理论课，一年半时间实习；每学期安排通常是三个月上课，三个月实习，学生反复地从理论到实践，再从实践到理论，强化自身的理论修养和实践能力。教师在教学的过程中，十分注意从学生中吸收最新的案例和业界动态，以跟进会展业的最新发展，不断深化会展教学。学校也充分利用会展业界的力量，业界也将会展人才培养作为自身的工作内容之一，因此不仅自身业界人士进入学校的课堂，而且会展教学课堂也常常设在会展公司和会展中心的办公场所，由企业人士带领参观后即时讲解自身的最新运作理念和方法。这种“双元教育”机制为德国会展教育的发展源源不断地提供动力，是其会展教育强大的根本原因所在。德国会展教学模式实际上是学校理论学习作为一元，企业会展实践作为一元；学校作为一元，企业作为一元，双方在会展人才培养中发挥重要的互补互动作用，实现高效的会展人才培养。

4.3.2 瑞文斯堡联合教育大学的课程设置

从瑞文斯堡联合教育大学和科隆大学的学科设置来看，德国把会展教育放在工商管理学科体系之下。

瑞文斯堡联合教育大学的课程设置详细严谨，体现出典型的德国教育风格。在瑞文斯堡联合教育大学会展管理系的教学计划中，课程可以分为五个模块——工商管理模块、展览管理模块、会议管理模块、大型活动管理模块和展台施工模块。工商管理模块是专业基础模块，展览管理模块、会议管理模块、大型活动管理模块和展台施工模块是专业细分模块。专业基础模块的具体课程如下：

表 4-1 瑞文斯堡联合大学会展专业基础模块课程

<table>
<tr><td rowspan="5">工商管理模块</td><td>市场营销</td><td>组织管理学</td></tr>
<tr><td>人力资源管理</td><td>统计学</td></tr>
<tr><td>战略管理</td><td>计算机</td></tr>
<tr><td>经济学</td><td>法律基础</td></tr>
<tr><td>会计学</td><td>专题讲座</td></tr>
</table>

四个专业细分模块的具体课程如下：

表 4-2 瑞文斯堡联合教育大学会展专业细分模块课程①

<table>
<tr><td rowspan="7">展览管理模块</td><td>展览项目管理</td><td rowspan="7">会议管理模块</td><td>会议项目管理</td></tr>
<tr><td>财务会计</td><td>财务预算</td></tr>
<tr><td>展览后勤服务</td><td>会场选择</td></tr>
<tr><td>展馆日程安排</td><td>专业会议组织</td></tr>
<tr><td>市场调查</td><td>会议保险与审批</td></tr>
<tr><td>管理者战略战术</td><td>服务提供商</td></tr>
<tr><td>参展商管理</td><td>会议摘要处理</td></tr>
</table>

① 张健康：《德国会展教育体系的考察与思考》，《中国会展》2004 年第 17 期，第 34 页。

续表

大型活动管理模块	大型活动项目管理	展台施工模块	展台施工前期工作
	活动概念及其创新		展台设计
	活动场地及其设施		展台安全管理
	活动代理机构		展台施工程序
	会议效果调研		展台会计学
	音乐与娱乐安排		展台施工要求
	活动指引手册		展台后勤
			展台活动设计

4.3.3 浙大城市学院对德国会展模式的借鉴

1. 借鉴德国"双元制",建立"政府—协会—高校"三方互动的会展人才培养机制

争取业界的支持,形成互动机制,达到共赢目的,是最值得我们向德国同行学习借鉴的方面。德国会展教育与业界的紧密联系令人印象深刻,刚刚兴起的中国会展业界与会展教育界更需要相互扶持,相互促进;政府主管部门和会展企业,从战略高度对高校会展教育提供积极的支持和帮助。一方面业界、教育界要重视会展教育工作,在人才培养上的相互合作是我国会展业发展的战略需要;另一方面要进行机制建设,如进行产学研合作,开展订单培养,业界对会展教育进行多样化的教育资源支持,等等。参照德国"双元制"人才培养机制,浙大城市学院结合自身实际,在政府、行业协会的支持下,建立"政府—协会—高校"三方互动的会展人才培养机制。这一机制使浙大城市学院会展教育质量得到业界的高度赞赏,并使浙大城市学院的会展教育跃居于中国会展教育的相对领先地位,享有较高的知名度和美誉度。

2. 借鉴德国会展教育建立在实践基础的特点,建立了基于"项目驱动"的创新型会展人才培养模式

中国会展教育快速发展的背后,存在着复杂而多样的问题。其中理论和实践的脱节,是会展教育初兴时制约会展教育质量的重要问题。这里面既有教师方面的原因,教师都是半路转行进入会展教育,往往都没有会展实务经验,对会展业的理解停留在书面知识上;也有教材方面的原因,教材编写作者的局限和应景中国会展教育的快速发展,很多的会展教材只是简单拼凑,由某些学科知识拼接形成,与会展行业实际并不符合。浙大城市学院解决这方面的问题是借鉴德国会展教育建基行业实践的特点,构建基于"项目驱动"的创新型会展人才培养模式。通过"项目驱动",不仅锻炼师生,而且获得教学案例和改进教材,推进中

国会展教育教师和教材瓶颈的解决。在基于“项目驱动”的创新型会展高级人才培养模式运作过程中，浙大城市学院还与会展行业合作办学，邀请会展业界资深人士参与教学或开设讲座，设立真实的实践操作实验室等等，凸显会展教育的实践性。同时，浙大城市学院还引导会展教师进入业界，派遣专业教师到西博办挂职锻炼，参与会展项目运作，积累会展操作经验和教学案例，要求专业教师“脚踏两只船”，一只脚踏在课堂，一只脚踏在行业，以此提升会展应用型人才的质量。

3. 借鉴德国会展教育少而精的特点，突出会展教育特色化建设

相对于德国高校精干的会展教学院系的设置，我国会展教育一哄而上的局面令人感到不安和困惑。在媒体炒作会展人才是紧缺人才的背景下，我国上海、杭州、广州、北京等城市高校纷纷开办(或准备开办)会展专业，据不完全统计，仅上海就 20 家。我们倒不一定要学德国的“少而精”的会展专业设置方式，我们有自己的国情，但我们必须考虑中国会展人才的需求量到底有多大的问题，这将决定我们到底需要投入多少资源去办会展教育。解决这个问题，一方面需要国家行业主管部门的指导，发布权威性的人才需求信息预测；另一方面各个高校在会展教育决策过程中要理性思考，不要盲目跟进，造成教育资源的浪费。同时，欲办会展专业的各高校必须进行合理的定位，明确自己到底应该培养会展产业链中哪方面的人才，并在这方面精耕细作，真正办出自己的特色。一般认为，会展人才包括会展核心人才、会展辅助人才以及会展支持型人才。会展核心人才包括会展策划人员和会展高级运营管理者等；会展辅助人才包括设计、搭建、运输、器材生产销售等专业技术人员；会展支持人才则包括高级翻译、旅游接待人员等。为突出专业特色，浙大城市学院把会展经济与管理专业设置在传媒与人文分院下面，以营销传播学的视角开展学科建设和专业建设，来实现培养会展策划、文案和管理的会展核心人才的专业人才培养定位。

4.4 浙大城市学院会展专业建设美国模式考察与借鉴

为进一步推进浙大城市学院会展专业特色化建设和国际化步伐，2010 年 9 月，浙大城市学院派出会展专业负责人张健康博士赴美国 University of Nebraska at Omaha 进行为期一年的高级访问学者工作。

4.4.1 美国会展教育概况

美国是一个会展业高度发达的国家。但是美国的会展职业化和会展教育发展并不早，早期的会展活动是由政府官员、行业协会、公司管理层兼职操作的。

直到20世纪70年代，在世界范围内会展业快速发展的背景下，美国高校才陆续开设会展相关课程，开展学位教育。

图4-7　2010年9月，本书作者、浙大城市学院会展经济与管理专业负责人张健康博士访问伯克希尔哈撒韦公司总部，与股神沃伦·巴菲特合影

美国会展专业设置情况与德国有很大的差异。德国将会展教育资源集中在少数几个高校，而美国的会展专业设置遍地开花，据不完全统计，美国有近80所高校开设了会展相关专业。著名的会展院校有乔治·华盛顿大学、内华达大学、休斯顿大学、印第安纳大学、罗斯福大学，等等。这些高校往往在旅游管理、工商管理、休闲娱乐、体育运动、艺术设计、营销传播等基础上开设会展专业而各具特色。

除了高校之外，行业协会等也是美国会展教育的重要组成部分。美国会展职业认证培训体系发达，职业认证培训定位清晰，一般把展览业、会议业、事件活动业等加以区分，培训内容基本覆盖了会展业的方方面面。与高校注重学位教育、不要求有从业经验不同，行业协会举办的培训往往要求具有一定的从业经验，并十分注重技能的提升培训。这些培训由行业协会出面组织，培训针对性和实践性强，培训证书具有权威性，得到行业的普遍认可。业内人士参加培训气氛浓厚，将参加培训作为自己结交业内朋友、拓展自身业内关系网络、提升自己业务素质的重要途径。这种成熟的会展认证培训体系，为美国会展业的持续发展提供了人才保障。

4.4.2 美国著名会展院校的会展课程体系

乔治·华盛顿大学会展教育久负盛名，其会展教育规模大，学科和学位体系完整。乔治·华盛顿大学会展管理专业开设的主要课程为：

表 4-3 乔治·华盛顿大学会展管理专业主要课程

课程性质	序号	课程名称
必修课	1	旅游与酒店管理概论
	2	体育赛事管理
	3	体育赛事商务企业
选修课	4	体育赛事营销
	5	人类心理学
	6	行业组织
	7	媒体管理
	8	体育赛事法律法规
	9	人文地理
	10	国际商务概论
	11	国际市场营销管理
	12	顾客行为
	13	广告学
	14	公共关系学
	15	社会经济学
	16	市场营销研究

从乔治·华盛顿大学的课程设置来看，其会展教育侧重在事件活动方面。事实上，乔治·华盛顿大学的大型活动管理资格证书(EMP)影响广泛，全球20多所高校采用了该职业资格认证课程。这种课程输出是美国会展教育奠定世界影响力的重要途径。

内华达大学会展管理专业的主要课程见表 4-4。

表 4-4 内华达大学会展管理专业主要课程

课程性质	序号	课程名称
必修课	1	展览业概论
	2	会议策划
	3	商业展览会经营

续表

课程性质	序　号	课程名称
选修课	4	特殊事件管理
	5	会展产品经营
	6	会展协调
	7	节庆管理
	8	会展娱乐营销
	9	事件、集会及娱乐

这些学校会展课程设置的特点是，必修课程少而精，选修课程数量众多，充分反映会展业的综合性和满足学生专业兴趣的多样化。在课程的安排上，学校有灵活的时间设置，使得学生和学员在课程选择上具有充分的自由度、自主性。[①] 除了课堂教学之外，学校还积极开发和利用新型教学媒介开展会展教育活动，如通过专业研讨会、书刊、磁带、VCD 等途径，为有兴趣于会展业的社会人士提供继续学习的机会。特别值得一提的是，美国高校借助网络媒体，以远程教育向全球多个国家的学员提供会展相关教育与培训等，把会展知识和理念辐射和输出到世界各地，因而产生深远的影响。[②]

4.4.3　浙大城市学院会展教育对美国会展模式的借鉴

1. 借鉴美国会展专业和课程设置的开放性，结合会展业的综合性开展“大会展教育”办学

美国会展教育的专业和课程设置具有高度的开放性和灵活性。从行业角度来说，这很好地符合会展业是一个高度综合的行业；从学生来说，这很好地满足了个体不同兴趣爱好和行业发展定位；从高校来说，这很好地适应了自身特色化发展的需要。目前，中国会展专业本科层面设置主要还是只有会展经济与管理、会展艺术与设计两个名称。各个高校开设的课程中，必修课程数量和学分数众多，学生选修课程占比较少。各个高校会展人才定位趋同。这些都需要学习美国会展教育的专业和课程设置的开放性和灵活性加以改革和改进，在多个专业名称下开展会展教学，以突出学校之间的会展办学特色，并且减少设置必修课、增加设置选修课以满足学生个性化的专业取向。对此，浙大城市学院充分考虑

① 肖红艳：美国会展管理专业的教育模式及其对中国的启示，《内蒙古财经学院学报》2010 年第 2 期，第 15 页。

② 刘大可：美国会展管理教育及其对我国的启示，《旅游科学》2003 年第 1 期，第 2 页。

会展业的综合性及人才需求的多样性，利用自身在会展教育方面的领先优势，在多个专业下开设会展专业方向，走“大会展教育”发展模式。[①]

2. 借鉴乔治华盛顿大学会展教育特点，引进大型活动管理职业资格认证体系

杭州的会展业虽然以会议业为主，但是也提出打造节事活动之都。其实，节事活动在杭州会展业的比重也非常大，而且不断提升。节事活动的包容性比会议、展览要高，而且对举办场所的要求比会议和展览都要低，未来发展空间巨大。所以，浙大城市学院的会展教育在结合杭州会展业现有特点的基础上，可以从国际化和实际发展需要考虑，将节事活动作为自身会展教育的一个重点加以发展，并考虑引进乔治·华盛顿大学或者其他国际机构的大型活动管理职业资格认证体系。这些国际认证体系的引进也能促进会展教材和课程方面的提升和完善，提升会展教育的国际化发展。

表 4-5　乔治华盛顿大学大型活动管理资格证书(EMP)主要课程

序　号	课程名称
1	大型活动管理的最佳方案
2	大型活动的协调
3	大型活动的营销
4	风险管理：法律和道德的保障
5	政府性质的大型活动策略
6	展览和贸易博览会的规划、管理、营销
7	大型活动赞助和筹款

3. 借鉴美国会展教育多媒体辐射的形态，联合其他高校开展远程“专升本”教育

2010 年，我国招收会展专业新生的高校为 155 所，其中 80%是高职院校，基本都有专升本的需求。同时，经过十余年的锤炼，浙江大学远程教育的品牌效应日显，对学生的吸引力较强。浙大城市学院借助浙江大学远程教育的品牌效应，利用自身会展教育良好的知名度、美誉度和影响力，目前正在联合浙江万里学院、浙江经贸职业技术学院、浙江旅游职业学院等院校的优质教学资源联合成立教学指导工作小组，争取在全国率先开展会展专升本的远程教育。浙大城市学院的会展专升本的远程教育拟面向全国，不局限于会展专业专科毕业生（营销、管理、经济类的专科毕业生均可报读）。会展是一个综合性很强的产业，本身就需要不同类的人才。会展后学历教育完全可以也必须面向其他专业出身，服务

① 张健康：德国会展教育体系的考察与思考，《中国会展》2004 年第 17 期，第 35 页。

于从事与会展相关的工作或有意于向会展方向发展的人士的学习需求。利用远程教育打破地域界限，积极输出会展教育以扩大自身的影响力，是浙大城市学院会展教育发展的一个新战略。

4. 借鉴美国会展教育培训形态，致力于推进会展培训的有序有效发展

当前中国会展培训存在的乱像：一是利益驱动式的培训项目开发，大家各搞各的，以盈利为目标，结果导致会展培训权威性不高。二是为了招纳更多的学员，眉毛胡子一把抓，培训内容缺乏区分度，针对性不强，培训效果不好。三是注重考试而不注重实践操作考核，注重证书而不注重实际能力提高。几天培训之后参加一次考试，然后发一本证书，这种证书的含金量不高，对于会展技能提升帮助不大。为此，需要做的工作是在国家行业协会或主管部门的指导下，加强会展认证培训的区分度和针对性，理论实践并举，在考核环节设计实践操作、从业经历等方面的内容，有序有效地来做中国会展认证培训工作。①

浙大城市学院将在提升会展行业从业人员的整体素质的目标和理想下，以创新构建中国会展培训市场为使命，利用自身的师资、培训场所等方面的优势和资源，积极寻求与国家级行业协会合作，引进国际会展培训认证体系或参与行业协会认证培训体系的制定和相关培训工作，推进我国会展培训的发展。浙大城市学院也将以培训为手段，使自己的教师队伍站稳省内外的会展培训讲坛，树立自身会展教育领先院校的地位和形象；使自身通过培训工作加深与行业的互动，壮大自身的会展教育和扩大自身的影响力。

4.5 浙大城市学院会展相关国际合作项目

浙大城市学院把国际化作为重要发展战略，利用浙江大学的品牌优势，大力推进自身国际化发展，引进国外先进教育理念和教育教学管理模式，不断拓宽国际交流渠道，与国外多个高校建立了合作交流关系，通过联合办学、联设课程、短期交流、合作研究等多种形式，积极开展国际教育合作。其中与会展相关的国际合作项目包括与澳大利亚南昆士兰大学、新西兰怀卡托大学、美国内布拉斯加大学林肯分校、芬兰米凯利应用科学大学、日本佐贺大学等多个国际合作教育项目。

---

① 王春雷：会展教育：怎一个培训了得——美国会展职业认证培训体系及其对中国的启示，《中国会展》2005 年第 15 期，第 39 页。

4.5.1　与澳大利亚南昆士兰大学的合作

南昆士兰大学是一所规模居澳大利亚第 12 位的新型公立大学，外国留学生及国际合作学生规模居澳大利亚第 5 位，毕业生就业率跻身澳大利亚前 10 名。南昆士兰大学以其高质量的教育和机制灵活的教学模式得到了全世界的认可，尤其是遍布在澳大利亚和世界各国的远程教育更为其赢得了联合国教科文组织国际远程教育委员会(ICDE)颁发的“优秀大学奖”。在众多科系中，南昆士兰大学尤其专精于商学领域，总计有 40%的学生于此学科领域就读。

浙大城市学院与澳大利亚南昆士兰大学进行了国际合作本科教育项目。项目特点为双语教学与联办课程，学生有获奖学金到南昆士兰大学攻读硕士学位的机会。该合作项目包含与会展经济与管理专业紧密相关的两个专业——工商管理(中澳双联班)、国际经济与贸易(中澳双联班)。招生人数为每个专业 120 名(文科 60 名，理科 60 名)，学制与培养方式：学制四年，合作双方根据各自院校的教学要求共同制定合作课程的教学计划，互相承认学分。教学计划中有 24 门南昆士兰大学开设的课程，由南昆士兰大学指定英文教材及教学辅助资料，学生需用英文完成全部课程的作业及考试。

该项目教学分成两个阶段：前 12 门课由浙大城市学院聘请中方高水平师资采用双语授课，成绩合格并且英语成绩达到南昆士兰大学的要求，可以注册后 12 门课程；后 12 门课除采用英文教材、双语授课外，作业、考试试卷均由南昆士兰大学负责出题、批改、评分，其中部分课程由外籍教师参与面授。完成南昆士兰大学开设的各类课程、且英语达到南昆士兰大学有关规定的学生，可直接申请澳大利亚南昆士兰大学的学士学位证书，还有机会获得南昆士兰大学提供的继续在南昆士兰大学商学院攻读硕士学位的奖学金。收费标准项目实行学分制收费，学费由专业学费和学分学费组成，学年开始时按 RMB23000 元/学年·生的标准预收，每学年根据实际所修读的学分数结算。

4.5.2　与新西兰怀卡托大学的合作

怀卡托大学成立于 1964 年，是新西兰八所国立大学之一。怀卡托大学是新西兰国内最优秀的管理学院之一，具有丰富的国际合作办学经验，善于培养适合于国内外人才市场的高层次、复合型，具有东西方文化素养及双语能力的国际化金融与财务管理人才。作为新西兰最先进的大学之一，怀卡托大学不断设置新的课程，以满足全球经济日新月异的变化要求。目前怀卡托大学共设有八大学院，学科专业齐全。灵活的教学方法及国际标准的教育科研水平，使学校得到国际社会的广泛认可。

该项目招生对象为会展经济与管理专业紧密相关的金融学，招生人数为 80 名(文科 40，理科 40)，学制与培养方式：本项目学制四年，项目培养计划、课程设置、骨干师资聘任、教学管理等由中新双方共同商定，怀卡托大学在浙大城市学院所开设的课程得到国际认定，可被其他国家认可。本项目学生在浙大城市学院实行分阶段学习：第一阶段 1.5 年，以基础核心课程为主，强化英语；第二阶段 1 年，修读经济管理类八门专业核心课程，所修课程采用全英语教学，由怀卡托大学负责聘任骨干师资、制定教学大纲、提供教材并进行质量控制；第三阶段 1.5 年，修读由国内外优秀师资讲授的九门原版教材课程，并完成毕业论文。有意愿赴新西兰交流的学生，完成并通过前两个阶段的学习，同时达到怀卡托大学的英语要求，可申请赴新西兰交流学习 1 年，完成怀卡托大学相关课程后，可申请怀卡托大学的学士学位证书。

4.5.3 与内布拉斯加大学林肯分校合作

美国内布拉斯加大学林肯分校(University of Nebraska－Lincoln，简称 UNL)成立于 1869 年，是一所具有悠久教学和研究史的世界一流综合型大学。学校专业广泛，学术质量过硬，尤其以工程、计算机、商科、教育、新闻、保险、音乐等专业而闻名。UNL 自 1909 年起，就已成为著名的北美大学联盟 AAU 中的一员，截至 2008 年秋季，内布拉斯加大学林肯分校连续第五年进入了世界最新评估公布的全美前 50 名公立大学的排名。在全美所有院校中，UNL 位居第 86 名；在公立学校中位居第 40 名。

图 4-8 浙大城市学院与内布拉斯加－林肯大学签署合作协议

历史上的很多传奇人物都毕业于内布拉斯加大学林肯分校，其中包括股神沃伦·巴菲特，文学博物学家罗兰斯利，遗传学家乔治·比德尔，艺术家艾伦·道格拉斯，社会研究员阿尔文·约翰，天后芭芭拉·亨德里克斯，艺术家和工程师哈罗德顿，作家维拉凯瑟和玛丽山德士，诺贝尔生理与医学奖获得者 George W. Beadle，美国社会运动先驱 Grace Abbott，美国著名电视节目主持人 Johnny Carson 等。

该项目是浙大城市学院与美国内布拉斯加大学林肯分校合作开展的学生交流和学分互认项目。参加该项目的学生，前两年在浙大城市学院学习，期间由林肯大学派教师教授英语课程。两年后，学生英语成绩达到托福“71 分”或者雅思“6 分”并且专业成绩良好，经本人申请有机会赴林肯大学完成后期的学习。达到 UNL 学位授予条件者，将获得 UNL 颁发的学位证书。该项目的招生专业是与会展信息化专业方向紧密相关的信息管理、电子技术等专业。目前，浙大城市学院已经派遣两批 50 余名学生前往该校学习。

4.5.4 与芬兰米凯利应用科技大学的合作

米凯利应用科技大学位于芬兰东南部，是一所隶属于芬兰教育部的公立应用科技大学。学校专业设置颇为广泛，分布在米凯利、别萨玛基和萨沃林纳三个校区，包括人文科学和教育系、文化系、自然科学系、自然资源及环境系、旅游餐饮及国内服务系、社会服务系、健康及运动系、技术、通讯及运输系和社会科学及管理系。

图 4-9 浙大城市学院院长吴健会见芬兰米凯利应用科技大学校长 Erkki Karppanen 博士

通过这些国际合作项目，浙大城市学院会展教育直接深入学习和引进海外相关专业教育的先进教学理念、教学内容和教学方法、专业课程设置以及行政管理、学生管理的先进经验，不断提高教学水平，增强学生核心竞争力，为培养具有创新精神和国际视野的优秀会展人才提供良好的条件。

在积极的国际化意识引导下，浙大城市学院会展教育国际化也必将向国际化会展教育转变，打造出具有国际水准的中国会展教育。

05 创新创业教育与会展特色专业建设

5.1 创业教育是大学教育的题中之义

大学生创新创业教育是当今世界高等教育改革和发展的趋势，也是知识经济发展背景下提出的一种教育模式。创新的时代呼唤创新的教育，倡导创业教育。创新创业教育从培养学生的创业精神入手，让学生掌握创业的基本理论和技巧，训练职业素质和经营管理能力，懂得并履行与创业者有关的国家政策法规，具备一定的社会实践能力。

浙江大学城市学院作为一所年轻的大学，坚持以“差异化竞争，特色化发展”为原则，进一步调整思路，积极创新，大力推进国际化办学和创新创业教育，全面提高办学质量和综合实力。学院通过创业基地的建设，达到改善目前的高校毕业生由于学校课程设置缺陷所导致的市场适应性差的情况。在这一背景下，会展专业的人才培育特点正是积极打造创新创业的开放式教育体系，旨在引导学生增强自己的动手实践能力、组织协调能力、心理承受能力、团队合作精神和社会适应能力，培养适应社会需求的创新创业人才。

5.1.1 “创新创业”的含义

创新是大学的灵魂，创业是大学的社会责任。创新创业是一种精神、一种生存方式，更是一种社会责任。创新创业人才是指以学科教育为基座的，以通识基础深厚、综合素质高、专业适应性强为塔身的，以富有创新精神和创业能力为塔尖的，适合未来发展要求的高素质专门人才。[①] 以会展专业为例，可以从以下几个方面理解其内涵：

---

① 毛国涛：关于创新创业人才培养模式的研究，《党史文苑》2010年第6期，第75页。

1. 基础层面的理论知识

即使一个人的理论水平很高，也有可能创业失败。其原因很复杂，但是我们必须承认，有着扎实基础理论水平的人，其创业成功率比理论水平低下的人要高得多，这就充分说明了基础知识的重要性。只有充分掌握了广博的基础层面的理论知识，才能更好地将之付诸实践，取得成功。会展专业教育过程中，我们依托管理学和传播学为主干学科基础，设置了包括管理学、传播学、市场营销学、公共关系学、社会学、文学、经济学、广告学等多个学科的基础核心理论课程，从而使会展专业培养的人才不仅是会展专业的专才，更是有着扎实、广泛理论基础的厚积薄发的通才。

2. 操作层面的实践能力

实践能力主要是指学生运用所学到的知识，在社会上进行创新创业实践，以其最终的实际业绩或取得的社会评价反馈来确定的。实践能力的培养因为涉及具体的操作，所以教学难度很大，也是传统的大学教育中较为忽视的一个方面，实践能力培养评价起来也比理论知识的评价难度更高。会展专业是一个极具实践性的专业，社会需要的会展人才也必须是具有很高实践能力和创新能力的人才，因此我们坚持"政府—基地—学校"三方培养的合作模式，坚持实践与理论双轮驱动的教学理念，在教学中广泛增加例如"会展客户关系管理"、"会议策划与组织"、"节庆策划与组织"、"展览策划与组织"、"会展沟通与谈判"等围绕会展的核心工作展开的课程；大量增加实践性课程体系，在课程设置中以 1～2 个学时设置，即一节理论课、两节实践课的形态，保证了实践能力的培养；并以案例教学、项目驱动保证了学生实践能力的充分施展和学以致用的操作能力提升。

3. 核心层面的创新思维

创新是创业活动的启明星，在千变万化的创业活动中，往往会遇到死胡同，只有利用思维的创新，用崭新的思维来思考问题，才能带来新的启示，最终获得成功。马斯洛的创造性理论是关于创新意识、意愿、动力构建的理论。马斯洛针对世界变化很快的事实，提出培养"一种崭新的人，他能随遇而安，能以变化为乐，能即席创造，能满怀自信、力量和勇气对付他毫无思想准备时面临的情境"。马斯洛提出的自我实现者的创造性是在整体论基础上的创造性，不是强调人的工具性思维、能力等的创造性，而是在整个经验基础上的人的整体创造性。这种创造性并不是仅仅局限于职业生活某一个或几个领域，而是渗透于人的整个生活中。因此，这种创造性强调的是人格而不是成就，强调表现或者存在的品质，而不是解决问题或者是制造产品的能力。会展专业人才培养，坚持从马斯洛强调的创造性高度出发，重视对人才的创造性的培育，尤其是创新意识、创新思维的激发具有积极意义。

4.心理层面的创业能动性

创业能动性是指对创新创业有着强烈而持久的冲动，保持着长期热情，即使面对一系列的困难和阻碍，也不会因此而放弃，能够坚持到最终成功的主观能动性。创业能动性有以下三种条件：是否能够忍受孤独、挫折甚至失败仍不放弃自己的事业；是否对创业成功具有强烈无比的自信；是否保持有长期的冲动来开创你的事业并长期发展下去。

5.1.2 国内外高校创新创业现状评述

20 世纪 80 年代以来，创新创业教育在国外已成为大学教育的重要组成部分。而我国现有的教育体系缺乏对学生创新创业精神和技能的培养，大学创新创业教育普及程度较低。

1.国外创新创业现状

创业教育最早发端于美国。1947 年哈佛大学开设的《创新企业管理》开创了创业教育先河。21 世纪以来，美国几乎所有的大学都开展了创业教育，设立了创业教育研究机构，或者向企业及时转移教师和学生科研成果的创业中心。美国的创业教育注重创业实践并有效地开发和利用社会创业资源，形成了一个学校、社区、企业良性交互式发展的创业教育生态系统。新加坡是亚太地区进行创业教育较早的国家，也是较为成功的国家，其给我们的启示是：制定适宜创新创业教育发展的政策，提升创新创业的课程体系，打造一支专业化教育队伍，建立校园创新创业教育服务体系。①

2.国内创新创业现状

我国的创业教育可追溯到 1997 年清华大学开展的首届创业计划大赛。党的十七大报告明确提出了“提高自主创新能力，建设创新型国家”、“实施扩大就业的发展战略，促进以创业带动就业”的两大战略目标。十余年来，国内的教育工作者在创业教育的教学内容、教学方法、质量控制、实习实践等方面进行了一些有益的探索，取得了一定成效。但是，我国的创新创业教育现状还不如人意，特别是理论研究与具体实践脱节，导致我国大学生创新创业教育的实际效果不明显。当前创新创业教育主要存在的问题包括：

(1)思想认识不足、创新创业教育理念落后。教育界对创新创业教育没有经验，心存顾虑，多数教育界人士仍抱持精英教育论，认为创新创业教育仅仅面向

① 赵刚：创新创业教育在旅游类专业课程体系中的建设研究，《创新与实践》2010 年第 4 期，第 102 页。

少数有创业愿望和创业潜质的人;另一方面,社会、学生家长对小企业经营者或者创业失败者还存在一定的偏见,对大学生创业还没有足够的思想准备。

(2)没有融入常态化教育体系,地位边缘化,体系不完善,缺乏实际操作性。创新创业教育改革大多缺乏可执行性,教改内容单一,缺乏稳定的、完整的、体系化研究和实践措施。

(3)创新创业教育活动流于形式,教学与实际需要脱节。创新创业教育没有走出课堂论,仅仅将创新创业教育当做课堂教学的一部分内容,仅仅局限在搞活动、搞竞赛的层面上。

5.1.3 创新创业教育对高等教育人才培养体系的意义

浙江大学校长杨卫院士认为,对于大学生来说,一是培养创业能力,二是培养创业激情。他饶有兴致地分析了创业教育热潮的原因:首先,从大学功能历史演变看,创业教育是大学教育的题中应有之义。大学从最初知识融汇的场所,发展成为创造新知的地方,再进一步发展成为服务社会的助推器。社会服务的一个主要内容就是培养学生如何能积极推进社会的发展,产生新的增长点。目前有两类创业型大学,一类是重视创业教育,重视培养学生围绕学到的知识和新发展的知识开展创业的能力,鼓励学生在校园周围开展创业,如斯坦福大学;一类是纯粹的传授创业技能和知识,以培养学生创业能力为己任的创业型大学。其次,从经济发展方式看,许多创业活动已成为经济的新增长点和企业进一步发展的内驱力。最后,从社会基础看,有相当部分民营经济发达地区的学生家庭也可以为他们提供创业的条件,希望他们强化创业能力,推进家族企业进一步发展。

1. 适应社会对创新型应用型人才的需要

中国人民大学校长纪宝成教授认为:“所谓应用型人才,就是指相对于高精尖理论型、学术型人才而言,掌握直接应用型知识和具有更具体实践能力人才的人,我们的应用型人才主要是这样的人。培养这样的人才为使命的教育体系,就是高等教育应用型人才的培养体系。”应用型人才简单地说就是“心里有做事(从业)的套路,眼睛能看到事情去做,手上有做事的技能”。换言之,叫做“做事的套路、观察的套路和思考的套路”。它的特点是有比较深厚的科学基础理论,关键是对相关领域的实际状况比较了解,并具备较强的实际操作能力和动手能力,比如会展经济与管理专业,它就是强调应用型人才的专业。

创新创业型应用人才应比一般的应用人才有更宽的知识结构和跨学科的视野,有更强的自主学习能力和创新意识,不仅具有胜任某种职业的技能,而且具有应用知识进行技术创新和技术二次开发的能力。根据调查,企业界所渴求的创新创业型应用型人才，应该具备反应能力、团队精神、创新观念、求知欲望、适应环境等核心素质。市场需求导向原则就是根据市场需要什么样的人才就培养什么样的人才，社会、企业对创新创业型人才的反应能力、团队精神、创新观念、求知欲望、适应环境等素质要求，并非传统的高等教育所重视培养的人才素质，因此需要高等院校的人才培养在不断适应社会需求的过程中，提升人才的创新创业能力和应用能力。

2. 提高独立学院核心竞争力的需要

独立学院作为高等教育大众化的产物，想要以质量求生存，以特色求发展，就必须紧密结合地方经济和社会发展的实际需求，探索具有自身特色的创新创业型应用人才培养体系。当前，创新创业型应用人才培养目标已经在独立学院日益形成共识，其内涵主要是相对于"一本"院校的学术研究型人才提出的，以适应用人单位的实际需求，以大众化教育为取向，面向基层和生产第一线，强调实践能力和动手能力的培养。具体而言，独立学院培养的创新创业型应用人才应该具备以下三个特点：

首先，从知识结构上讲，强调知识体系的完整、系统和科学性，即既要有深厚而扎实的基础知识，适当地了解相邻学科及必要的横向学科知识，又要精通自己专业，能掌握所从事学科专业的最新科学成就和发展趋势，并具有一定的科学人文知识和相关的财务、管理和社交方面的知识。知识结构要从以"够用"和"实用"为限的要求逐步向"基础扎实、增强后劲"转变，从掌握职业岗位技能和技术的操作性要求的知识，逐步向掌握完整、系统和科学性的专业知识体系方面逐步转变。

其次，从能力结构上讲，强调具备较强的实践能力、创新能力以及创业能力。实践能力主要包括善于发现问题和解决问题的能力，以实际为导向的知识转化能力，以协作为手段的组织工作和学习能力。创新能力是指综合运用已掌握的知识，运用创新的方法，创造性地提出新的发现、新的发明和新的改进革新方案的能力。而创业能力则主要包括计划决策、人事管理、市场营销、生产运作、财务管理等传统管理能力，以及把握商机、创建团队、善于沟通、高校融资等自主创业的必备能力。

再次，从素质结构上讲，除了具备健全的人格和良好的心理素质外，还要具备良好的职业素质和创新创业素质。因为在企业生产管理中，尤其在创业的过程中，知识的运用和技能的施展往往与个人的心态、道德、心理素质、意志品质等非专业方面的素养关系密切，因此创新创业型应用人才必须具备最基本的职业道德、职业情操和比较全面的创新创业素质，包括实事求是的科学态度和批判精神、坚定顽强的意志、强烈的进取心和社会责任感、善于合作的团队精神以及长远的眼光和大局观等等。

5.2 浙大城市学院打造创新创业开放教育体系

浙大城市学院作为一所全国知名的独立学院，自 1999 年创办以来，一直致力于学院新型的办学模式健康发展，以培养和输送符合 21 世纪科技、社会急需的高素质创新人才为宗旨，结合学院自身的背景和特色，思考办学宗旨和模式，全面构架和逐步完善人才培养体系，探索出了一条浙大城市学院特有的创新创业型应用人才培养的成功之路。

浙大城市学院党委书记胡礼祥强调，学院创新创业实践基地的建设始终坚持“综合运用所学知识，发学生创业激情，育学生创业精神，养学生应用能力、创新能力和创业能力”的宗旨。在实现建设目标的过程中，学院将建立完善的基地管理机构和制度，加强对创业团队的规范管理，成立学生创业咨询中心，依托稳定的创业导师队伍，加强对创业团队经营活动的指导。

5.2.1 构建创新创业教育体系

“创新创业教育不是‘计划外的课程’，而应纳入学院整个教育体制中，加以统筹运作。创业理论、创业模拟训练、创业全真孵化三个层面的教育不但符合教育教学规律，更给予了大学生‘量体裁衣’的选择权！”在浙大城市学院院长吴健教授眼里，“创新创业教育的本质是提高学生的创业素质，而不是要求学生在校期间都去创业或毕业后马上进行创业。学院以创业教育推动教育教学改革，把培养学生的创业技能和创业精神作为基本目标，改变传统的教育教学理念。”

据了解，浙大城市学院创新创业教育以培养学生创业精神为核心，不仅仅局限于指导学生参与创业竞赛、经商、创办企业等操作层面上，而是以“项目化实施，团队化运作，成果化结果，学分化管理，体系化组织”为目标，整个体系分为孕育、教育、孵化等阶段，包括课程体系、实践体系和师资队伍三部分，其中课程体系指将创新创业教育融入课程计划。

在实践体系中又包括实践环节和实践基地，其中实践环节包括与课程相关的实践活动、在实践基地开展的实践活动和其他实践活动，例如假期社会实践教育项目、SRTP 科研训练项目、校内综合性创新实践项目、各类学科竞赛项目、学生自主创新项目、创业导师指导项目、创业项目孵化中心孵化等项目。

5.2.2 搭建校内创新创业实践平台

从 2005 年以来，浙大城市学院整合校内资源，先后组建了“新闻中心”、“信电创新实习基地”、“工业中心”等 15 个校内综合性创新实践基地，这些校内基地重点训练学生的特长和专门技能，培养和提高大学生的实践能力和创新能力，适合学生个性发展。如外语全景学习中心以培养学生英语实际运用能力为主要目的，积极组织学生参与杭州市的地名、路名、产品包装名等翻译错误的采集和更正；法律实训基地则模拟现实法庭审判的方式，开创了模拟法庭的特别训练；学生 EMSD（四自管理）综合实践基地以培养学生“自我教育、自我管理、自我服务、自我发展”能力开展工作……

浙大城市学院的创业计划大赛已经举办了三届。从创业方案的提交到初赛的答辩环节，然后将脱颖而出的学生再进行集中培训到公开陈述、答辩，创业大赛俨然已经成长为培养人才的摇篮。学生通过团队的形式，在大赛中获得了真正的锻炼，尤其是大赛中专业的培训模块让参与的学生们觉得受益匪浅。创业大赛让大学生们感受到创业的过程，激发了他们的创业热情，更提供了一个酝酿创新思维的平台。

2005 年，浙大城市学院商学院升起了一面闪闪夺目的创业教育旗帜——创业实践基地。学校腾出部分用房，免费提供给学生创业，让学生的创业理论应用于实践，将创业梦想接入现实。经过三年多的发展，创业基地已经成为了一个面向全院、学科交叉、合作开放、设备先进、管理规范、全真模拟型的综合性创新创业实践基地。在创业基地的发展历程中，也涌现出了许许多多优秀的创业团队和很具操作性的项目，E 彩、C-UP 等不少大学生创业团队受到了多家新闻媒体的关注。在这几年里，创业基地的运行更加成熟、规范，一个个学生项目被转化为实体。如今的创业基地已经达到了一个新的高度，不仅仅局限于简单的创业流程和体系管理，而是用更新颖的理念和规范去拓展学生的创业素质，不少学生创业团队已经在探索企业传承问题和企业文化的塑造。

5.2.3 大学生创业从校园实战开始

浙大城市学院党委书记胡礼祥的接待日里，总有同学预约和他交谈创业故事和创业理念。他也经常参与学生主办的创业论坛，受邀学生开的小饭馆试菜，抽空去创业街和同学们沟通交流……“我们并不在乎学生在创业小试牛刀的时候能否掘到第一桶金，我更在乎更高兴的是同学们经过实践后向我汇报他们的收获和体会。”

2008 年 6 月，为加大文化创意产业人才培养力度，设立了创意与艺术设计学院。2009 年 2 月，学院又启动筹建了创业学院。

为了方便学生创业，更专业地引导学生创业，创业学院设立了中鼎创业孵化园，帮助大学生把“创业梦想”转变为“创业行动”，把“创业项目”付之于“创业实践”。对于有能力、有志向的学生，学院将从资金、技术、经验等多方面对学生企业进行孵化指导和支持。正如创业学院的宣传语所说的那样：“来吧，编织起飞的翅膀，托起创业的梦想！”

但是，学生项目要进孵化园区门槛并不低。创业学院有一个项目评估委员会对项目进行审核，只有优质的项目才能入园。这是为了防止一些学生仅仅有个天真的想法和富裕的家庭就盲目创业。学生的项目必须通过专业委员会进行一个综合评估，这样就能大大减少失败的概率，可以将创业成功率提升到 70% 左右。目前创业学院正在筹备开设创业企业管理研修班，届时将结合理论与实践，帮助学生企业的生存，增加企业的生命力。

据了解，目前创业学院已有入驻学生创业企业 5 家，正在办理工商登记证的有 4 家，参与创业的学生达 60 余人；已经或即将进驻的实训企业有 4 家，预计将提供实训岗位 40 个左右。这些企业，除享受杭州市规定的大学生创业优惠政策外，还将享受孵化园区内的优惠政策，如房租全免，共享浙大城市学院的一些配套设施等等。2011 年 4 月中旬，浙大城市学院争取到了“浦发银行大学生创业实验园”提供的基金，对园区里的一些优秀创业项目和团队给予资助和奖励，为浙大城市学院学生的创业提供了充足的资金进行创业。往后，创业基地和创业大赛将会更多地联系和对接，形成城院更加完整庞大的创业体系，为更多的学生提供更好的创业平台和锻炼机会。

2007 年，2007 届广告系毕业生杨杰被评为“浙江省十佳大学生创业之星”；2008 年，2005 届毕业生谢浩魁、2007 届毕业生陈洋帆被评为“杭州市十佳大学生创业之星”；2009 年，浙大城市学院创业团队“手把手机械制造有限公司”获杭州首届“赛伯乐杯”大学生创业大赛三等奖……日前，由凤凰网财经频道、新浪网教育频道、搜狐网教育频道为教育数据咨询公司麦可思(MyCOS)发布的 2009 年全国非 211 院校大学生就业能力排行榜中，浙大城市学院的学生就业能力位居第 12 位，薪资水平居第 29 位，就业能力排名比 2008 年榜单整整提前了 10 位。如果把浙大城市学院创新创业教育体系的探索之路比喻作创新创业之路，那么这些将是最大的支持和鼓励，将鼓舞着全院上下继续前行。

5.3 会展专业构建创新创业人才培养模式

浙大城市学院会展经济与管理专业的创新创业教育，以培养学生创业精神为核心，不仅仅局限于指导学生参与创业竞赛、经商、创办企业等操作层面上，而是以“项目化实施，团队化运作，成果化结果，学分化管理，体系化组织”为目标，整个体系分为孕育、教育、孵化等阶段，将创新创业教育融入其中，包括课程体系、实践体系和师资队伍三部分。

5.3.1 会展专业培养目标强调创新精神

会展专业紧扣学院所处的地域特点、所依托的支柱产业特征以及会展业发展现状，将发展会展教育纳入杭州市、浙江省发展会展经济的体系中，结合杭州举办西博会、休博会等国际展会的资源和经验，培养德智体美全面发展，基础理论扎实、知识面宽、专业能力强、综合素质高，富有创新精神的会议、展览、节庆活动管理与服务的应用型专业人才。

会展专业培养的人才方向适合于：政府机构、行业协会和会展专业组织，从事展会、节庆活动的调研、行业规划、研究与管理工作；会展公司及会展服务公司，从事会展策划、公关、制作、现场运营管理工作；会展场馆、酒店和各类文博馆，从事展会、节庆活动策划、现场运营、服务管理工作；目的地管理公司、旅游公司或旅行社，从事大型活动策划和管理、会展工作；企事业单位、参展商，从事参展策划、展会设计、广告推广工作；会展教育、科研、咨询和出版机构，从事调研、教学组织、辅导及研究工作；特别适用国际性大型会展项目的运作。

5.3.2 会展专业人才需要具备创新创业思维

会展专业是近年来刚刚建立起来的新专业，是伴随会展行业在中国的飞速发展而发展起来的，市场发展潜力很大。根据对我国会展人才需求特征的分析知道，会展人才需求大部分为会展支撑型人才和会展辅助型人才，其比例在90%左右。会展经济与管理并不需要高深的理论来支撑，它的实际操作性特别强，特别是对于支撑型人才和辅助型人才。目前我国会展人才存在很大的缺口，会展专业人才的缺失已经成为制约会展业发展的一大瓶颈。

据杭州市有关部门介绍，到2020年，杭州市区的会展中心将形成“两主四副九场馆”的结构，会展中心展馆部分总建筑面积将达到54万平方米，业内人士预测杭州市必须每年新增1200名会展人才才能满足这个需求。从事这个行业的人必须通晓会展策划、会展组织、信息管理、广告学、营销传播等方面的知识。当前会展的主要从业人员是从管理、设计、营销等相关专业转型而来，缺乏专业的职业素养训练，缺乏相关基础理论知识的积累；但目前普遍缺乏从事整个会展运作人才，而从事整个展会运作的人员，一般来说，综合素质要求比较高。从我国会展业长期、稳定和可持续发展的角度来看，外行转型和简单的职业培训的方式只是权宜之计，并不能从根本上解决会展人才的短缺问题。

会展人才的整体素质由多种因素决定，知识结构和操作技能是重要的衡量指标。与一般的高等院校专业学历教育不同，会展专业教育不能偏重于理论，而需要将理论与实践有机结合，即在会展专业教育中既注意积累其理论知识优势，又必须增加其实践经验和强化操作技能，还可以通过其实践经验来修正某些理论观点，促进其对会展理论的认识和发展，这将十分有利于提高会展人才整体素质。但是，目前在浙江省开设此专业的学校并不多，无论是高校还是职校在会展这个专业的人才培养上都处于摸索阶段，既没有完善的学科理论，也没有成熟的专业教学标准和行业人才评价标准。所以在会展教育过程中更加需要创新创业教育。

5.3.3 会展专业创新创业教育融入课程体系、实践体系和师资体系

1. 积极建设会展特色专业课程群

我院的会展专业建设中，正在着力构建以“会展专业课程群”为特色的会展教育课程体系。会展专业课程设置与学分分布主要包括通识课程、基础课程、专业课程及第二课堂等四大块，其中专业课程又创新性地细分为“专业必修课程模块”、“专业选修课程模块”、“实践教学环节”、“个性课程”四个部分。会展专业的课程体系秉持创新理念，不断以适应社会需求和人才培养为出发点，坚持创新、锐意革新，积极开展教学教育改革，开设了《会展策划与文案》、《会议策划与组织》、《节庆策划与组织》、《展览策划与组织》等多门极具个性的会展专业特色新课，突出培养会展学生的创新策划能力，并注入创业精神启蒙教育。

2. 项目驱动推进实践模块教育

大学教育改革的难点之一就是实践教育，会展专业创新性地进入“项目驱动”机制，在七成以上会展专业课程中，大胆施行“1—2”的教学学时安排，即一节理论课配套两节实践课的教学模式，保证了实践教学的学时。在教学中融入项目策划、参与、运作等过程，充分实现与理论课程的对接，在理论传授以外，积极加强实践能力的提升，有效实现了实践教育的教学改革。同时安排大量实践环节和第二课堂，保证学生在寒暑假及日常学习的空余时间能投入更多实践锻炼，从根本上保证了实践教育在会展教学中的一贯重要性。

3. 双师型、第二导师制双管齐下

在师资方面，为了开展创新创业教育，会展专业以专职、兼职教师结合，理论教师与政府、会展企业、会展场馆等业界教师共同指导的方式，积极开展双师型教师队伍的建设。2009 年，在专业实行导师制辅导多年的基础上，再推行第二导师制，邀请会展中心的专职成员队伍参与到对学生的共同指导中来。作为第二导师，年轻的会展中心的工作人员主要以自己参与会展策划和实施的丰富经验进行会展实践指导，配合第一导师开展人才培养和教学改革工作，从而形成双管齐下的全方位育人模式。这种尝试本身也是极具创新精神的。

5.4 会展专业开展创新创业教育的实践路径

根据目前我国会展教育发展现状，必须创新会展教育教学模式，结合专业特点，突出实践性教学，加强职业技能训练，实行“一体化”教学。同时加强校企联合，与市场需求实行“紧密对接”。加快人才培养，着力培养一批素质高、实用型会展专业人才，解决会展人才匮乏，尤其要注意改革、创新教育教学模式，从而进一步完善会展的教育体系，开辟出一条具有可持续发展的会展专业创新创业教育的实践路径。

5.4.1 调整办学指导思想，改革传统的人才培养模式，服务地方会展经济，实现紧密对接

2008 年 1 月，浙大城市学院召开了创业教育研讨会，会议着重探讨如何进一步将“创新创业”纳入浙大城市学院的教育体系，并决定成立创新创业教育中心，以此为抓手推动学院的创新创业教育。时任浙大城市学院副院长的庄华洁在会上表示，创业教育主要分为两个方面：一是理论教育，包括知识、方法、素质等教育；另一方面是实践教育，包括能力、技能等的训练。

自开展会展人才培养以来，浙大城市学院大力进行教育教学创新，与杭州市西湖博览会组委会办公室形成紧密联系和互动关系，共同培养会展人才，服务地方会展经济。西博办一直坚持“深度拓展、项目驱动、两级管理”方针，紧紧围绕杭州城市的发展重点，进一步发挥西博办作为产学研合作示范基地和浙大城市学院作为杭州会展业人才培养基地的作用，从战略高度参与浙大城市学院的会展人才培养工作。浙大城市学院会展专业师生积极服务于杭州市各项会展活动，连续多年持续派出百余名会展专业教师及学生参与杭州市西湖博览会的策划、组织和现场管理服务工作，连续多年派出浙大城市学院教师和学生到西博办挂职和实习。

2010 年还派出了浙大城市学院会展中心郁全胜老师到上海世博会杭州案例馆挂职担任副馆长，先后派出十余名学生参与杭州馆工作和西门子主题馆的工作。

图 5-1　杭州市西博办举行 2009 年产学研合作总结表彰会，向浙大城市学院实习生颁发奖励证书和就业推荐书，向挂职教师颁发荣誉证书

5.4.2　加强校企联合，打造校企合作的“共同体”，实现长远合作

我院会展专业聘请参展企业、展览公司、展览会馆、行业协会等部门的专家学者、经理为院校的客座教授，为学校举办专题讲座、承担授课工作、培训师资、指导学生实习。与院校教师一同开展学术研究、进行学术交流，提供与专业有关的新知识、新技术、新成果和专业发展趋势，并对专业发展提出建议，成为专业教育的学科带头人。例如，2010 学年，传媒与人文学院聘请了杭州神州品牌公司金岗副董事长担任会展专业核心课程之一的《节庆活动策划》的兼职任课教师，该公司曾策划了 2008 年北京奥运会火炬传递活动杭州站的全案。

我们还在参展企业、展览公司、展览会馆等部门建立教学实习基地，挂牌为学院的教学实习基地，积极派遣学生到各实习基地开展中期实习、毕业实习，将教学实习基地建设成为融学生实习、教师培训、学生就业为一体的实践基地。

根据参展企业、展览公司、展览会的岗位需求，结合专业培养目标，依据学生与用人单位双向选择意向，实施定向人才培养机制。校企依据专业培养目标和企业岗位技术要求，共同协商制订教学计划，安排教学内容。期间，实践环节学生到企业实习实践，由企业根据岗位要求进行方向性课程教学和实岗训练。建立校企双边定期互访、双向交流制度，加强合作，建立长期稳固的校企合作关系。

5.4.3 改革、创新教育教学模式，实行"一体化"教学体系

我院会展专业根据会展行业的市场需求和发展趋势制订会展专业人才培养的总体方案，建立实践教学与理论教学为一体的教学内容体系。开展社会调查，聘请参展企业、展览公司、展览会馆等用人部门参与专业人才培养计划的制定工作；按照突出应用性、适应性原则改革教学内容体系和重组课程结构。以核心技能为轴心形成核心技能模块，以核心技能模块为教学单元，形成集实践教学与理论教学为一体的教学内容体系。

我们努力改变传统教学体系中理论课、实践课独立设置进行教学的教学模式，将课程的实践教学与理论教学相结合，实施"1＋2"，即一节理论课＋两节实践课的教学模式。改变实践教学、技能教学依附理论教学的状况，结合会展市场的需要和参展企业、展览公司、展览会馆等部门的要求适度调整教学内容，增加应用性、策划性、综合性的实践教学内容，以"项目驱动"的理念推进教学内容改革和教学方法改革，在会展项目策划、运作、管理的过程中，实施现场教学，建立理论教学与实践教学"一体化"的教学模式。

我们也注意建设与"一体化"教学体系相配套的集实践教学与理论教学为一体的"一体化"教材体系，加强文字教材、电子网络教材、音像教材、案例教材的建设与开发工作。

5.4.4 建设一支高素质的师资队伍，为创新创业教育的实施提供保障

在创新创业教育背景下，会展专业的教师不但应具备扎实的基础理论知识和较高的教学水平，而且还应具有较强的专业实践能力和丰富的实际工作经验。我院的会展专业努力建立一支双师型的教师队伍，积极引进会展业界人士担任会展专业教师，派遣会展专业教师到会展一线政府部门、企业进行挂职锻炼，亲身参与会展活动的策划、组织与运作，增加教师的会展专业历练，增强实践教学能力。同时，聘请政府会展部门、会展专业协会、参展企业、展览公司、展览会馆、校内会展中心等单位的专业人员、管理专家兼职任教，建立一支多元化的"一体化"教师队伍。

5.4.5 建立人才培养科学评价机制，改变传统考试评分机制

我院会展专业教学政策的另一做法是改变传统教学考核体系中理论知识与实践课程独立进行考核的模式，建立与"一体化"教学体系相一致的集技能考核

与理论考核为一体的教学考核体系。改革考试方法，除笔试外可以采取口试、答辩、现场测试、作品展示、策划案例和现场实践等多种形式，着重考核学生综合运用所学知识解决实际问题的能力和基本技能水平。增加综合性技能考核，提高学生基本实践能力、操作技能、专业技术应用能力。

此外，还邀请参展企业、展览公司、展览会馆等单位的专家、技术人员参与学校质量、人才培养质量的评价工作，结合对毕业生就业情况和就业后发展状况的跟踪调查，进行综合分析研究，对教学质量做出客观的全方位的准确评价和立体定位。

5.4.6 搭建大学生创新创业实践平台，形成校园文化

实践出真知，创新意识、创业能力的培养离不开实践活动。在第二课堂方面，我们鼓励学生创造性地投身于各种社会实践活动和公益活动中。搭建创新创业实践的平台，是创新人才培养不可或缺的条件。通过创办创新创业中心、开展创业论坛、开设校内创业街，搭建大学生创新创业的常态化实践平台，为学生的感性体验和理性把握创业提供一个重要支点。通过开展创新创业教育讲座，以及各种竞赛活动等方式，形成以专业为依托、以项目和社团为组织形式的创新创业教育实践群体。在原有校园文化活动的基础上，建立服务于学生创新创业能力提高的校园文化，促进校园创新创业氛围的凝聚，大力开展创新性强、实践性高、集理论与实践探究于一体的校园文化活动，在丰富校园文化的同时，实现创新创业育人才的转变。

图 5-2 浙大城市学院首届创新创业文化节闭幕式

5.5 会展专业创新创业教育的成果总结与思考

自2005年浙大城市学院"会展研究与服务中心创新实践基地"作为重要的校内综合性创新实践基地以来,中心一直致力于重点训练会展专业学生的创新创业特长和专门技能,培养和提高会展专业学生的实践能力和创新能力,提倡适合学生个性发展的学习方式,其中尤以培养学生会展策划组织和实践能力为核心竞争力。基地成立后,先后组织学生参与了2008年、2009年、2010年西湖博览会广场造势活动、烟花大会等大型会展活动,使学生的会展策划、组织、管理等创新实践能力和综合能力得到极大的锻炼和提升。

5.5.1 会展专业学生创新创业取得的初步成绩

1. 杨杰:创业新星看准网络会展

2010年12月1日,国内知名网站中国校友会网和《21世纪人才报》最新发布"2010中国大学创业富豪榜",上榜的大学生创业富豪有101人,上榜门槛为资产100万元。浙大城市学院2007届广告系毕业生杨杰以1000万身价荣登排行榜第53位。杨杰的"中鼎文化"主要涉足传媒文化和会展产业。在校时,杨杰就接受了创业教育培训,并付诸创业实践。在大四那年,他成为了全国首个权威性、专业性、全国性的网络房交会的发起人和运营商,在2007年荣获"浙江省十佳创业新星"称号。

2006年底,杨杰跟朋友一起逛杭州的房交会,这一逛逛出了创业的念头。他记得当时的房交会现场非常拥挤,观展效果不好,加上一年只有两次,根本无法满足购房者的需求。杨杰脑子一转,就想着要把房交会搬到网上去,充分利用广阔的虚拟空间实现网上交易。这就成了他的初创项目——房产中国网。经过一番资源整合,杨杰和另外两个学生合伙凑了100万元,再加上加拿大一家风投公司的100万元,揣着200万元,这三个大三学生就开始他们的创业之路,网站的名字叫中地网博广告有限公司。

2007年1月,公司正式成立了。杨杰不无自豪地说,这个网站是中国第一个网上房交会平台,也是第一个VR虚拟环视技术平台。这是他和公司的早期人马闭关三个月弄出来的成果,技术来自国外,却被他们第一个看中引入房交网站。后来新浪、网易也纷纷效仿VR虚拟环视技术。公司从大三一直开到了大学毕业,毕业后三个月到半年的时间内,公司赚到钱了。他看着公司的财富一点一点积少成多,心里却镇定得很,最多就是偷着乐。

金融危机袭来，房地产业远不如以前火爆，拥有资产四五百万元的公司随着另两位核心成员的离开而进行了重组。2008 年初，重组过后成立了中鼎文化发展有限公司，下属 30 多名员工。公司的业务也从原先的网络拓展成了四块：房地产开发、媒体广告代理、会展以及新媒体开发。多元化的发展模式使公司的资产再一次膨胀。到 2008 年下半年，公司资产翻了几番，杨杰也从当初的大学生创业者变成了一个不折不扣的富翁。目前，杭州中鼎文化传播有限公司为我国房地产类专业网站"房产中国"(www.fczg.com)的运营商，并在大型会展承办、房地产广告制作、公司网站策划制作、平面设计、投资制作等业务上均有涉猎，是一家在业界初具影响力的广告公司。

2007 年，传媒分院在杨杰的公司挂牌成立了教学实践基地。据悉，浙大城市学院在自己在校学生创办的公司挂牌尚属首次。学院每学期都安排学生到公司进行实习，学长对学弟学妹进行业务指导有着特殊意义。杨杰的创业成功给会展专业的同学带来了极大的鼓舞，他也经常返回学校参加创业论坛，与学弟学妹们交流创业经验，并曾担任过浙大城市学院创业学院副院长。目前，浙大城市学院的多名毕业学生已经加盟该团队进行创业。

2. 陈捷达：以实习为契机，尝试创新创业

2008 级会展专业在校学生陈捷达等几位同学在 2010 年暑假期间，以学校大二的中期实习为契机，将酝酿已久的创业想法付诸实施，成立了杭州温柯文化创意有限公司。这些学生们既顺利拿到了实践学分，又实现了在校生艰难的创业梦想。

图 5-3 温柯文化的 Logo

温柯文化创意有限公司致力于桌面媒体的开发，以专业的桌面媒体发布和维护获得广告主以及合作媒介的认可。公司所合作的咖啡厅、茶座、酒吧都是面向高端受众的场所，比起传统媒介和户外媒体，有更贴近受众、投放费用低、记忆度更高等特点。温柯文化覆盖了具有极强消费能力和较好消费观念的一批受众，据数据分析统计，超过 98.3% 的桌面媒体覆盖人群为消费的决策者，人均年收入达到 12.9 万，家庭年收入达 25.2 万，确保广告主将广告费用花在刀刃上。该公司现已与拉芳舍咖啡厅等多家消费场所签订了合作协议，并已成功投放多期广告作品。

3. 校内创业街：大学生创新创业的试验田

在浙大城市学院的创新创业教育理念下，学校腾出部分用房，免费提供给学生创业，让学生的创业理论应用于实践，将创业梦想接入现实，同学们亲切地称为"创业一条街"。来自商学院、传媒与人文学院等不同学科、不同专业、不同年

级的学生因共同的创业激情和梦想，汇聚到了一起，纷纷开设起了 e 彩工作室、BURNT 等创新创业机构。这里就有包括朱莹、王鹏等广告系会展专业方向同学的忙碌身影。

经过五年多的发展，创业基地已经成为了一个面向全院、学科交叉、合作开放、设备先进、管理规范、全真模拟型的综合性创新创业实践基地。在创业基地的发展历程中，也涌现出了许许多多优秀的创业团队和很具操作性的项目，e 彩、C-UP 等不少大学生创业团队受到了多家新闻媒体的关注。在近几年里，创业基地的运行更加成熟、规范，一个个学生项目被转化为实体。如今的创业基地已经达到了一个新的高度，不仅仅局限于简单的创业流程和体系管理，而是用更新颖的理念和规范去拓展学生的创业素质，不少学生创业团队已经在探索企业传承问题和企业文化的塑造。

随着创业基地经营的稳定，一届一届的学生也在不断传承和延续着创业的梦想。“e 彩”第四代团队表示，店长的更换周期缩短，意在让更多的同学有机会得到锻炼。这是个让人成长的平台，更是一个模拟的“战场”，从点滴中映射出往后艰难创业道路上的诸多情况，使店员们得到锻炼。正如该团队成员所说：“我们见证着 e 彩的成长，而 e 彩亦见证了一个个成员的成长。这样相辅相成的关系将一直维系着。”

4. 会展策划大赛：以参赛推动学生创新创业

2009 年 4 月，首届浙大城市学院会展策划大赛在全校范围内如火如荼地开展起来。经过一个多月的海选、复赛、半决赛、决赛，一轮一轮的挑战、竞争、淘汰后，学生团队们承受了压力，团结合作，相互信任，体会成长。最终，以叶佳鑫、杨志翔、葛幸颖、王静怡、冯玲艳、杨威等 2008 级同学组成的团队以《2010“世界贫困 · 十四亿的呐喊”杭州独立音乐节》策划方案获得了一等奖。

这次大赛时，同学们的创新创业激情被充分点燃，许多优秀的和会展策划相关的创业点子呈现在了同学们眼前。到 2010 年第二届浙大城市学院会展策划大赛中，2008 级会展专业的毛侠刚等同学就带着自己已经初创成功的甜甜圈专卖店冲进了决赛，虽然最终没有能拿到大奖，但是他们的创业热情和创业经历还是感动了许多在场的评委、老师和学生听众。

5.“第二课堂”：激发创业金点子

在会展专业黄彬老师的《电子商务与电子政务》课上，黄老师要求每个学生团队都发挥创业精神、挖掘潜力，到淘宝网(www. taobao. com)上开设店铺。作为“第二课堂”的形态，学生们在亲身体验电子商务、了解电子商务知识的同时，也获得了课程的部分成绩，更是为学生创业提供了一种机遇，以学习的压力为动力，激发了不少创新创业的点子。

图 5-4　2010 年浙大城市学院第二届会展策划大赛的总决赛现场，嘉宾评委为获奖选手颁奖

在《会展策划与文案》、《会议策划与组织》、《节庆策划与组织》、《展览策划与组织》等多门实践性较强的会展专业课中，学生们都通过团队形式完成了优秀的会展策划方案，这些作品中都凝聚了同学们实习、实践的所思所想，也往往凝结着学生们创新创业的热情和梦想，有些虽然还很稚嫩，但假以时日或经过修正完善，都将是创新创业的萌芽和机会。

5.5.2　创新创业在高校教育中的思考

1. 拓展全程化创新创业教育内涵，构筑全能服务体系，提高创新创业成功率

2008 年初，浙大城市学院正式面向全院开设了公选课——大学生创新创业课程 KAB(Know About Business)和 SYB(Start Your Business)。课程一推出，即受到广大同学的欢迎。创业还有具体的课程和读本，对于同学们来说还是新鲜的，或许确切的说是同学们对创业知识的需求如饥似渴。首期全院共开设了 4 个 KAB 班和 5 个 SYB 班，首批学员约 300 名。

KAB 和 SYB 课程是联合国国际劳工组织(ILO)为培养大中学生创新意识和创业能力而专门开发的课程，教学内容既相互联系又自成体系。课程运用成人学习原理，采取小班教学形式，通过大量的教具教学、互动教学和沙盘模拟等教学形式完成教学目标。此外，至今学院还开办了四届创业人才孵化班。

但目前创新创业教育仍没有实现全程化。浙大城市学院党委书记胡礼祥提出，要站在育人的高度和系统的角度全面看待创业教育。浙大城市学院的创业教育要与学院培养什么样的人、培养学生什么样的素质结合起来。他认为，创业教育是一个从低阶段过渡到高阶段的过程，创新、创意则是创业的前提。创业教育还要与学院的学生工作、党建工作有机结合起来，要与第二课堂、暑期实践教育紧密联系起来。

胡礼祥书记还强调，创业教育要分三步走：首先是对创业教育理论的认识，其次是一个整体系统的构建，最后则是具体实践的操作。在具体实践操作上，第一是基本训练，主要以实验室和课堂为平台，通过创新实验模式，完善结构设计，巩固学生的专业知识，训练学生的开发技能，增强学生的创新能力；第二是项目训练，主要以实践基地为平台，培养学生的团结合作精神，组织管理能力，在实践中掌握实际技能；最后是创业实训，主要以创业园为平台，将组织机构建设、项目整体运营等进行模拟仿真练习，甚至和社会接轨进行全真训练。

2. 合理建设外显型和内隐型创新创业课程，培育创新精神和创业意识

对选择自主创业的学生，学校应该大力支持。但并不是所有的学生都适合创业。学校应引导更多的大学生树立科学的就业、创业观念，培养他们克服困难的意志品质以及解决问题的方法。因此，在当前开设创业外显型课程体系的基础上，还应该着力开拓和建设内隐型的创新创业课程。

首先，在开设外显型的创业指导课程之外，还要开设于创新创业有关的思想道德和品质课程，融入通识教育课程。思想品质包括理想与抱负、事业心、奋斗精神、悟性和洞察力等，心理素质包括意志与毅力、兴趣与爱好、自信、心理承受能力等。

其次，是将与创新创业有关的知识和能力课程融入专业基础课程。如电子商务、市场营销、组织管理、公共关系、市场调查等。

再次，是将创业案例融入职业岗位技能课程，这样不仅能体现成功创业者的创业方法、过程和规律等，而且能充分表现出他们的创新创业精神，所以其教育效果更直观、更生动，更能启发创业思路、拓宽创业视野。

全球最具创新力的公司，美国占据了最多，远远把其他国家抛在后面。APPLE、GOOGLE、Microsoft 等企业中，不少创业者是从大学校园甚至高中校园开始起步的。据统计，美国大学生创业比例高达 20%。原因很多，但关键一点在于他们拥有的 4 个“I”的学习环境：Idea（点子）、Imagination（想象力）、Innovation(创新)、Invention(发明)。[1]

据台北科技大学校长李祖添介绍,目前台湾很多大学都开设了创意潜能开发的相关课程,学校定期请企业界的成功者到学校进行专题讲座。在他看来,"创业是创新能力的具体表现,创新能力的培养有助于创业成功。学校要激发学生们敢做梦的想法,大学是未来企业家的摇篮,培养学生的创新能力,最好的方式是让他们直接接触创业过程,而不是教育。"让学生成立公司,把创意变成创新。台湾有的大学专门设立天使基金会,由海外校友扶持在校生的团队创业。每一个创业小组可以得到5万元资助,花完了没有关系,也不需要学生负责。让学生参与整个过程的重点不在于得到盈利,而在于让他们体验失败,了解组建一个公司有多么辛苦,培养一个团队有多么艰难,成为一个企业家有多么不易。

3. 少些书生气,三思而后行,多做创业风险教育

在各类学生创业大赛上,不少矢志创业的学生都激情满怀令人称道,可是也不难发现因为阅历的原因,他们的书生气过于浓郁,对于市场判断过于模糊,社会历练稍显不足。中科院研究生院管理学院佟仁城教授对青年学子说:"在学习的同时,要学习如何做人,如何做学问,同时要学习如何创业,因为你们生活的环境和我过去生活的环境大不相同,现在的环境有它比较残酷的一面,也有它比较好的一面。"他告诫青年创业者,"在创业这个问题上,书生气越多,即使有好的项目也是很难成功的。"他说,要把学生的思维方式转化为企业家的思维方式,少一些书生气,多了解企业家在想些什么,利用好学校和周边的创业园区和科技园区,走出去,和企业家多交流。

金山前总裁、天使投资人雷军告诫有意创业的青年学生"一定要三思而后行。"他坦率地说:"提到创业这个词,很多年轻的同学就热血沸腾,比尔·盖茨等人都是这样出来的,但是我想说他们是天才,全世界多少亿人里面只有这一二个天才,所以真正创业的时候大家一定要慎重,这里面只有几个项目试试可以,大家需要学的东西非常非常之多,真正去创业所需要的能力、知识、资源许多人还不具备。"[2]与社会上创业者相比,大学生创业可能会面临社会经验少、工作经验少等不可避免的问题,所以他们在产品的定位、市场营销、财务计划等方面的知识相对不太全面。但年轻人的优势则在于他们一般都比较有创业激情,可以通过这样的创业大赛和创业教育培育创新意识,不一定所有人都去创业,但是可以去创新,伟大的事情总是从这样的微小开始的。

---

① 李剑雄:对大学生创业热潮的冷思考,http://news.cyzone.cn/news/2008/11/10/55662.html

② 李剑雄:对大学生创业热潮的冷思考,http://news.cyzone.cn/news/2008/11/10/55662.html

2011 年，浙大城市学院启动实施“十二五”发展规划，以“差异化竞争，特色化发展”为原则，进一步调整思路，明确目标，大力推进国际化办学和创新创业教育，全面提高办学质量和综合实力。院长吴健指出，人才培养质量是学院发展的生命线，要点面结合，深化包括教学信息化、复合人才培养、创新创业教育理念、教学国际化水平等一系列内容的人才培养模式的改革创新。会展专业的建设也将在这一背景下，继续深化创新创业教育，促进会展特色专业的建设。

实践篇

06 独具特色的创新综合实践基地:会展中心

6.1 浙大城市学院会展中心的发展历史

浙江大学城市学院杭州城市会展研究发展中心(简称会展中心),目前为长三角城市会展联盟理事单位、杭州市会议展览业协会常务理事单位,于2006年由浙大城市学院、杭州市西博办共同发起成立的机构发展而来,其基本性质是高校和政府联合举办的校内会展人才培养的综合创新实践基地。

6.1.1 会展研究中心

2003年,浙大城市学院传媒与人文分院联合当时浙江省最大的民营会展公司——佳德展览集团共同在广告学专业下面开设会展策划与组织专业方向的同时,设立浙大城市学院会展研究中心。首任研究中心主任为张健康博士。当时的研究中心属于纯粹的教学与研究机构。通过研究中心,师生们研究了一些杭州地方特色的会展应用型课题,促进了会展教学的深化;通过研究接触地方会展业,获得了一些案例和信息,对推动浙大城市学院会展教学和研究的发展起到了一定的作用。

6.1.2 会展研究与服务中心(杭州城市会展发展中心)

2006年是浙大城市学院和杭州市政府大力推进政产学研合作的重要一年。杭州市政府的各个部门纷纷对接浙大城市学院,开展全方位的合作。在这种背景下,浙大城市学院和西博办决定提升会展研究中心的地位,联合建立会展研究与服务中心(另一块牌子为杭州城市会展发展中心),并对它进行实体化运转。从名称上看,就已经体现了未来中心不仅要进行会展研究,还要开展会展项目的策划、执行等服务。对于是否独立注册法人机构的问题，浙大城市学院当时考虑会展中心的设置主要是为了人才培养，不一定很大，但是一定要有很好的控制性，所以决定不注册法人机构，而是作为学校的一个内部机构进行设置，行政上隶属浙大城市学院，业务指导上归属西博办。

新组建的会展中心主任直接由浙大城市学院原院长王立人教授出任，西博办常务副主任王平以及浙大城市学院教学副院长应晶教授担任中心副主任。之所以由校领导、西博办领导直接担任会展中心领导，是因为浙大城市学院和西博办之间在会展中心平台的合作上还需要一些磨合；通过领导之间的直接对话能够把合作中存在的问题及时解决掉，确保会展中心实体运作与双方合作的成功。实践证明，这一举措是正确和必要的，正是领导们的直接参与和关注，使得会展中心这个高校和政府对接合作的产物得以健康成长，迅速壮大。同时，为了做好社会服务这一块，调任浙大城市学院教育发展公司副总经理郁全胜老师担任会展中心主任助理；为了做好会展人才培养，也任命了会展人才培养负责人张健康为中心主任助理。会展中心实体运转成功的表现是组建了10人规模的企业编制专职员工团队，实现了“自负盈亏，自我养活”的运转规则，并为“项目驱动”人才培养机制提供了广阔平台。学校的理念和要求是：学校和政府给了品牌和项目资源，中心能够通过项目运作获得养活自己的资金，不仅要养活自己，而且要惠哺会展教学。

浙大城院发〔2006〕13号

关于成立浙江大学城市学院会展研究与服务中心（杭州城市会展发展中心）的通知

各分院、直属系，各部门，直属各单位：

为更好地服务杭州市会议会展产业发展，进一步推进新型的集人才培养、研究开发与社会服务于一体的产学研基地建设，学院研究决定，与杭州市西湖博览会组织委员会办公室（杭州市会展办）共同发起成立浙江大学城市学院会展研究与服务中心（对外称“杭州城市会展发展中心”），原“浙江大学城市学院会展研究中心”同时并入。

中心由王立人任主任，王平、应晶任副主任，郁全胜、张健康任主任助理。

浙江大学城市学院

二〇〇六年三月五日

主题词：**产学研　机构　通知**

抄送：杭州市西湖博览会组织委员会办公室

学院党政办公室　　2006年3月8日印发

图6-1　会展研究与服务中心成立文件

会展中心是以一个校内综合创新实践基地的形式存在的。与其他学校的类似机构比较,它的特点是初期组建时学校领导和政府领导直接挂帅;拥有自己的企业编制的专职员工团队,通过社会服务实现自负盈亏、自主养活。目前,有的学校不能够培育类似机构的原因可能就在这两个方面:一是领导们在机构组建与磨合时期的作用发挥不足;二是没有专门的专业团队进行社会服务。

6.1.2 杭州市会展研究发展中心

为更好地服务杭州市会展产业发展,进一步深化浙大城市学院与杭州市发展会展业协调办公室的政产学研平台合作,形成政产学研长效运作机制,2008年6月,浙大城市学院和西博办再次联合发文,将浙大城市学院会展研究与服务中心(又称:杭州城市会展发展中心)直接更名为杭州市会展研究发展中心。中心行政关系隶属浙大城市学院,业务指导由杭州市发展会展业协调办公室负责。中心设立理事会,是中心的领导决策机构,负责审议中心的发展方略和重大事项。中心实行理事会领导下的主任负责制,中心主任负责中心日常工作的开展。理事长为:叶敏(杭州市人民政府副秘书长、杭州市发展会展业协调办公室主任)、吴健(浙大城市学院院长)。副理事长为:施永胜(杭州市发展会展业协调办

浙大城市学院会展教育亮相“展中展”(第十二届中国国际展览和会议展示会)
图为会展中心专职员工教师与观展领导合影

公室副主任）、黄峰（杭州市发展会展业协调办公室副主任）、张新跃（浙大城市学院党委副书记兼副院长）、应晶（浙大城市学院副院长）等。中心负责团队的中心主任为张梦新（浙大城市学院传媒与人文分院院长），常务副主任为郁全胜，副主任为施黄凯（西博办会展处处长）、张健康（浙大城市学院会展经济与管理专业负责人）。

2008 年 7 月，为了实现中心与会展经济与管理专业的建设和会展人才的培养紧密对接，学校决定将已经完成磨合的会展中心的行政隶属关系划归到会展经济与管理专业所在的传媒与人文分院。至此，基于“项目驱动”的创新型高级会展人才培养模式的运行平台真正搭建完成。

6.2 浙大城市学院会展中心的基本构架

会展中心设教学培训部、会展研究所、项目执行部和办公室等四个部门。

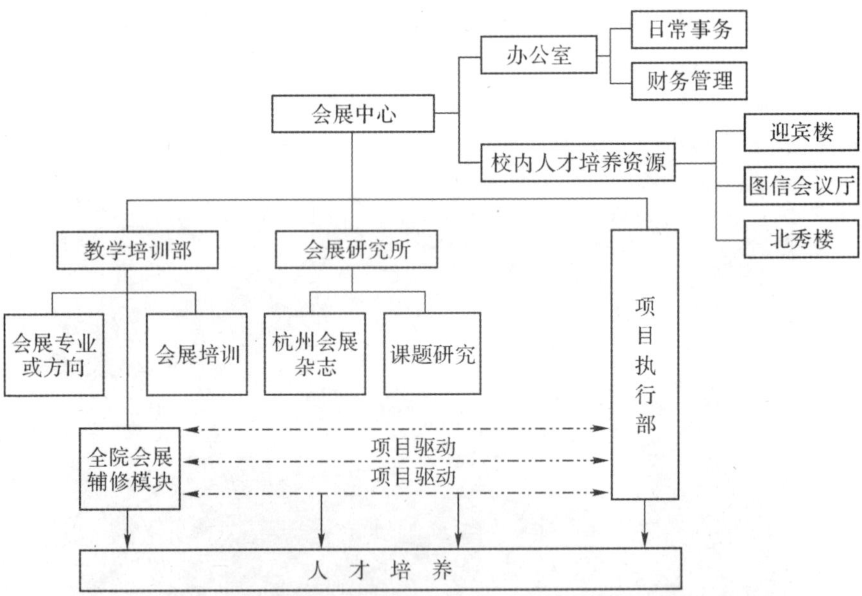

图 6-3 浙大城市学院杭州市会展研究发展中心构架示意

6.2.1 教学培训部

教学培训部负责项目运作过程的专业教学的设计和对接，将项目进行符合人才培养要求的开发和分解，将项目介绍到课堂，并组织好项目学生团队提供给项目执行部。教学培训部不仅要面向校内教学，既包括会展经济与管理专业和会展专业方向，还包括全院会展辅修模块的项目对接和输入；而且要面向社会培训，负责相关培训的承接和教学管理等。

6.2.2 会展研究所

负责研究课题的承接和研究工作。每年西博办都会根据杭州市会展业发展面临的问题，提交研究课题，并给予一定的研究经费。另外，还有来自于企业根据自身发展和项目研发所提交的课题。这些项目都属于应用型课题。课题研究在项目驱动人才培养机制中也扮演重要角色。在课题的研究中，教师以本科生导师制的形式带着学生开展研究工作，把课题作为项目进行人才培养的驱动。这种项目驱动，是驱动热衷于实践的学生开展理性的思考，运用课堂理论解决实际问题，使专业实践与课堂知识联系起来，从而使专业实践变得更有意义和价值。

研究所先后承接了杭州市会展业竞争力提升研究、休闲博览会创新研究、大型博览会绩效评估等省市科研项目。以"聚焦大杭州会展"为主题，策划和实施了"千岛湖，打造国际旅游休闲度假胜地"、"萧山，打造华东会客厅"等系列重大项目，研究成果以专刊的形式在《杭州会展》杂志发表。

6.2.3 项目执行部

该部负责会议、活动和展览等项目的承接、策划和执行。既有直接承办，又有承接部分外包。项目执行部以品牌化、专业化为目标，秉承"赢在细节"、个性化服

图 6-4　会展中心获得杭州市政府颁发的"杭州会展业十大优秀项目策划企业"荣誉

务、创新设计等理念，表现出了很好的执行力、创新力和竞争力，受到了社会各方的好评。由专职员工团队、专业教师团队和专业学生团队组成的强大团队，高质量的项目策划和执行成了会展中心参与市场竞争的法器。会展中心多次获得杭州会展业十大优秀项目策划企业、杭州会展业十大品牌奖等荣誉称号。

6.3 浙大城市学院会展中心的三大职能

6.3.1 会展教育教学改革

会展中心的基本性质是校内综合创新实践基地，承担的最基本任务是会展人才培养。会展中心通过实际项目承接，对接会展经济与管理等专业教学，以项目驱动会展教学改革，成为浙大城市学院会展人才培养的重要平台。

与社会会展公司不同，社会机构只需追求项目的执行结果，取得经济效益。会展中心则不仅需要注重结果，确保项目执行的质量，而且需要注重过程，把会展人才培养纳入到项目的执行过程之中。当然，在这个过程中，是由两支不同团队合作承担相关使命的，即会展中心专职员工团队是在项目执行中指导学生，专业教师团队是在指导学生中参与项目，两者各有侧重，相互配合。这使学生团队不仅很好地参与了项目运作，提升了项目执行质量，而且也获得了专业的实践，提升了专业能力。

会展中心是浙大城市学院基于“项目驱动”的创新型高级会展人才培养模式的基本平台。会展中心不仅紧密对接了会展经济与管理专业的人才培养，而且延伸到了相关专业，促进了浙大城市学院包括会展旅游、会展设计、会展英语、会展信息化等专业方向的人才培养。仿佛一个心脏，会展中心通过项目承接，不断给校内的专业教学提供和注入了新鲜的养分。学生在这个平台上实现与会展业界的息息相通，很好地获得来自一线的信息流，使理论和实践紧密联系在一起，使专业实践日常化、常规化。

正是依托这个中心，浙大城市学院开展基于项目驱动的创新型高级会展人才培养模式的实践，致力于打造全国著名会展院校和会展人才培养基地。目前，会展中心人才孵化功能发挥得十分良好，所倡导的“项目驱动”人才培养模式的成功运转深受国内会展业界和教育界同行的高度认可，台湾科技大学、台湾世新大学、北京联合大学、上海师范大学等 30 余所会展院校相继到浙大城市学院考察和交流。

6.3.2 会展项目策划执行

作为实体运行的机构,对外承接和执行会展项目是其日常化的具体表现形式。会展中心承接了大量会议项目,这是因为一方面杭州会展业是偏向会议的,另一方面是因为会议操作难度较小,投入成本不大,运作周期不太长,会展中心可以完成会议的大多数工作;如西博会开幕期间的主体论坛——中国城市会展高峰论坛,即是由会展中心具体策划承办的。在活动方面,会展中心承办的如西博会开幕前的广场造势系列活动,全部由会展中心策划和执行;大型活动主要是参与为主,如杭州西湖国际烟花大会,属于大型活动,参与主体众多,会展中心主要是组织近200人的专业学生团队作为工作人员参与现场检票系统的管理。在展览方面,也承接校内或者企业的单主体型的展览,如学院的成果展等;对于社会的大型展览项目,则主要是承接其他企业的部分外包业务,包括组织专业学生顶岗参与展览执行。以2010年为例,会展中心主要承接或参与的项目共计11项,具体如表6-1所示:

表6-1 2010年度会展中心主要承接和参与的项目

项目名称	时　间	规　模	学生参与情况
杭州市会展业年度大会(会议)	2010年1月13日	西博会组委会及"一办十部"领导、第十一届西博会项目单位代表、浙江省会展协会会员代表、会展行业获奖单位和个人、新闻媒体记者等共约350人参加	有20余名学生参与了整个会议的策划和执行工作
2010全民饮茶日启动仪式(活动)	2010年4月18日	茶文化界名人及相关城市代表300余名	有30余名学生参与了整个活动的策划,150余名学生参与活动的现场执行工作
首届《计算机教育》杂志教学研讨沙龙(会议)	2010年4月24～27日	会议特别邀请台湾铭传大学王金龙副校长和贾丛林、刘龙龙、王立天等教授,来自全国各地多数知名大学计算机学院、软件学院的院长、教授参加了会议	有18名同学参与了会议的策划与执行工作
2010第三届公共关系策划大赛浙江赛区宣讲会(会议)	2010年5月5日	来自浙江工业大学、中国计量学院、浙江财经学院、浙江传媒学院、浙江外国语学院、浙江树人大学等8所院校约700名师生代表参与	有15名同学参与了会议的策划,70名同学参与了活动的执行工作

续表

项目名称	时　间	规　模	学生参与情况
2010 年高等院校电气信息类应用型人才培养教学研究及教材会议(会议)	2010 年 5 月 20～22 日	全国各个高等院校代表 60 余名	有 25 名同学参与了会议的策划与执行工作
第十二届西博会广场造势系列活动(活动)	2010 年 9 月 24 日	西博会广场咨询活动、西博会广场文艺演出，现场反响热烈	有 30 余名学生参与了整个活动的策划，140 余名学生参与活动的现场执行工作
2010 杭州西湖国际烟花大会(活动)	2010 年 10 月 16 日	由杭州市人民政府主办，以“创新西博、和谐城市、品质生活”为主题的烟花大会，在钱塘江和运河上举行	有 200 余名学生参与了现场的检票工作
2010 中国城市会展高峰论坛(会议)	2010 年 10 月 16～17 日	由中国会展经济研究会、杭州市人民政府主办，世博、会展研究的专家、学者及杭州会展协会成员参加，共计有 400 余人	有 30 余名学生参与了整个活动的策划，100 名学生参与活动的现场执行工作
“礼仪 2010”全国大学生礼仪大赛浙江赛区复赛(活动)	2010 年 10 月 30～31 日	来自浙江工业大学、中国计量学院、浙江财经学院、浙江传媒学院、浙江外国语学院、浙江树人大学等 8 所院校约 150 余师生代表参与	有 30 余名学生参与了整个活动的策划，50 名学生参与了活动的现场执行工作
2010 中国(杭州)休闲发展国际论坛(会议)	2010 年 11 月 5～7 日	论坛特别邀请世界休闲组织卡塞主席、世界休闲组织秘书长克里斯多夫·爱丁顿等参加，来自全国各地的 400 人参加了会议	160 余学生参与论坛的现场执行、会议布置工作
2010 中华环保民间组织可持续发展年会(会议)	2010 年 11 月 12～13 日	全国人大常委会原副委员长、中华环保联合会名誉主席顾秀莲出席会议并讲话。国家环保部及中华环保联合会有关负责人徐永清、李育才、陆新元等参会，中华环保联合会副主席曾晓东主持，副市长张建庭致辞。	50 余名学生参与了年会的现场执行、会议布置工作

除了这些项目，会展中心还是《杭州会展》杂志编辑部执行机构，负责编辑出版《杭州会展》杂志。每个项目带来的信息流和现金流给会展教学和会展中心带来勃勃生机。这些会展项目最大的价值是每年能够带来 2000 余人次的实践机会，为专业教学和实践提供了丰富的资源，使专业教学建立在实际的会展项目运作之上。每年 100 余万的收入则为维持会展中心的正常运转提供了保障，使之

支付了专职员工团队的工资和日常开销,并惠哺会展教学研究。

图 6-5　会展专业学生参加会展中心承办的大型会展项目

6.3.3　会展咨询培训

除专业人才培养之外,会展中心还承担着重要社会会展咨询培训职能。通过咨询培训,提升社会影响力,努力打造浙江省乃至全国的会展咨询培训基地,也是浙大城市学院的基本目标所在。从教师队伍考量上来说,如果能够站稳培训讲堂的教师,是成熟的专业教师;能够为业界提供解决会展方案的教师,才是真正优秀的教师。所以,会展咨询培训也是会展师资的大练兵,能够加速教师队伍的快速成长。只有这样"走出去",专业教师队伍才能够有朝一日真正成熟。

浙大城市学院的会展培训在各个层次上展开。第一种是根据会展企业需求的培训。某些注重基础员工培训的企业会上门联系,进行专门的企业培训。这类会展企业的老总是有长远眼光的,只有高素质的员工团队,才能够交付高质量的会展服务。只是不少老总觉得基础员工流动性大,自己花钱做培训会为他人作嫁衣,而不愿投入资金进行企业员工培训。这种观念目前还比较强大,某种程度上反映了我国会展业的发展程度,也直接限制了我国会展业的发展。随着会展竞争的日益激烈，会展公司规模逐渐增大，企业会展培训也处于逐渐增多的态势。第二种是会展证书、会展职称证书考试培训。证书培训涉及的包括初级、中级和高级的培训。一般与行业协会、杭州市干部培训中心等组织合作进行，浙大城市学院不仅提供教学场所，而且可以提供师资、考试命题和阅卷等。这种合作方式的优势是浙大城市学院只管具体培训和教学管理，不负责招生等自身不擅长的工作。现实的招生工作是比较困难的，招生成本很大，稍有不慎容易导致亏损。但是，从长远来看，会展培训大有空间，所以，会展中心准备积极引进国内和国际的会展培训项目，拟利用自身的资源优势和影响力，独立或合作开展会展培训。第三种是西博办、行业协会组织的会展高级人才培训。这类培训参加的人员都是会展企业老总和资深人士，所以培训要求很高。会展中心在参与类似培训的时候，往往利用会展中心和会展经济与管理专业拥有的兼职教授、顾问等前来讲授。这些兼职教授和顾问都是国内会展教育界或者业界有名望的人士。还有就是通过各种渠道，邀请到国际著名会展机构的资深人士前来作为培训教师。

图 6-6　会展专业学生参加德国西门子项目实践

6.4 “自负盈亏，惠哺教育”的运行机制

6.4.1 “自负盈亏，惠哺教育”机制的内涵与基础

所谓的“自负盈亏，惠哺教育”是指学校不负担会展中心维持运转的日常办公和人员经费，由学校导入资源和构建机制，使会展中心通过社会会展项目的承

接获取生存发展的资金自我养活，并争取有结余资金支持会展人才培养。这种机制是在政府有一定项目支持、学校有一定前期资金投入、会展中心有一定资金积累，并有专职员工团队运营的基础上实现的。

在政府有一定项目支持方面，杭州市西博办有意识地把一些政府主导的会展项目或业务让会展中心承办或参与，通过“以项目带支持”的方式来为会展中心输送生存资源。西博办将会展项目交给会展中心承办，一方面是因为作为杭州市实力会展机构的会展中心能够向其他社会会展机构一样保质保量地完成项目的策划和执行；另一方面是这一行为还包含着支持会展人才培养的重要意义，这是政府机构所特别看重的。西博办将会展人才培养作为自己的一项重要工作来做，不仅提供会展项目，而且在项目经费方面也带上支持的色彩，让会展中心有较好的项目利润，这为“自负盈亏，惠哺教育”机制提供了机制性的保障。

在学校有一定前期资金投入方面，2006 年学校决定提升会展中心并实体运行的时候，除了学校领导直接担任中心领导和政府相关部门进行磨合和关系理顺之外，还下拨经费 30 万元作为会展中心的前期创办经费，用于会展中心办公场地装修、办公设备购买和人员经费等。这笔经费不是一次性消耗的，按照学校的要求，会展中心需要通过项目承接，赚回这笔钱储备在学校，以备急需之时确保会展中心顺利运转，这为“自负盈亏，惠哺教育”机制提供了基础性的保障。

在会展中心有一定资金积累方面，从 2006 年会展中心实体运行到 2008 年正式划归分院管理并实行“自负盈亏，惠哺教育”机制的两年时间里，会展中心通过项目的承接获得了一定的结余资金。这些资金并不向学校上缴，而是在会展人才培养机制内流动，其中包括作为会展中心后期顺利运行的保障资金。

在专门团队运营方面，会展中心目前保持 10 人规模的专职会展项目执行团队，确保政府和社会会展项目的顺利承接和执行。这也是“自负盈亏，惠哺教育”机制的根本保障之一。这 10 人的专职员工团队既是需要通过项目承接养活的主要对象，也是“自负盈亏，惠哺教育”机制得以顺利运转并实现浙大城市学院“项目驱动”会展人才培养模式的关键所在。一些学校也在尝试构建“项目驱动”的会展或其他专业人才培养模式，但运转不太顺利和成功，或者只是局限于校内项目或者虚拟项目的操作，与真正的“项目驱动”相去甚远。其主要原因在于没有专职的项目运行团队。单靠专业教师和学生，是无法真正实现“项目驱动”机制的，一方面专业老师忙于教学科研，没有太多的精力再进行会展项目的承接和执行。其实，专业教师自我定位往往都是教学和研究，对于走向社会真刀真枪承接项目这样高度挑战性的工作，他们是有回归学校这一退路的，这种状况往往使专业教师团队不能够很好地或者持续地做好项目的承接和运作。另一方面，没有专职员工团队的校内机构也是没有市场竞争力和不能让人放心将项目交给你做的。有市场竞争力是校内机构顺利运行和持续发展的基础。校内机构需要和社会专业机构开展竞争，在某些方面做得优于社会机构，获得生存空间；至少要让政府或社会机构把项目交给你做觉得是放心的，毕竟这是一个实际的项目，来不得半点闪失。可以说，浙大城市学院这种采用专职员工团队并选派专门经营管理干部的校内实践基地运行模式的成功尝试，推进了我国“项目驱动”机制的实践。

当然，会展中心作为学校的综合创新实践基地，其基本功能是人才培养，所以在某些特殊情况发生时，学校也是会展中心运转经费的最后保障。不过，学校要做的始终是加强机制建设，促进会展中心的自我造血功能，不仅仅是避免特殊情况的发生，而是要让会展中心有能力以其项目利润在自我养活基础上惠哺会展教育，包括会展教育教学改革、会展课题研究、专业教师外出考察、进修和交流等。也就是说，“自负盈亏，惠哺教育”的机制里，“自负盈亏”只是基础性的要求，更进一步的要求是“惠哺教育”。因为会展项目年年都有，会展中心的项目利润也会源源不断，这便可能为会展人才培养提供除学校人才培养经费之外的持续资金，加速浙大城市学院会展教育和会展人才培养的发展，产生某些方面的领先优势。随着时间的推移，这种领先优势不仅是杭州市的、浙江省的，而且会是全国的。

6.4.2 “自负盈亏，惠哺教育”机制的责权利划分

“自负盈亏，惠哺教育”机制的责任承担主体是会展中心的经营管理团队和干部，分院承担连带的管理责任。从学校的角度来说，学校认为自己付出了校内的办公资源、学校品牌资源，联系了政府进行了资源性的重大投入，所以具体运营责任人员和部门承担“自负盈亏，惠哺教育”的责任和职责是合适合理的。分院层面认识到：会展中心不仅使“项目驱动”人才培养机制得以成功运作，而且在会展中心“惠哺教育”方面具有较大的拓展空间，所以也乐意为之承担一定的经营管理职责和责任。学校派驻专门的会展中心管理人员，面临着“自负盈亏，惠哺教育”机制最直接的经营管理责任。怎样使之履行好承担好这一责任，确保人才培养机制的顺利运转呢？浙大城市学院的做法：一是给会展中心负责经营管理的副主任以学校中层待遇，通过岗位地位吸引；二是设定一定的激励机制，通过经营业绩、人才培养业绩的考核，使之获得与之承担责任相对应的经济报酬，给予会展中心资金使用方面一定的灵活空间等等。因此，“自负盈亏，惠哺教育”机制在学校、分院、经营管理人员责权利明确的情况下得以确立。

6.4.3 “自负盈亏,惠哺教育”机制的运行情况

“自负盈亏,惠哺教育”机制保持了会展中心的活力。专职员工团队为确保中心的顺利运转,积极地承办政府和会展项目,这几年来,不仅获得了中心存活和发展、会展人才培养所需要的资金,而且在社会上树立了自己的良好形象和口碑。自2008—2010年,会展中心每年实现收入在90~120万元之间,三年共计约300万元,惠哺教育资金30余万元。这些利润从数量上来说是不多的,但是已经能够养活会展中心专职员工团队,已经实现了一定数额的经费推进会展教学等,并且这笔经费将是源源不断的。当然,更为重要的价值是,在这个基础上,浙大城市学院“项目驱动”的创新型高级会展人才培养模式的成功运行。这个机制目前在国内可以说是独一无二、具有先进性的,甚至2010年8月台湾25家高校师生联合访问团考察会展中心的时候,也为会展中心的运行状态、运行机制和人才培养模式叹为观止。

6.5 “对内做小,对外做大”的发展战略

6.5.1 “对内做小,对外做大”发展战略的内涵

目前,浙大城市学院对会展中心确立的是“对内做小,对外做大”的发展战略,以确保会展中心切实服务、有效推进学校会展人才培养的发展。

所谓“对内做小”,即紧紧围绕“如何实现会展人才培养和会展中心的紧密对接”为核心点,进一步落实对会展中心的管理和深化与会展经济与管理专业的对接,实现会展中心更有效地为学校会展人才培养和专业特色化发展服务。其中特别强调的是会展中心与会展专业人才培养的紧密对接。

所谓“对外做大”,即在“符合学院组建会展中心时的基本思路,传媒与人文分院主导,对会展人才培养切实有效”为思考基点上适当做大会展中心,以更多吸纳政府和社会资源服务于会展人才培养。其中特别强调的是冷静地基于人才培养的需要进行与时俱进地发展,避免一味做大、过度追求经济效益而损害专业人才培养对会展中心控制度和会展中心对专业人才培养的服务度。

6.5.2 “对内做小,对外做大”发展战略的演变历程

2006年,浙大城市学院与杭州市西博办合作组建会展中心的时候,就对会展中心是否要正式注册成一个法人机构进行了专门的讨论。讨论的结果是:“会

展中心是为人才培养服务的，学院需要有很好的控制性；中心不求大但求真正为人才培养服务”。因而，会展中心没有注册成独立法人机构，而是作为一个学校的机构存在。

这里十分明确的是，虽然单独注册法人机构会有利于会展中心做强做大，但是法人机构作为参与市场竞争机构，有其独特的行为模式和经济追求，其价值观念必然会偏向经济效益，而非人才培养。另外，根据以往学校创办企业等法人机构的经验来看，失败的教训很多，往往相关经营管理人员通过学校管理上的疏漏获得利益，而学校最终却不得不为这些机构的亏损承担责任。另一方面，这种做强做大是否是会展人才培养所需要的？是否对会展人才培养有利？这是值得思考的问题。我们需要追求会展中心做强做大与会展人才培养需求的协调性，使基本定位是服务于人才培养的会展中心切实服务于专业人才培养。在当时浙大城市学院与杭州市西博办合作的前提下，会展中心能够获得的政府资源和社会资源已经足够满足会展人才培养的需要，并具有很好的后继开发潜力。所以，这里思考问题的基点变成了如何把握做强做大的度，使专业人才培养对会展中心有足够的控制度，从而使之更好地服务于会展人才培养。

为更好地实现会展中心和会展人才培养的紧密对接，做好“对内做小”，2008年学院将会展中心划归和隶属会展经济与管理专业所在的传媒与人文分院管理。这可以说是一个十分符合科学发展的举措。正是通过这个平台，浙大城市学院会展教育已经初步在全国打响了知名度，奠定了在浙江省内乃至国内的领先地位。

随着浙大城市学院会展专业在省内国内地位的基本确立，以及浙大城市学院把会展作为其“十二五”期间重点发展的专业，相关分院和专业在“对内做小”的基础上，根据学校会展人才培养的定位和需要，与时俱进地主导会展中心进行适当的“对外做大”发展，以便更好地盘活政府与社会资源，加速会展专业的特色化发展之路，进一步奠定浙大城市学院会展教育在全国的地位。

6.5.3 如何操作“对内做小，对外做大”的战略

在“对内做小”的战略上，会展中心首先要与会展经济与管理专业进行紧密对接。学校层面将会展中心划归会展经济与管理专业所在的传媒与人文分院管理，也就是基于这个思考。同时，在会展中心管理人员的配置上，也为实现这个战略进行调整。原先由学校领导直接担任的会展中心主任、副主任，改由传媒与人文分院院长担任主任、会展经济与管理专业负责人担任副主任。这一人事安排为切实落实“对内做小”的战略提供了保障。需要指出的是，人事决定成败。

人事安排能够决定一个机制是否能够成功运转,有时候由于人事安排方面的问题,一个很好的设想最终偏离了其本来的目标,做成了“四不像”的东西。人事安排凌驾于机构使命的情况在中国不少地方是存在的。

除了会展中心扎实做好会展经济与管理专业这一核心点对接深度之外,“对内做小”的战略还包含对会展相关专业辐射广度的要求。会展相关专业这里包括很多层面,具有浙大城市学院自己的特色:第一层是做好与广告学专业人才培养的对接。会展经济与管理专业和广告学专业作为 Marketing Communication 设置在一个系中,而且会展经济与管理专业之前是作为广告学专业方向发展起来的。第二层是做好与传媒与人文分院专业人才培养的对接。浙大城市学院会展经济与管理专业是设置在传媒与人文分院下面的,更多的是从传播沟通的视角培养项目策划、文案和管理人才。这种设置与全国其他院校把会展经济与管理专业设置在商学院下面的模式存在着明显的差异,体现出浙大城市学院会展人才培养的独特定位和理念。传媒与人文分院除了会展经济与管理、广告学专业之外,还包括新闻学、广播电视新闻学、汉语言文学三个专业。这些专业的老师也可以将会展项目作为教学资源进行开发,同时会展项目运作过程中需要不少的摄影摄像、新闻稿件采写等工作,可以让这些专业的学生有效参与进来。第三层是整个学校层面,包括创意与设计分院的会展设计、商学院的会展旅游、外语学院的会展英语、信电学院的会展信息化等等。这些专业或专业方向从自己的人才培养需求出发,把会展中心的项目作为教学资源进行开发,使之为自己的专业人才培养服务,甚至发展出自己专业方向的会展特色。

“对内做小”战略的实现具有双向度,即在会展中心项目运行要积极向会展经济与管理专业教学科研靠拢的同时,会展经济与管理专业的教学科研也需要积极对接会展中心项目运行。这里面的内部机制构建也是很重要的,相关的操作是:

一方面对会展中心项目运行进行结果考核和过程考核双结合的考核,也就是要取得会展项目运作的成功,同时在这个过程中必须带着学生参与会展项目的策划、执行和总结等。对于会展这一需要大量人员参与的产业形态,使学生参与会展项目的过程是可以和会展项目运作的过程很好结合在一起的,特别是有较好项目参与经历经验的专业学生,往往不是负担而是生力军。同时,对专业教师的考核中,也不能仅仅局限于关注课堂,而是要结合考察他们在教学课程中与会展中心项目的对接和利用程度,将这一项作为专业教师教学考核的重要内容和核心指标之一。

另一方面是对专业教师团队利用会展中心项目资源进行教学改革提出要

求。推行“1＋1＋1”教改模式，即每个学期或学年“一位教师以一门课程对接会展中心一个项目”的教改活动。

“1＋1＋1”教改模式的教师进入会展中心的形式是教改课题研究。会展中心会提前将项目告知专业教师，以便教师更好地将会展项目参与设计列入教学计划，使中心项目与课程教学内容实现良性对接。在参与项目的过程中，要求专业教师参与项目承接过程中的所有对外联络沟通会议、项目策划会议、项目执行过程和项目总结过程，并规定在会展中心办公的时间不少于 1 天/星期，最后以“完成教学案例”的形式结题。这里需要说明的是，该教学案例不是项目总结，而是项目实务操作经验的重点记录与描述，以可用于以后课堂教学为目标指向。作为教学改革课题，传媒与人文分院根据教师“教学案例”与“实际参与项目情况”，给予 1000～2000 元的教改课题经费，该经费从会展中心惠哺会展教学经费中支出。

“对外做大”是以“对内做小”为前提的，这里深含着会展中心服务于专业人才培养的核心思考。“对外做大”战略是利用现有的品牌效应和项目运作实力，除了进一步对接好杭州市会展项目资源、浙江大学的会展项目资源之外，会展中心进一步在杭州市、浙江省范围内承接会展项目，进一步争取国内、港澳台的捐赠资金和设备。应该说，这方面的资源还是很丰富的。如杭州市各个区都有会展办，而区里的会展活动又多；浙江省各个市县的驻杭办事处，也常常需要运作所在市县在杭州市举办的会展活动；但是这些机构人员配置少，非常需要寻找合作伙伴，像浙大城市学院会展中心这样背景的会展策划执行机构则是让他们放心选择的对象。目前，这些机构都有向会展中心发出合作的要求，并有一定的项目合作。另外，包括浙江省的一些大中型企业举办会展活动，也会慕名联系会展中心或者是由西博办推荐到会展中心。可以说，在项目资源方面，会展中心目前面临的远不是没有项目的问题，而是如何选择适合会展人才培养的项目进行运作的问题。如会展中心目前承接比较多的是会议项目，面临着展览项目、活动项目的进一步承接和开发；又如如何选择在国内具有影响力的重大会展项目进行长期合作，等等。另外，现在一些港澳台知名企业家乐善好施，愿意支持国内教学，所以可以积极联系相关人士，获得港澳台地区企业和企业家对会展中心基础建设的资金支持，促进浙大城市学院会展教育的壮大。

除了项目的扩张之外，“对外做大”战略还包括影响力的扩张，不能只局限于浙江省，要覆盖至长三角、扩张至全国，包括港澳台地区，也要有国际意识。这方面，会展中心除了加强推进专业建设和学科建设，争取全国的领先地位之外，具体的做法是：聘请国内知名的会展专家学者和资深会展人士担任中心顾问和兼职教授，确保项目执行的高水准和会展专业人才培养的先进性，建设国内会展教育培训基地；开展会展课题合作研究，争取获得有影响力的会展研究成果，建设长三角地区会展实力研究机构；开展会展项目运行合作，打造全国性的实力会展策划执行机构，等等。

正是在这个机制灵活、独具特色的校内实践基地上，浙大城市学院基于“项目驱动”的创新型高级会展人才培养模式有了运作平台，并不断通过自我创新焕发出勃勃生机。

07 校内实践基地的运作:赢在细节与赢在团队

浙大城市学院会展中心积极探索会展人才培养的创新机制,作为校内实践基地,其定位和目标是以项目驱动方式培养高级创新型会展应用人才,打造全国知名的会展专业和会展人才培养基地。近几年来,会展中心承办、参与了首届世界佛教论坛、杭州世界休闲博览会、杭州西湖国际烟花大会、中国独立学院就业指导工作研讨会、大学生创新创业教育国际论坛、中国城市会展高峰论坛、杭州全民饮茶日、首届萧山旅游节等大型会展、节庆项目,“赢在细节”的办会理念、“赢在团队”的管理理念,不仅为会展中心获得了充足的项目资源,同时也赢得了各方高度评价。

7.1 “赢在细节”理念的演绎

老子曾说:“天下难事,必做于易;天下大事,必做于细。”所以,无论做人、做事,都要注重细节,从小事做起;“泰山不拒细壤,故能成其高;江海不择细流,故能就其深”,所以,大礼不辞小让,细节决定成败。会展项目的成功取决于细节的积累,这种积累是会展项目的管理程序、服务规程、服务标准的体现,尤其是对个例的解决。我们坚信,成功没有捷径,要说捷径,那就是把每一个细节都做到尽善尽美,当无数个尽善尽美的细节得以完成时,就可以积累出巨大的成就。

7.1.1 小举动,解大难:闪闪胸章的故事

每年的金秋十月,西博会的重头戏“杭州西湖国际烟花大会”都会如期在钱塘江畔举行。烟花大会燃放地域非常宽广,以钱塘江为分界线,分为南北两个观赏区,钱塘江以南的为南观赏点,钱塘江以北的为北观赏点,共有 10 万余个座位。2010 中国城市会展高峰论坛安排的

外场活动就是请参会嘉宾观赏烟花大会。

外场活动是会展活动必不可少的一部分,也是最容易出问题的一个环节。当晚我们的工作任务是带领200多位参会代表去钱塘江观赏烟花大会。为了圆满地完成这个任务,我们设计了详细的工作流程,任何一个细节都不放过。白天,我们安排工作人员到现场去踩点,记录车程和时间,熟悉场地,确定代表集合地点等。根据踩点的记录,我们发现有一个问题出来了,因为烟花大会现场实行交通管制,大巴车只能停放在指定的停车场,而停车场离烟花大会观赏点比较远,有将近15分钟的路程。让代表在烟花大会结束后顺利返回停车场,这是一个比较棘手的问题,一是晚上天黑路比较难认,二是烟花大会结束后人多拥挤,很容易将人员冲散,三是代表80%以上都是第一次来杭州,如果走散,即使工作人员告知路线,也未必能找到返回的路。怎么样能在短时间内解决这些问题,我们展开了头脑风暴。有人建议,我们给代表佩戴会发光的胸章吧,带上胸章既方便工作人员找寻参会代表,同时代表也能很好地找到自己的团队成员。提议获得通过,会议物料组工作人员立马出去采购。

图7-1 杭州西湖国际烟花大会现场

天渐渐暗下来了,晚上的活动如期举行了。代表上车后,随车工作人员除了向代表详细交代了观赏烟花时的注意事项,同时发给每位代表一枚胸章,代表们别上胸章后，胸章立刻就闪闪发光。代表们对这一小东西非常感兴趣，大家热烈地好奇地讨论着，不知不觉也就到了目的地。

一下车，远远地就看到一群星星在闪耀。这些星星同时也在慢慢地移动着，有些移动得很慢，有些突然加快了脚步，不过这些星星都朝一个方向移动着，很快就找到了自己的位置。当漂亮的烟花在天空中绽放的时候，我们舒了一口气。烟花大会结束后，这些闪闪的胸章发挥了大作用，靠着这些小星星的指引，代表们也一个不落的按时返回了停车场，这样一个简单的小事，解决了大问题。

海尔集团总裁张瑞敏曾说过，把每一件简单的事做好就是不简单，把每一件平凡的事做好就是不平凡。这一看似简单的小细节的处理，在烟花大会结束后的人员组织工作中起到了非常重要的作用。天下大事必作于细，天下难事必作于易。这样的一枚胸章，其价格不过两块钱，但是它在实际操作过程中发挥的作用，是不容小觑的。

7.1.2 个性化服务贴心细致：给人温馨的问候短信

每次会前，我们都会做缜密的工作，制订周详的接待计划。会前通过邮件、电话等形式对受邀嘉宾进行了两轮联络，明确是否按原定计划到会，同时根据不同类别的嘉宾，制订了不同的接待计划，落实专人对口接待，甚至考虑到了随行人员的安排，尽量把可能出现的情况考虑在先，做好预案。

2008 中国城市会展高峰论坛的一大特色是建立联络员机制，对到会的 11 位重要嘉宾，论坛安排一对一专人接待，形成了伴随式、贴心式的服务。接待员先领取房卡，把会议资料送房间，然后去机场接机，体现了以嘉宾为中心的服务观念。其余嘉宾安排一对三、一对五的联络。论坛期间，嘉宾有任何需要协调解决的问题都可以通过联络员反馈，联络员会在第一时间将解决方案告知嘉宾。

为了将信息及时地传达给嘉宾，我们采取短信提醒方式，筹备组安排每名学生工作人员服务十所院校代表，以短信形式进行温馨提醒。从 10 月 17 日晚的欢迎短信到 10 月 20 日的欢送短信，共向参会代表发送 14 个版本上千条短信，时时提醒会议议程安排、天气情况、就餐时间、车辆安排。

短信提醒不仅及时地将信息传达到每位参会嘉宾，同时也让嘉宾感觉到了我们无微不至的贴心服务，使之留下深刻的印象。

表 7-1　短信系统的发送时点和内容

日期	时间点	短信内容
10 月 17 日	17:00	欢迎代表参会并告知会议报到地点及会议期间的联络员
10 月 18 日	12:00	提醒参加下午龙井茶会的学界嘉宾发车时间、地点
10 月 18 日	18:00	通知代表们晚上观看印象西湖的集合时间、地点
10 月 18 日	20:00	提醒印象西湖结束后返程集合的时间、地点
10 月 18 日	21:00	告知第二天会议的时间地点及次日杭州的天气情况
10 月 19 日	8:30	提醒重要领导嘉宾在第一排嘉宾席就坐
10 月 19 日	21:00	提醒次日返程嘉宾送机车辆安排及发车时间
10 月 20 日	9:00	欢送代表离开杭州并欢迎下次再来

图 7-2　2008 中国城市会展高峰论坛学生工作人员在会议现场

7.1.3　魅力展示从细微开始：仪表是人格的外衣

以下文字，是会展专业一名学生的真切体会。

从老师跟我们说要穿正装去工作时，我就开始兴奋。以前总是觉得那些职业套装很漂亮，很有气质，一直渴望有个机会去实现。第一天早上，大概是因为内心的激动很早就醒过来了，穿上准备好的西装、裙子、高跟鞋，系好丝巾，化好淡妆，就精神抖擞地出发了。

到了会议酒店，感觉脚很痛，安慰自己说没关系的，等一下适应了就可以了。到装资料袋的时候，有个同学问我为什么我的腿是弯着的，我才发现自己一直没有站直，为了让自己的脚好受一点，腿一直在弯着走路，终于体会到了高跟鞋不是那么好穿的。

上午就这样过去了，下午的时候脚非常的痛，人也开始疲惫，穿着的套裙觉得非常的不舒服，发现自己的脚动也动不了了，裙子里的衬衫也开始松垮，丝巾也不再在脖子面前，盘起的头发也开始掉落，整个人处于一个懒散的状态。自己虽然也感觉到了，但是想着工作已经很累，也不想再去收拾自己。老师过来了，和蔼地说，你先去休息室休息一下，然后再去化妆间整理一下自己吧。我放下了工作，喝了一杯水，就去了化妆间，一照镜子，自己也被吓了一跳，头发耷拉，妆容也糊了，两只眼睛像熊猫，丝巾也不知道跑到哪里去了，看来自己是太不职业了，赶紧整理了衣服和妆容，调整了心情，打起了精神，重新步入工作岗位。

在我们参加会务工作的两天里，老师都会适时地提醒我们休息，提醒我们时刻整理我们的仪表，让我们一直都能在紧张的工作中保持职业化的状态。

我们的工作状态受到了代表的一致好评，他们夸我们的着装漂亮，夸我们的工作专业，我想，一个人的魅力展示要从细微开始，仪表就是我们人格的外衣。

图 7-3　2009 中国城市会展高峰论坛学生工作人员团队

7.1.4 细微之处方见真功夫:“人伞”工程

全国独立学院就业指导工作研讨会在有条不紊地进行着,事先我们做了很多的准备工作,包括会议期间杭州天气预报的查询。只是天公不作美,在会议的第二天上午,天空突然下起了大雨。眼看大会要结束了,代表们马上要到各分会场去参加平行论坛了,这么大的雨,怎么办呢?虽然我们在报到的时候也给代表每人发了一把雨伞作为礼品,但早上天气这么好,相信带雨伞的代表寥寥无几。

会前我们是做了应急预案的,准备了雨伞,以防下雨。可是雨实在是太大了,即使给每位代表发一把雨伞,估计他们还是要淋湿的,且到了分会场,打湿的雨伞也不好处理。时间一分一秒地过去了,“我们来筑一道人伞工程吧!”会务总负责老师提议,是呀,这样的话就解决问题了。我们马上行动,让工作人员站成两排,每个人手上都撑一把大雨伞,雨伞接雨伞,筑起一道“人伞”工程,从主会场一直到分会场,50多米,非常的壮观。代表走出主会场后,本还在担忧如何走去分会场,看到这场景,禁不住对我们竖起了大拇指,连连称赞我们“细微之处方见你们的真功夫呀!”

7.1.5 小小接机,不容轻视

紧张的学习生活中,我有幸见证了一场中国会展界高领域的学术交流论坛。塞翁失马,焉知非福,广交会面试的失利换来了会展高峰论坛的文化饕餮盛宴。得到能以工作人员的身份参加论坛的消息的时候,我又惊又喜。“中国”、“高峰”这些字眼让我震撼,我所要面对的是何等的会展文化浇灌啊!

忙碌中想象着这些来自全国甚至海外的会展界精英、老前辈们将在10月18日这天齐聚天堂杭州,进行一次高水准的头脑风暴:共议中国会展现状,讲差距说进步,谋划中国会展未来蓝图。好吧,这是一个挑战!在我还没有完成会展理论知识系统学习之前的社会演练,我勇敢迎接!

一个活动的举行分成了前期准备策划、中期实行运作、后期总结三个阶段,而我所参与的是从中期开始的,省略了前期,我们本是轻松很多,但分配下来的简单任务就足以让我们这群会展新人紧张很久。

我被分配到的任务是接待原中国对外贸易中心(集团)总经理陈八荣先生。这位素未谋面的会展元老级人物让我不敢忽视准备工作。准备工作是细致而繁琐的:核实代表姓名、记录负责人员信息、牢记代表活动流程,搜集资料等等。任务是由接机开始的,接机的前一晚我百度了所有信息,包括陈先生的图片,以便在第一时间认出他来。

18 日早上 10 点和司机进行确认，11 点车准时到达酒店，我们出发前往萧山机场，飞机没有考验我们的耐性，准点到达。“陈教授，您好！”(这个称谓也是思索了很久才决定的，还是学生，而这次我把它定义为学术交流，叫陈总未免太过世故)。陈教授很是随和，马上和随行的老师在车上聊了起来。满腹的学识、经历和观点，中国会展在他面前就是一个看着长大的孩子，十年广交会他一路走来，见证它的发展，一点点摸索，看到中国会展与国外的差距，也欣喜着这种差距在慢慢缩小。

对于西博会，陈教授也提出了中肯的意见，“总的来说，西博会是好的，作为一个休闲博览会它有自己的优势，很有发展前景，不是能带来快速经济效益的展会才能被肯定的，我们同样需要一些高端的展会来提升一个城市的文化和素养。西博会很符合杭州这个城市的气质。杭州的会展处在起步阶段，和上海、广州的差距是存在的，但是找到了最适合自己的路，我们就要一起努力摸索下去……”

回到酒店，一切按照议程走：中餐、参观西湖博物馆、茶会沙龙，然后是印象西湖的声光表演。

虽然我的工作非常简单，但让我最大的感悟就是小小接机，不容轻视。

7.2 “赢在团队”理念的实践

在非洲的草原上：

如果见到羚羊在奔逃，那一定是狮子来了！

如果见到狮子在躲避，那一定是象群发怒了！

如果见到狮子和大象集体逃命的壮观景象，那是什么来了???

——蚂蚁军团!!!

蚂蚁的团队合作，在各个行业中被管理者借鉴，促使团队成员像蚂蚁一样紧密团结、彼此合作，形成合力，达到目标。而对会展来讲，更需要团队协作。因为会展业是资金、技术、人才密集型产业，又是一个实践性、综合性极强的行业，会展是一项操作性极强的系统工程，涉及展览策划、文案、项目推广、招展招商、展示设计与工程、展会服务各个环节，在时间、空间、人员、物流等方面都需要配备高素质的操作人员。会展经济独特的运行规律决定了会展学科的复杂性，从会展所涉及的知识领域来看，会展学科涉及信息学、管理学、经济学、旅游学、建筑学、运输学、口岸学、艺术学、环境科学等众多学科，有很强的综合性。所以，会展人员单靠自己的力量，单打独斗、埋头拉车是行不通的。会展的行业特点决定了这是一个系统工程，需要团队迎战。浙大城市学院组建的会展团队，由专业教师团队、企编员工团队、专业学生团队三部分组成，是产学研三位一体的团队。通过项目的运作融入教学，达到教育教学目的。

7.2.1 羚羊与狼——团队中的合作

在动物界，狼并不是上帝的宠儿，也不属于绝对的强者，它没有绝对的速度，也没有庞大的身躯。羚羊是草原上跑得最快的动物之一，但它们却常常成为狼群捕食的对象。为什么？除了羚羊本身弱小之外，最主要的原因是它们没有互相保护的团队精神。遇到敌人袭击时，羚羊就会分散逃跑。分散开的羚羊即使跑得再快，也逃不过狼群的围追堵截。著名作家姜戎在《狼图腾》一书中描绘了不少有关狼的故事，特别是讲到了鲜为人知的狼性文化。在他看来，狼性文化其实就是狼"敏锐的嗅觉，不屈不挠、奋不顾身的进攻精神和协同作战的团队精神"。一旦攻击目标确定，头狼发号施令，群狼各就各位，嗥叫之声此起彼伏，互为呼应，有序而不乱。待头狼昂首一呼，主攻者奋勇向前，佯攻者避实击虚，助攻者嗥叫助阵。这种高效的团队协作精神，使它们在攻击目标时往往无往而不胜。的确，独狼不是最强大的，但狼群的力量则是空前强大的。

在日益讲求分工协作的现代社会，孤单勇士独立实现抱负的机会越来越少，而一支默契而富有战斗经验的团队往往能够共同达成"绝非一人所能完成的事情"。

2010 年 10 月中旬，会展中心的老师和同学们一起迎来了一年一度的大考：第三届中国城市会展高峰论坛，其中陈勇（会展中心老师）、戴晟昱（会展中心学生干事）、徐京京（会展中心学生干事）组成一支三人团队，担负起论坛会议流程策划及执行的任务。尽管不是第一次参与大型会议活动，但这样深入地介入到会议项目的核心内容，戴晟昱与徐京京还是第一次。我们的分工是这样的，陈勇负责会议流程、气氛营造以及现场布置的策划与实施；戴晟昱依照会议脚本完成 PPT 的制作，并与参会演讲嘉宾保持联络，以及时更新内容；徐京京的主要工作则是配合小戴共同完成 PPT 的制作及现场的播放。由于时间紧，主要出席嘉宾多次变化，我们的会议脚本多次修改，最后一次的修改可谓是到了火烧眉毛的时候——离大会开幕只剩一个晚上的时间。而当时陈勇还要根据内容的变动配合多媒体制作人员修改视频、音频内容，根本腾不出时间来修改脚本。这时，戴晟昱主动挑起了重担，加班到凌晨两点完成了脚本及议程 PPT 的修改。第二天早上 8 点 50 分，离开场仅有 10 分钟的时间了，部分领导、嘉宾已经入场，在议程管理组的操作平台旁，戴晟昱、徐京京正在紧张地工作着。由于大多数演讲嘉宾的 PPT 是刚刚拷贝的，甚至个别演讲嘉宾的 PPT 还没有交上来，她们需要把新收到的内容按照设计流程进行编排。这时组委会的一位领导到工作台前巡视，要求小戴把视频及议程 PPT 内容再播放一遍，以确认无误。尽管视频内容我们前一晚以及早上已多次试播，故障及错误都已排除，但由于焦虑，这位领导还是想亲眼过目一下。这意味着戴晟昱和徐京京必须停下手里的编排工作，而时间根本不容许再试播一遍。一方是领导的要求，一方是实际工作的需要，是听从领导的指令，还是坚持完成手头更总要的工作？戴晟昱迟疑了几秒钟之后做了一个决定：坚持做正确的事情！她坚定地告诉领导：没有时间试播了，请相信我，一切都没有问题！领导也犹豫起来：你确信没有问题？戴晟昱：没问题！一切后果我承担！10 分钟后，会议如期举行，一切按照设定的一样顺利操作，直到大会圆满结束。

事后我们回顾这件事情，大家都佩服戴晟昱的魄力与决断。而作为团队的成员，我则更深切地体会到小组内三个人协作的重要。在执行这个项目的日子里，大家一起分担着工作的压力，无论是幕后准备的过程，还是现场最紧张的时刻，三个人都是彼此配合，互相关照，正是这样默契的协作，才使得我们出色地完成了议程组的任务。

7.2.2 从长两寸到短四寸——团队中的分工

有一个寓言故事，说阿东明天就要参加小学毕业典礼了，怎么也得精神点把这一美好时光留在记忆之中，于是他高高兴兴上街买了条裤子，可惜裤子长了两寸。吃晚饭的时候，趁奶奶、妈妈和嫂子都在场，阿东把裤子长两寸的问题说了一下，饭桌上大家都没有反应。饭后大家都去忙自己的事情，这件事情就没有再被提起。

妈妈睡得比较晚，临睡前想起儿子明天要穿的裤子还长两寸，于是就悄悄地一个人把裤子剪好叠好放回原处。

半夜里，狂风大作，窗户“哐”的一声关上把嫂子惊醒，猛然醒悟到小叔子裤子长两寸，自己辈分最小，怎么也得自己去做了，于是披衣起床将裤子处理好才又安然入睡。

老奶奶觉轻，每天一大早醒来给小孙子做早饭上学，趁水未开的时候也想起孙子的裤子长两寸，马上快刀斩乱麻。

最后阿东只好穿着短四寸的裤子去参加毕业典礼了。

一个团队仅有良好的愿望和热情是不够的，要积极引导并靠明确的规则来分工协作，这样才能把大家的力量形成合力。特别是会展项目的运作纷繁复杂，没有明确的分工，就会乱成一团。我们在会展项目的运作过程中，特别注重团队的分工。

2010 上海世博会“收官”阶段和第十二届西湖博览会开幕之际，2010 第三届中国城市会展高峰论坛暨政府主导型展会创新发展论坛在杭州举办,会展中心承担了整个会务的策划及组织实施。整个会务工作千头万绪,非常繁重。

以接待小组为例,团队成员由教师及学生搭配组成。其中总协调人(指导教师):莫伟维;组员 10 人(专业学生):叶斐、胡锡姣、贺冬晓、周卓祺、宣昉、陈燕、沈袁、李强强、冯元颖、丁倩莹。团队成员中,除了总协调人具有社会经验外,其他都是大二的学生。团队成员的特点是年轻有朝气,工作热情和积极性很高,但是,普遍缺乏会展实务经验。如何使团队分工清晰、各司其职、有条不紊,是整个接待工作是否成功的关键。为此,我们制订了详细、严格的工作计划表,明确了各块工作的要求、成员分工及注意事项,如表 7-2 所示:

表 7-2 项目执行中的工作计划

工作内容及要求	成员分工	备 注
1. 确认代表的到会离会时间、住宿考察、返程订票信息; 2. 整理出完整的代表及嘉宾名单; 3. 统计出会议期间各天所需房间数、报到日晚餐用餐人数,做好记录; 4. 发送会务须知; 5. 熟悉嘉宾、代表名单(特别是嘉宾)	信息整理及核对:叶斐 酒店联系:叶斐 会务须知发送:贺冬晓 名单熟悉:叶斐、胡锡姣、贺冬晓、周卓祺、宣昉	与酒店签订保底协议
1. 10:00,发送第一条通知会议短信; 2. 检查物料是否到位,将物料运送到酒店,并开始装袋; 3. 对参会代表名单做一遍梳理; 4. 会议现场踩点,熟悉会场各区域; 5. 13:00,电子签到培训; 6. 20:00,确认资料袋装袋完毕,清点数量; 7. 与酒店协商,确保 16 日 10:00 前,资料袋到各房间; 8. 20:00,配合电子签到,打出部分代表名单	物料清点:叶斐 物料运送:全体组员、物料组 短信提醒:丁倩莹 现场踩点:全组人员 酒店协商:叶斐 资料装袋及检查:全组人员	1. 短信内容见具体方案;、 2. 与物料组做好沟通; 3. 与电子签到公司人员做好对接,确保培训
1. 确认工作人员到位; 2. 确认签到所需物料到位、可用; 3. 签到台布置完毕、工作人员就位; 5. 与酒店核对资料袋到位情况,工作人员查房; 6. 熟悉名单,尤其是嘉宾名单	工作人员确认:胡锡姣 物料确认:叶斐 报到台布置:胡锡姣、贺冬晓、周卓祺、宣昉 短信提醒:丁倩莹 资料袋到位确认:李强强	工作人员还包括:电子签到人员 2 人、酒店工作人员 1 人、幕后工作人员 4 人

续表

工作内容及要求	成员分工	备　注
1.确认参会代表及媒体的有效信息(包括姓名、单位、职务、联系方式等),勾选已经到会的参会代表及媒体; 2.将列入的重要客商签到后引荐给相应领导接待; 3.与接机组对接,更新 VIP 与全会演讲嘉宾的到会情况; 4.发放签到信封; 5.做好住房安排、记录房号并做好汇总; 6.提供会务咨询; 7.返程票务预订、咨询; 8.13:00,发送第二条短信;17:00,发送第三条短信;20:00,起发送第四条短信 9.汇总当日报到情况、各类数据;汇报当日用房情况; 10.告知酒店前台设置 10 月 17 日 7:50 叫早服务	报到登记、签到信封发放:胡锡姣、贺冬晓、周卓祺、宣昉 接机组对接:叶斐 场地引导:沈袁、陈燕 票务咨询:冯元颖 短信提醒:丁倩莹 信息汇总:叶斐 酒店对接:叶斐	1.信封相关内容见具体方案; 2.短信内容见具体方案
1.负责当天抵达的代表注册登记工作并做好当日汇总; 2.工作人员到位; 3.15:10,起发送第五条短信 3.提供会务咨询; 4.协助做好住房安排、记录房号并做好汇总; 5.与引导组对接,将重要嘉宾引荐给相应领导接待,并及时核对更新嘉宾、媒体的到会情况	工作人员确认:胡锡姣 报到登记、签到信封发放:胡锡姣、贺冬晓、周卓祺、宣昉 信息汇总:叶斐 场地引导:沈袁、陈燕 酒店、接机组对接:叶斐 票务咨询:冯元颖	1.与引导组做好沟通; 2.媒体签到处另设; 3.短信内容见具体方案
1.21:00,起发送第六条短信,感谢参会代表与会和对本次会议的支持	短信提醒:丁倩莹	详见短信提醒方案

接待前,由指导教师召集团队成员多次开会预演整个过程,并人均一张分工计划进行模拟。整个接待过程中,指导教师及时巡查各个环节,及时指导,整个接待过程如行云流水,非常流畅,得到了与会嘉宾和相关领导的好评。

图 7-4 2010 中国城市会展高峰论坛学生礼仪团队

7.2.3 把信送给加西亚——团队的执行力

100 多年前的一个傍晚,出版家阿尔伯特·哈伯德创作了一篇不朽的文章——《把信送给加西亚》。故事中的英雄,就是安德鲁·罗文,一个送信人。美西战争爆发时,罗文是年轻的美国陆军中尉。当时,美国总统麦金莱急需立即与古巴的起义军首领加西亚取得联系。加西亚在古巴广阔的山脉里——没有人确切地知道他在哪里,也没有任何邮件或电报能够送到他手上。而美国总统麦金莱又必须尽快地得到他的合作。怎么办呢? 有人对总统说:"如果有人能够找到加西亚的话,那么这个人就是罗文。"于是总统把罗文找来,交给他一封写给加西亚的信。罗文中尉立即出发了——经过 4 天的船路到达古巴,再经过 3 个星期,徒步穿过这个危险的岛国,终于把那封信送给加西亚。期间自然避免不了许多促使其成功的偶然因素,但是,个人的努力以及这位迫切希望完成任务的年轻中尉的勇气和不屈不挠的精神是成功的必然因素。美国陆军司令为了表彰他的努力,为他颁发了奖章,并给了他极高的赞誉:"罗文出色的成绩是军事战争史上最具冒险性和最勇敢的事迹。"

2009 年,全国独立学院图书馆会议在浙大城市学院召开。本人作为会展中心的一名干事,从会议的筹备、推广到如期举办,历经两个多月。期间全程参与,感触良多。特别是在会议的推广阶段，我们一直在摸索中前进，克服了一个又一个困难，坚韧地完成了目标任务，印象很深刻。

3月底4月初，我们便开始规划着工作蓝图：确认全国高校名单，查找联系方式（最初只能通过网站一个个找）。由于很多高校都只留招办的电话，这便无形中加大了我们的工作量，如何找到有效的区域和点，一直是个很困扰的问题。

4月初到4月中旬，我们开始电话联系各大高校，包括确认信息及邀请函的发送。最初的这个阶段，我们以为只要把邀请函发给对方，便能转交到相关部门，那么接下来的一个星期之内再做个回访，对方就能给予答复，即确认是否能参与会议。然而事实证明，我们太过乐观！因为当我们回访的时候，大多数的学校相关领导并不知道有这么个会议，也就是说，邀请函并没有及时交到他们手里！

图 7-5　会展学生团队项目参与前的培训会

此时已接近4月底，筹备时间所剩不多，我们及时调整了战略，把全国各大高校分割成五个区：中部、西部、东部、南部、北部。各区由老师带队，重新审核各高校名单，全面撒网、重点突击。这个阶段是最累、也是相当锻炼人的过程，因为必须在短时间内确认有效的区域和点，然后逐步重点突击。这个阶段，我负责的是中部地区，跟着郁全胜老师学到了很多很实用的东西，包括邀请的技巧，如：打电话的时候注意长短句结合、控制语速，把自己当组委会的工作人员，要底气十足，尽早了解对方的身份以便深入问题，强调互动、拉近彼此沟通的距离等。还包括及时记录对方的参会意愿,给信息做上不同的记号,如确定不能来的及时打“×”,需要进一步确认的打“△”,重点跟进的打“☆”,有疑问的打“?”等。

对这些目标对象分类后,我们再次对确定参会的进行了确认,对重点跟进的不断追踪服务,对进一步需要确认的也做了进一步的联系和沟通,这时候大家有了些已经参会的基础,信心大增。到 5 月初,我们有条不紊地完成了既定目标,前期的推广工作顺利完成,为之后会议的举办奠定了坚实的基础。这个过程中,我们有过犹豫彷徨,有过灰心,但是在中心老师的带领下,我们还是坚韧不拔地克服一个一个困难,一步一个脚印地完成了任务,体会到了收获的喜悦。

08 传播学科背景下的会展特色教育的形成

8.1 传播学科视角下的会展业人才需求分析

8.1.1 信息传播背景下的会展定义

会展是一门涉及信息学、传播学、管理学、经济学、旅游学、社会学、文化学、政治学、公共关系学、心理学、政策学、法学等众多学科的综合性交叉学问，是运用多门学科的理论、方法和技术手段，形成的多个知识层次的综合性学科体系。从实践的操作层面分析，会展是信息交流的媒介和载体，会展的首要目的是信息交流，会展的首要功能是信息传播，会展的结果是信息传播效果，因此会展应该属于信息传播学范畴。[①]

在开展会展活动过程中，主办方将围绕着特定主题在特定时空环境下由多方参与并共同推进，通过精心的策划，运用科学的技术手段，组织实施和传播，达到各方的维系和交易、整合营销、调节供需、技术扩散、产业联动、促进经济一体化，从而树立和维护良好的品牌形象，使自身与变动的社会环境保持动态的平衡的传播活动。美国传播学者格伯纳认为："传播可以定义为通过讯息进行的社会的相互作用。"传播的内容就是信息。会展活动实际上就是在会展过程中人们将组织的独有信息变为共有，通过信息进行社会相互作用，传播思想、传播实践、传播技术。会展信息的传播可以通过新闻、舆论、宣传、广告、公关、营销等各种形态呈现和展示。会展传播效果是参展者发出的信息通过会展媒介传递给对应的受众，用独特的呈现形态影响会展活动的参与者在认知

① 俞华：《建立中国特色的会展学学科理论体系之探析》，安徽省 2001 年软科学课题《安徽省会展业发展战略与营销策略系统研究》资助项目。

和行为上产生变化，并产出经济效益、社会效益和文化效益。归根到底，会展活动的过程上就是一个社会组织通过各种有效传播媒介把组织有关的信息传递给社会公众，以影响或改变公众的态度、观念、行为，通过相互的作用，创造有利于组织和公众发展的信息传播过程。

8.1.2 传播学科下的会展人才培养

1. 市场需求及会展教育存在的问题

由于会展产业实践的飞速发展，会展实践活动的空间伴随着市场的需求以及我国会展业的不断发展而得到空前延展。特别是借 2010 年上海世博会这个平台，全球 200 多个国家和国际组织充分展示了自身形象。我国目前会展行业的不断升温，带来了对专业人才需求的巨增。数据显示，世博会期间上海就有近 10 万人的会展人才需求缺口；2010 年广州亚运会也产生了 20 万的会展人才缺口；从 2007 年度统计中可以看出，会展专业人才岗位需求与求职者的比例为：上海10∶1、北京 8∶1、广州 8∶1。到 2010 年，我国会展市场需要的会展设计人员已经达到 200 万人以上。据上海市会展行业协会的信息：目前上海会展业最稀缺的人力资源是具有系统思维和系统筹划能力的大师级的策划者、经营过上亿美元的金融策划师、公关专家以及优秀的项目经理等人才。面对迅速扩张的"朝阳产业"，人才培养已经成为迫切跟进的实际行动。

目前，我国会展教育基础相对薄弱，会展教育在教学模式、师资配置、课程设置、教材质量等方面还存在很多问题。会展是融操作性、实践性和理论性于一体的综合学科，在 2006 年，全国开设会展专业的院校有 150 多家，而会展专业课程设置却超过了 200 门。课程的设置缺乏科学性，均衡的课程设置弱化了专业侧重点，弱化了学生的专业知识结构，最终体现在学生会展专业能力差，市场适应能力弱。① 因此，培养什么样的会展人才，如何培养是当下摆在教育者面前的重大课题。笔者认为，高校应结合学科优势和会展的多学科支撑的特点，在会展人才核心能力培养方面进行探索和实践，从学科内涵上寻找特色，在学科特点上有所侧重，强化学生的专业知识结构，有针对性地培养不同层次的专业性人才，真正做到会展教育与企业需求的紧密结合。

2. 市场急需的会展传播人才类型

会展信息的传播者可以说包罗万象，大致可分为三类，一是专业的会议或会展组织者，如会展公司；二是场馆；三是相关的服务性企业。所以会展业人才也

---

① 戴海平：《浅谈会展企业人才需求》，http://www.cces2006.org/yjcg/2010rcpy/5695.shtml

被归纳为三个层次，一是专业的会议或展会组织者人才，包括策划、现场管理、招展招商人才；二是场馆管理人才和参展商方面的会展人才；三是服务人才，如翻译、物流、广告、旅游、饭店和搭建人才等。从信息传播的视角分析，目前市场急需的会展传播人才主要为以下几类：

首先是会展策划人才。会展策划人才是指从事会展的市场调研、方案策划、销售和营运管理等相关活动的人员。其从事的主要工作包括：会展（会议、展览、节事活动、场馆租赁、奖励旅游等）项目的市场调研；会展的立项、主题、招商、招展、预算和运营管理等方案的策划；会展项目的销售；从事会展的现场运营管理。可在会议、论坛、博览会、展览、展销、旅游、餐饮、物流、建筑、装饰、装修、艺术、设计、公关、礼仪等行业从事会展的策划与管理工作。

劳动保障部门对会展策划师主要工作内容的描述是：会展（会议、展览、节事活动、场馆租赁和奖励旅游等）项目的市场调研；会展的立项、主题、招商、招展、预算和运营管理等方案的策划；会展项目的销售；会展的现场运营管理。

其次是会展公关人才。会展活动是一个社会组织通过产品、劳务、观念等信息的传播，达到销售，提高知名度，塑造组织良好形象为终极目的的。在信息的传播过程中，要求专业人员熟悉会展运作流程，具有营销策划能力，市场调研能力、并具有较强的语言和文字表达能力和公关协调能力。专家总结出会展业的两大特点：高度综合性和极强实践性。并指出会展人才应该具备很强的活动能力、组织能力、语言表达能力和沟通能力，思维活跃、知识面广等素质。目前，国内专业的会展公司认为，公共关系与会展管理已成为两大高增长行业，二者的关联度甚大，都是企业推广与传播的战术手段，如何把二者有机地相结合，如何通晓与掌握公关知识，对于专业的会展人而言很重要。同时会展公司对会展专业人才的公关能力提出了应该具备的四个方面，包括表达能力、管理能力、创新能力、专业精神和英语能力。只有系统学习公关的理论及实践；理解公关管理的战略及战术；有效运用学科知识，才能帮助企业建立形象，改善营运，创造商机。因此，高校要深入开展调查研究，根据市场动态和需求，培养集表达能力、管理能力、创新能力、专业精神和英语能力等公关能力的复合型、创新型、应用型的高级会展人才。

第三是会展营销人才。会展营销人才是指会展企业为了吸引更多目标客户，提高会展品牌的价值和影响，从事会展服务、形象设计、定价、渠道、促销、宣传等手段所采取的一系列市场推广活动的专业人员。简言之，会展营销就是会展机构通过创造向目标客户提供会展信息、产品或服务、观念的一种传播和管理过程。会展营销人员的沟通载体是会议、展览会、奖励旅游、节事活动、各种场馆、会展城市等；会展营销的内容包括两方面，一是内部营销，二是外部营销。内部营销是指会展企业从"组织——员工——客户"这一关系传导理念出发，通过有效的培训和激励一线员工使其为客户提供满意的服务。内部营销是一项管理策略，其核心是提升员工的客户意识。外部营销是会展企业以市场为导向、以客户为中心所进行的营销环境分析、会议营销、展览营销、会展旅游营销、会展品牌营销等方面的工作。会展营销人员的能力集中体现在其从事会展活动中的综合能力。

第四是会展设计人才。会展设计人才是指运用现代设计理念，从事大、中、小型会展、节事活动空间环境的展示设计、施工并提供具有创造性和艺术感染力的视觉化传达服务的人员。会展设计人才所需具备的基本素质是首先要有室内设计专业相关的学历，经过专业培训合格后并持有相关资格证书，掌握基本展位布置、展架设计能力的设计人员。其次，熟悉会展的基本流程，能独立完成设计，了解基本的设计和施工方法。最后，对品牌和客户有深刻的理解能力、独特的创意能力及团队合作精神。

综合比较和分析上述四类人才的特点，可以归纳出其共同具备的几种能力，即信息传播能力、管理能力、创新能力、专业精神和英语能力。在具体操作上要求具有专业方面的知识，包括策划与创新能力、活动执行与实施能力、协调沟通组织内外公众关系的能力、消费者行为研究能力、广告策划创意能力、市场调研等能力；积极的职业态度、团队精神、独立自主意识、开拓创新精神、服从意识、主动意识等素质；专业水平、职业道德、执行能力、服务意识、沟通能力、创新能力等服务品质。因此，高校要深入开展调查研究，根据市场动态和需求，培养集表达能力、管理能力、创新能力、专业精神和英语能力等综合能力的复合型、创新型、应用型的高级会展人才。

8.2 浙大城市学院会展人才培养的支撑条件

浙大城市学院会展专业下设于传媒与人文分院。面对会展行业的不断升温所带来的会展专业人才需求的巨增现象，浙大城市学院传媒与人文分院及时调整专业结构，整合原有的新闻专业、广告专业、广播电视专业、汉语言文学专业的力量，于 2007 年 7 月新增设了会展经济与管理新专业。浙大城市学院在以就业为导向、与浙江大学母体错位发展的培养模式上进行不断探索，拓宽学生的知识面，增强应用能力的培养和适应性的锻炼，注重实践，提高学生综合素质；注重教学和教法改革，倡导多种教学方法和风格，不断提高教学质量；形成了自己的"以项目驱动培养高级创新型广告会展人才"和"以参赛促进学生专业能力的提升"的教学理念和办学特色。

8.2.1 学校内外层面的资源整合为会展人才培养提供了实践平台

浙大城市学院整合各专业优势资源以推进会展特色专业的建设。学院大力建设校内教学和研究实践基地，建有浙大城市学院杭州城市会展研究发展中心、浙大城市学院新闻中心、浙大城市学院公共关系研究中心以及城市品牌传播研究中心等若干个研究机构和实践平台。院内综合实训基地会展中心占地约1100平方米，设备投入约140万元，购置教学仪器120余套(件)。实训基地为学生实习、教师科研、教学改革提供了宝贵的资源和支持，不但学生的动手能力、应用能力和专业水准有了较大提高，而且教师也通过参与获得了更多的实践经验和教学案例，呈现出“双师型”特征。同时，学院积极拓展校外教学实践实习基地，相继与佳德展览集团、西博会组委会、义乌小商品博览会、宁波国际会展中心、杭州市国际展览中心、杭州市和平会展中心等浙江省主要会展机构、公关公司、广告公司、政府部门、会展场馆等合作建立了校内外实习基地，输送学生参与企业会展、公关、广告活动，使学生在总体策划理念和实践上得到学习和锻炼。通过合作，注重课题研究、人才培训等方面的深度开发，很好地满足了专业实践教学的需要，为课程教学质量和实践训练提供了坚实保障。

图 8-1　专业教师参加浙江省展览业务培训会暨会展专业委员会委员会议

8.2.2 系与专业层面的资源整合和理论研究使会展教育在人才培养质量上有了保障

浙大城市学院在会展专业课程建设与教材建设上努力做到科学规划，目标明确。课程建设不局限于单门课程的建设，在创新专业方向建设和人才培养的思路的基础上倡导课程群建设，加强对专业人才培养的支撑力度，为所在专业实现人才培养目标及知识、能力、素质的全面提升奠定基础，并取得了一定的成效。会展专业承担学院核心课程群试点建设，整合了4门专业基础课程，在人才的知识、能力、素质的培养途径上进行探索并创新。会展专业的8名教师承担市级、院级的精品课程、重点课程建设、双语课程建设共7项，并且特别加大双语课程建设，目的是强化学生的英语水平。教师团队承担各类教学内容和体系改革的教改课题7项，出版教材7本。在教学手段和方法上，制订优化组合式、拼盘式教学方案。在教学内容中安排实践环节、合作性作业、小组讨论、报告会、自学等，使系列课程在教学大纲、教学日历、课程设置、课程实施方案、教案、课件、网络平台、平时作业、试卷、案例资料等方面已经形成一定的教学资源。目前，会展专业已申报成功升级为杭州市首批特色专业。

8.2.3 "政府—行业协会—高校"三方互动的人才培养机制使会展专业创出特色

浙大城市学院会展教育通过"政府—行业协会—高校"三方互动的人才培养机制，采用基于"项目驱动"的创新型会展高级人才培养模式，通过与政府、企业的紧密合作，与杭州市人民政府西博办共同组建了杭州城市会展研究发展中心(简称会展中心)。中心连续数年被杭州市人民政府评为"西博会项目优秀组织单位"并获多项重要奖项。会展中心每年为学生提供2000余人次顶岗实习的机会，使学生在参与杭州市重大会展项目的过程中大大提升了专业能力。特别是上海世博会期间，会展专业教师团队与会展中心员工共同参与上海世博会的工作，组织学生系统地参与世博会杭州馆、世博会杭州主题论坛的筹备和运行工作，得到上海世博局、杭州市委市政府的高度评价，被评为"杭州参与上海世博会先进集体"，多人获"先进个人"荣誉称号。

8.2.4 优质的师资队伍使学术研究与社会服务不断跨越和提升

会展专业现有在校本科生300余人，专职教师8人，其中高级职称4人，博士后、博士与在读博士生4人，两位教师在德国接受过国际会展专业教育，获德国政府及会展教育机构颁发的证书，两位教师先后荣获“中国会展经济十大理论人物”奖项；一位教师正在美国进行为期一年的高级访问学者工作，调研考察美国会展教育；一位教师荣获 IEAA 颁发的美国国际会展经理人(CEM)证书。师资团队结构合理，力量较强，曾多次参与国家、省级、市级的大型研究课题，并参与上海世博会期间部分地方场馆的规划建设。

浙大城市学院是 IEIA(国际展览产业联盟)学术委员会副主席单位，连续三年承办了由中国会展经济研究会和杭州市人民政府主办的“中国城市会展高峰论坛”和“中国城市会展教育研讨会”；连续编辑出刊《杭州会展》专业杂志，该杂志每年四期正刊，两期增刊，免费赠阅长三角地区会展机构和全国会展教育院校，成为全国行业专家与学者交流学术、探讨专业发展的重要载体，备受业界重视与好评。我院的会展学生在全国重要的专业大赛中多次荣获一、二等奖，先后有 8 名学生被评为“中国会展优秀大学生”。目前，浙大城市学院的会展专业在同类院校会展本科教学中保持领先地位，两位老师被推选担任中国会展经济研究会学术指导委员会委员职务。

8.3 “会展十广告十公关”学科融合的特色做法

8.3.1 由广告学专业下延伸发展的会展专业及特色方向

浙大城市学院密切关注市场动态，结合人才培养理念，根据市场需求，于 2003 年 9 月在广告学专业下面设置了会展策划与文案方向和公关策划与文案方向，并率先推行专业方向的导师制的试点改革。即学生在大二之后选择专业方向，再由专业导师负责大三大四段的专业学习，包括毕业论文和就业都由专业导师负责指导。2007 年 9 月，学院获得教育部批准，开设了“会展经济与管理专业”，会展方向升级为会展专业。此时的公关方向从之前广告专业调整到会展专业，会展专业成功开设了会展策划与公关管理及会展策划与信息管理两个方向。同时，学院整合新闻学重点学科的网络编辑方向和广播电视新闻学专业的优势资源，在广告专业下开设出网络广告和影视广告方向。网络广告方向着重训练学生的网络监测、网络宣传和网络管理能力，使学生的网络应对能力得以提升。广告专业和会展专业的学生在确保完成专业必修学分的前提下，可以修读各方向模块中的相关课程。这样的调整既能满足市场对会展人才培养的迫切需求，又能合理利用学院内部的资源为学生提供多种能力锻炼的平台。同时，会展专业各方向的教学计划也趋于科学合理和系统化，传播学、新闻学、社会学、公共关系学、广告策划与文案、市场营销、企业形象与策划、公关礼仪、品牌战略、整合营销传播、电子商务等相关课程被列入方向核心课程中。

随着教学改革的深入，学院提出了“以项目驱动培养高级创新型专业人才”、“以参赛促进学生专业能力的提升”的全新的教学理念，用项目介入、项目驱动的培养模式来开展教学工作，并有计划地组织学生参加国内各类专业竞赛。专业教师结合课程教学内容选择项目和专业竞赛，引导学生将课程学习和项目、参赛相结合，形成稳定的项目计划和参赛计划，不断凝练这两项工作的特色，使“项目驱动”、“参赛促教”成为浙大城市学院教学改革的亮点。在教学方法上倡导教师与学生互动，充分发挥教师主导、学生主体的机制，通过对课程基本理论的讲解与讨论、案例分析、学界业界人士前沿话题演讲、实践参与等环节，充分发挥学生学习的积极性和能动性，注重学生创新能力的培养。

8.3.2 浙大城市学院“会展＋广告＋公关”学科融合的做法

浙大城市学院会展专业在培养学生的专业素养和实际技能过程中，融合广告、会展、公关学科的特点，发挥各自的优势，使学生在知识、能力、素质方面协调发展，实现为社会输送“善策划、会执行、懂沟通”的高级会展人才的目标，满足企事业单位、政府机构以及专业公关公司的人才需要。

1. 构建“知识、能力、素质”三位一体的人才培养体系

在知识培养方面：强调和突出基础知识的重要性，安排更多的学分和时间，使学生扎实文、史、哲、外语、计算机的学习，拓展社会学、心理学、美学、经济学、法学等与专业相关的知识，使学生具备人文科学知识，体现以人为中心的内在品质。

在能力培养方面：强调提升学生的创新策划能力、表达沟通能力、网络应用能力、外语应用能力。

在素质培养方面：加强人文素养、团队精神、社会责任感和拼搏精神，使学生真正成为复合型、创新型、应用型的高级人才。

2. 构建教学、科研、实践及社会服务方面具一定实力的专业教学团队

一个专业教学团队的治学严谨，从严执教，教书育人，表现出的良好的师德师貌，是考量学校教学质量的根本。浙大城市学院会展专业的教学主要由广告系负责承担，教师团队能够本着“一切为了学生成才”为指导思想开展各类教育教学工作，任劳任怨，勤奋工作，勇于开展教学改革，不断挑战自身教学效果。教师的团队意识强，工作状态积极主动，得到学生、教师和领导的高度认可，在教学、科研、社会服务方面的业绩突出，教学质量优秀。在教学团队的共同努力下，

学院获得“全国优秀会展教育院校”，2009 年荣获中国高等教育学会公共关系教育专业委员会“高教公关基础建设贡献奖”、“浙大城市学院传媒与人文学院优秀团队”等荣誉称号。

张健康老师现任浙大城市学院传媒与人文学院广告学系主任，为浙江大学传播学博士、工商管理博士后，美国 University of Nebraska at Omaha 高级访问学者，全面负责会展经济与管理、广告学两个专业的各项工作。作为专业负责人，积极带领专业教师，依托杭州城市会展研究发展中心，把课堂教学与项目运作相结合，大力推进广告和会展教育改革，为创新型、应用型人才的培养做出了贡献，获得 2006 年度、2009 年度杭州市教育系统优秀教师称号，入选杭州市新世纪 131 人才工程第二层次、浙江省新世纪 151 人才工程第二层次；担任《杭州会展》杂志执行主编、《会展财富》杂志特约编委、《澳门展贸》杂志特约顾问，浙江大学传播学硕士研究生导师，澳门科技大学国际旅游学院硕士研究生导师，曾获得“中国会展产业十大理论人物”、“中国会展产业十大教育人物”、“2008 年度中国会展教育与理论研究奖”。在传播理论研究、会展实务传播方面具有丰富的经验，教学效果优秀。

黄彬老师现任杭州城市会展研究发展中心副主任，会展经济与管理专业建设主要负责人。黄彬老师是中国第三大贸易型展会——义乌小商品国际博览会的创始人之一，实战经验丰富，会展思想活跃，会展言论传播广泛，具有很大的影响力。依托学院会展研究中心，积极带领学生参加广交会，与学生同甘共苦，言传身教，全身心投入相关指导。获得“中国会展产业十大理论人物”、“中国会展产业十大教育人物”、“2008 年度中国会展教育与理论研究奖”。在会展理论与实务方面具有丰富的经验，教学效果优秀。

赛来西·阿不都拉老师现任浙大城市学院公共关系研究中心主任，公关方向负责人。积极探索创新人才培养模式，依托学院公共关系研究中心和杭州城市会展研究发展中心，切实推进和实践“以项目驱动进行创新型人才培养模式”和“以参赛促进学生专业能力提升”的理念。成功承办“第三届中国大学生公共关系策划大赛浙江赛区启动仪式”和“浙江省公共关系协会颁发首届大学生会员证书暨企业家大讲堂启动仪式”。获得杭州市教育系统优秀教师、中国高教公关专业委员会浙江研究中心“大学生优秀指导老师”、“第二届中国大学生公共关系策划大赛优秀案例指导奖”、“第三届中国大学生公共关系策划大赛铜奖指导奖”、中国高等教育学会公共关系教育专业委员会“高教公关基础建设贡献奖”等多个荣誉。在公关理论与实务方面具有丰富的经验，教学效果优秀。

张兰欣老师现任浙大城市学院传媒与人文学院副院长、副书记。坚守教育教学和管理的第一线，造就严肃又亲和的性格。在教学工作中，将学生专业教育和人生指导相结合，全程育人，全方位育人，使专业学生学习风气良好。在公关理论与实务、节庆活动策划与管理、会展传播方面具有丰富的经验，教学效果优秀。

学院教师队伍中还活跃着顾杨丽、王琳琳、方玲玲、骆小欢、阮可等一批年轻的教师。这些教师在会展教学的理论与实务、节庆活动策划与管理、品牌传播、双语教学以及公关与广告的教学与研究方面都具有丰富的经验，教学效果优秀。教师团队通过多种途径不断探索学生综合能力提升的教学改革模式和方法。

图 8-2　浙大城市学院会展专业教师团队教研活动

3.人才培养走“学生学术素养和实践能力兼并提升”的特色路线

走“学生学术素养和实践能力兼并提升”的特色路线，是提升学生专业实践能力和学生可持续发展的需要。

(1)学生学术素养提升的特色。首先是请进来、走出去，不断更新并丰富教学内容。我们一直坚持请进来、走出去的教学尝试，邀请学界业界专家进入课堂，组织多场专题讲座(每学期至少四次以上的专业讲座)，更新和丰富教学内容。并依托中国高等教育学会公共关系教育专业委员会和浙江公共关系研究中心、中国国际公关协会学术委员会、浙江公共关系协会、浙大城市学院公共关系研究中心等平台，参加各类学术、教学研讨和交流活动，及时将先进的研究成果、行业发展状态、最新理论成果、行业发展的新思路、新观点、新方向等带进课堂，给学生传输新的理念，开阔学生视野。

其次是结合专业委员会的工作要点开展教育教学工作。为了提高会展教育教学水平，浙大城市学院密切关注学界和业界最新动态，结合会展、广告、公关专业委员会和相关研究机构的工作要点开展教育教学工作。例如，中国高等教育学会公共关系专业委员会定期通过发送邮件、寄发内刊等形式给各高校从事公关教学的教师发布有价值的推进公关教学的信息和指导性建议。我们的许多工作都围绕专委的工作要点来展开。例如，2007 年公关专委的工作要点是关于塑造良好的高校形象，我们就以“世界读书日”为契机，与中国计量学院人文社科学院共同举办主题为“分享阅读快乐，创设和谐校园”的读书研讨活动，目的是通过这样的活动，为塑造良好的高校形象做出我们的努力。这次活动得到双方学校有关师生的积极响应，我们把这次活动作为锻炼学生公关实务能力的项目，从前期策划到执行和总结，按照公关的四步流程推进，使读书报告会达到预期的效果。同学们用读书的方式解读公关，分享了阅读的快乐，交流各自的心得，展现了大学生的风采。中国计量学院和浙大城市学院门户网上都对活动进行报道。中国高等教育学会公共关系专业委员会内刊《高教公关天地》2007 年 5 月第 103 期发表了“同享知识，共创和谐”的文章，就这次活动也进行了点评和报道。

再次是注重带领学生进行学术研究，激发学生的潜能，进行个性化的培养。在教学中，我们结合国内外各类突发事件和前沿热点议题进行研究。注重带领学生进行学术探讨，激发学生应对突发事件的能力。例如，2008 年南方雪灾，给学生布置选题“雪灾面前，中国政府的公关策略”，让学生结合文献和媒体报道，收集分析有关资料，提交调研报告。让学生发现问题，提出问题，再由专业老师讲解相关的理论。同时把学生提交的优秀的调研报告放在学校内网专栏上展示，让学生分享研究成果。2008 年 5 月 1 日，《中华人民共和国政府信息公开条例》正式实施。对此，我们结合课堂布置相关选题，让学生在假期开展社会实践，要求学生就新闻发言人制度的作用、现状、不足、新闻发言人与记者的关系等问题，针对学生所在地区的政府部门、企事业单位进行调查，提交调研报告，通过论文报告会的形式展开交流和讨论。专业教师带领学生共同研究热点议题，带领公关方向的学生合作完成论文“政府信息的有效到达和有效互动——以深圳新闻发言人制度为例”，发表在核心学术期刊《当代传播》2008 年第 6 期。与杭州神州传媒有限公司合作组建了“浙大城市学院城市品牌研究所”、“神州城市品牌研究中心”，并举办揭牌仪式暨新闻发布会。由专业导师推荐的广告专业和会展专业的学生组成研究团队介入城市品牌研究所的城市品牌调研工作。

我们还积极组织学生申报各类科研项目,指导学生成功申报中国高等教育学会公共关系专业委员会"大学生形象建设"课题,《浙江省高校大学生形象塑造现状与存在问题调查报告》获得专委立项,成为首个大学生科研项目在中国高教公关专委的立项项目。学生论文"浅谈当代高校大学生形象塑造"和"品味公关茶香"2 篇论文荣获 2007 年杭州市属高校大学生创新成果奖。公关方向学生荣获首届全国"公共关系优秀学生"荣誉称号。2009 年带领学生参加由浙江省社会科学界联合会当代浙学论坛——"金融危机下的公共关系对策研讨会",向大会提交师生共同调研并完成的 2 篇论文,分获二、三等奖各 1 项,公关方向学生的 2 项科研成果分别获得 2009 年度、2010 年度浙大城市学院大学生科研成果一等奖,提升了学生的理论研究水平和学术素养。

(2)学生实践能力提升的特色。学院的实践教学活动的设计思想为:"以项目驱动进行高级创新型人才培养","以参赛促进专业能力提升"。并在此理念的指导下,教学实践改革主要依托校内外实践基地,利用参与的活动项目,在教学过程中让学生参与策划、执行和总结。同时,课程选择国内外主要的公关、广告、会展等学科竞赛,结合教学内容,引导学生将课程学习和参赛相结合。实践教学活动很好地促进了课程理论的学习和深化,提升学生学习的兴趣,紧紧围绕学校的人才培养定位,推进创新型高级应用人才的培养。具体的做法和实践包括:

为了培养学生团队协作能力、沟通能力、组织协调能力、活动策划和执行能力,我们结合学院学工委推出的面向全院的各类方案征集活动,组织学生以小组为单位参与项目,向主办方提交征集策划方案,锻炼学生的策划和文案写作能力。2007 年 5 月中旬,浙大城市学院学工委向全院师生征集"我心目中的毕业典礼"方案。我们结合课堂组队参加,每个小组选定小组长,由小组长分配任务给其组员。学生完成此次方案后,邀请学院学工委老师进入课堂,与专业教师共同就此次方案是否具有新意、是否符合毕业生特点、是否具有浙大城市学院特色、是否具有可操作性等进行点评,所有方案送交活动组织方。学生的创意得到采纳和鼓励,提高了学生的参与热情,实现了第一课堂和第二课堂的对接。这对学生参加学院重大庆典活动,直接参与学校公共关系活动起到积极的推动和引导作用。

邀请业界人士带项目进课堂,尝试"项目驱动"式教学,项目与课程对接使学生的实践能力得到很大的提高。杭州盛基公关策划有限公司作为浙大城市学院实践基地的项目"西门子探索箱(Discovery Box)"的策划、"别克凯越 &ELLE 无限创想之旅"的主题策划、"名爵汽车"专业媒体试驾活动等项目进入课堂,我们派出 65 位学生参与到该公司的这些策划活动之中。邀请公关公司业务人员来讲授公关专题与经典案例专题讲座，公关公司负责人把该公司策划的企业公关活动、庆典文艺演出策划、组织实施承办的大型赛事、品牌推广业务、媒体关系管理项目和会议展览的策划与实施业务案例作为专题讲座的内容。期间，每周还为学生提供公司体验的机会，参与到公关公司的具体业务中，取得了良好的效果。

带领学生积极参与杭州市关爱流动留守妇女儿童五年行动计划社会公益项目，在提升学生的专业精神、团队合作、服务意识等素质和品质的同时，培养和锻炼学生的策划与创新能力、活动执行与实施能力、协调沟通等能力，使教学理念和学生的公关理念得以很好的实践，并实现将组织的职责与社会的发展结合起来，承担为社会培养人才和为社会服务的责任。由浙大城市学院公共关系研究中心师生义务策划、编辑设计的《留守儿童家长手册》于 2010 年 5 月 26 日在浙江省建德市举办的以“关心关爱、共享蓝天”为主题的杭州市 2010 留守儿童家庭教育论坛上印制 3000 份，送至杭州市 8 区县农村留守儿童家长手中，为留守儿童的健康成长和家庭幸福提供家庭教育的指导与帮助，为流动留守儿童的文化生活品质提升奉献爱心。为杭州市妇联策划了流动女性“形象意识与形象塑造”专题讲座并进行现场执行，不仅提升了浙大城市学院的知名度和美誉度，还维系并拓展了有利于教学和科研的资源。

依托我院城市会展研究发展中心进行创新人才培养模式的探讨，切实推进并实践“基于项目驱动的会展创新型人才培养模式”、“以参赛促进学专业能力提升”的理念。组织学生参加中国国际公关协会主办的两年一届的中国大学生公共关系策划大赛，提高学生的实践能力。会展专业学生的作品成功入选第二届中国大学生公共关系策划大赛优秀案例特别奖，教师荣获优秀案例指导奖。获得 2010 年第三届中国大学生公共关系策划大赛铜奖 1 项，获得三等奖 1 项，优秀作品奖 1 项，入围奖 13 项，优秀指导奖 2 项；浙大城市学院获得“最佳组织奖”。定期或不定期由专业老师组织广告系师生参加全国各类广告节巡讲活动，提升学生的创意策划能力。根据学院关于开展 2010 年度学科竞赛工作的通知要求，申报的第三届中国大学生公共关系策划大赛被列入 2010 年度学院学科竞赛计划项目中；成功承办了“第三届中国大学生公共关系策划大赛浙江赛区启动仪式”和“浙江省公共关系协会颁发首届大学生会员证书暨企业家大讲堂启动仪式”，在社会上引起较大的反响，先后被《钱江晚报》、《杭州日报》、《都市快报》、《每日商报》等多家媒体报道。组织学生参加中国大学生广告艺术节学院奖策划类比赛、浙江省大学生多媒体设计作品竞赛、“创意杭州”广告创意设计大赛，连续三年获得优秀组织奖和各类一二三等奖的荣誉。

依托各种项目的参与，锻炼学生的语言、文字表达能力、新闻写作能力等，并取得一定的成绩。会展和广告专业学生的新闻报道分别在中国公关门户网（17pr.com）、中国大学生策划大赛官方网站 prpk2010.17pr.com、中国经营管理网、cctv.com 环保频道浙江站以及在由浙江省公共关系协会主办的《孝道与和谐》杂志上发表。结合项目策划并拍摄《我们是公关的新生力量》、《让大赛见证我们的成长》的宣传片；录制并剪辑“第三届中国大学生公共关系策划大赛浙江赛区启动仪式”资料片。

成功举办了“中国高等教育学会公共关系教育专业委员会礼仪 2010 · 大学生礼仪大赛浙大城市学院启动仪式”，并在课堂上对学生进行了形象意识和塑造等礼仪培训。

为浙江省公共关系协会策划了发展首批大学生会员的活动，并在浙大城市学院举办了“浙江省公共关系协会颁发首届大学生会员证书暨企业家大讲堂启动仪式”。在杭 5 所高校的 86 名学生被发展为首批大学生会员。之后又顺利发展我院会展专业共计 50 名学生为浙江省公共关系协会大学生会员。

结合课堂普及公关理念和公关知识，对会展等专业的学生进行公关理论和实践的培训，为学生办理中国高等教育公共关系资格证书、中国高等教育礼仪文化证书，为学生走向社会求职应聘提供通行绿卡，提升在现代社会的竞争力。

申报由杭州市劳动和社会保障局、杭州市人事局、杭州市教育局组织的大学生培训认证证书项目，使中国高等教育公共关系资格证书成功列入杭州市教育培训消费券各类证书目录中。

组织会展专业的学生参加由浙江省公共关系协会主办的“企业家大讲堂”走进大学校园系列活动，拓宽和丰富学生的知识面。

参加浙江省公共关系协会的学术活动和实践交流活动，带领学生参加“当代浙学论坛——2010 学术月”开幕式暨“网络时代与转型发展”论坛。拓宽学生的学术研究视野，进行个性化的培养和指导，提高学生的公关研究能力和水平。

承办了由浙江公共关系研究中心主办的“礼仪 2010 · 首届大学生礼仪大赛首席导师会议”，来自浙江各个地区的 10 所高校 18 位首席导师代表出席了本次会议。

加强教学实践基地建设，输送学生参与企业公关活动，使学生在总体策划理念和实践上得到学习和锻炼。已与西子奥的斯电梯有限公司、中国第一燃气控股有限公司下属浙江省国力广告公司、杭州海康人寿保险公司、杭州东部联盟管理咨询有限公司、杭州盛基公关公司、中国经营管理网、cctv.com 环保频道浙江工作站等建立了实践基地和友好合作关系。一系列的校外教学实践基地为教学质量和实践训练提供了坚实保障。

4. 浙大城市学院会展专业学科交融取得的成果

浙大城市学院会展专业“会展＋广告＋公关”的学科融合以及良好的团队氛围，推进了会展专业公关方向各方面的发展，取得了一定的成果。《会展专业学生公关能力培养模式的研究》被列为浙江省教育科学规划 2011 年度研究课题；《广告/会展专业学生公关能力培养的探索与实践》被列为浙大城市学院重点资助的教改基金项目；顺利完成浙大城市学院重点规划教材《公关理论与实务》的编写任务；完成学院《公共关系学》教学模式的试点改革项目；“中国大学生公共关系策划大赛”为学院学科竞赛建设项目。另外，有 10 余篇公关教学论文分别发表在一级、核心和其他学术期刊上，其中，“公关视角下的独立学院形象建设”（《教育发展研究》2007 年第 7 期）和“会展活动中的公共关系维系”（《杭州会展》2009 年特刊。《上海会展》2009 年第 11 期），填补了从公共关系的视角研究独立学院形象建设、会展活动相关问题的空白。2009 年我们荣获中国高等教育学会公共关系教育专业委员会授予的“高教公关基础建设贡献奖”；研究论文《新闻发言人制度的实效性和规范性研究》2010 年 11 月获浙江省社会科学界联合会第三届社科研究优秀成果奖三等奖并获第六次浙江省传播学会学术成果奖论文

图 8-3　浙大城市学院会展方向学生荣获第二届中国大学生公共关系策划大赛特别优秀案例奖

一等奖;《三鹿奶粉危机事件引发的企业社会责任思考》获 2008 年度浙江省公共关系协会优秀论文二等奖;《金融危机背景下浙江省独立学院大学生就业分析和实现途径》获 2009 年度浙江省公共关系协会优秀论文二等奖;《金融危机背景下浙江本土造纸业的应对策略》获 2009 年度浙江省公共关系协会优秀论文三等奖;负责承办的"第三届中国大学生公共关系策划大赛"和"礼仪 2010 · 全国大学生礼仪大赛" 浙江赛区选拔赛分别获"最佳组织奖"两个团体奖。指导的学生分别获得 2009 年度、2010 年度浙大城市学院"大学生优秀科研成果一等奖"。

图 8-4　浙大城市学院广告和会展团队学生荣获第三届中国大学生公共关系策划大赛一等奖,铜奖 1 项,三等奖 1 项,优秀指导奖 2 项;浙大城市学院获得"最佳组织奖"

8.4　传播学科背景下提升会展人才综合能力的思考

会展经济已成为中国经济的新亮点,并逐步走向国际化、专业化、规模化和品牌化,对会展业市场化、国际化的发展趋势和应用型会展人才的培养提出了更高的要求,传播学科背景下如何培养会展人才的综合能力是值得深入探讨的问题。

8.4.1 相邻学科的资源整合是提升会展人才综合能力的重要途径

会展活动是一门复杂的系统工程，需要广博的多学科理论知识的支撑。会展专业课程体系由会展基本概论、媒介与传播学、会展运作与实务三大部分组成，涉及社会学、市场营销学、管理学、新闻学、传播学及公共关系学等课程。展览策划与组织、品牌战略研究、市场调查与分析、节庆策划与组织、会议策划与组织、会展沟通与谈判、会展营销、会展客户关系管理、公关礼仪、会展项目管理等可以列入会展运作与实务。学生的文学文化类、人文科学类、管理科学类、广告类、公共关系学及各种艺术修养和能力的拓展，将对人才的思维训练，创新潜能，掌握会展传播要领和企业战略、媒介战略及会展的整合营销策划以及品牌塑造与执行技能都具有坚实的支撑。会展行业的特点是高度的综合性和极强的实践性，会展人才应该具备很强的活动策划能力、组织协调能力、语言表达和沟通能力、思维活跃、知识面广等综合素质。浙大城市学院会展专业在探索特色培养的过程中，整合会展、广告、公关等各学科的优势资源，以传播学科为背景支撑，加大了会展人才的广告、公关活动策划、执行与实施、协调相关关系、沟通能力等实务方面的训练，培养学生有效向公众阐述意见、同媒体建立良好的关系网、将客户一系列要求清楚准确地传达到其他人员方面的表达能力，把撰写宣传稿件、公关稿件、项目提案以及日常与客户、媒体和第三方的邮件联系列为会展教学的重要构成内容，逐渐形成自己的特色。基于我国会展业发展的大好机遇，浙大城市学院会展专业不断深化基础研究、凝练专业特色，整合学校的会展教育资源，已经在多个专业下面开设会展与公关管理、会展与信息管理、媒体活动策划、会展与旅游管理、会展设计、会展信息化、会展英语等多个专业方向，在教师团队上组建了“事业编制专业教师”＋“企业编制专职员工”的“8＋10”团队，开展多专业学科集群的“大会展教育”，已经逐渐走出自身的特色之路。

8.4.2 走国际化道路是培养高级会展人才的必经之路

世博会对中国会展教育而言，意味着仅仅考虑依靠国内市场环境、文化背景基础和经济发展水平来制定教育目标，从事具体的会展实践变得越来越难。作为一个以高智慧的传播手段展示高级的组织形象的行业，会展人才专业素质的整体提高将是行业可持续发展的根本动力。全球化视阈下的会展教育要在培养思想和目标上进行重新的整合。中国的会展教育必须走国际化道路，引进国外先进的会展发展模式，早日与国际并轨。我国会展教育需要从人才培养目标、教材内容、教学方法和手段以及评价、认证体系等方面与国际接轨。加速会展教育国际化进程。在大力推动会展教育国际化的同时，也应有意识地倡导会展教育的本土化，即在吸收发达国家会展教育的成功经验而获得广阔的国际视野的同时，又建立具有中国特色的会展教育体系。[①] 在全世界信息共享的今天，高素质、具有全球意识和知识架构的会展人才对中国会展业来说是最缺乏的人力资源。掌握一定的外语可以使会展人迅速、准确地掌握全球事务变动和提高搜集全球信息的能力和意识，形成全球视野以及全球化的思维方式，进而能穿透各种文化壁垒进行思维和管理活动。全球化背景下的会展项目运作就是在不同文化背景的群体之间的信息传播与交流活动。而会展教育的目标定位之一就是培养了解目标市场国和地区的文化特质及文化需求的跨文化传播的会展人才，因此研究跨文化的会展传播应当成为将来会展教育的一个特色。浙大城市学院在国际化会展人才培养方面经历了近 10 年的历程，从 2003 年开始，率先构建港澳台会展交流平台，学习港澳台会展教育的先进理念和方法，先后与香港、澳门、台湾的会展院校和机构达成合作意向，各方在师资交流和进修、会展专业的教学、学生的实习交流等方面开展了实际的合作行动。会展专业教师团队共计约 30 人次受邀前往澳门参加学术交流、讲学和访问等；2004 年 6 月，学院派出张健康、黄彬老师赴德国参加会展培训，了解了德国会展专业的"双元制"人才培养模式；2010 年 9 月，浙大城市学院派出会展建设负责人张健康博士赴美国 University of Nebraska at Omaha 进行为期一年的高级访问学者工作，这些工作为浙大城市学院高级会展人才培养的特色模式形成奠定了扎实的基础。

8.4.3 会展人才综合能力的提升需要加强与各界的沟通合作

培养应用型、复合型的高级会展人才的路径还在于高校与各界的沟通和合作，盘活并拓展各方资源，以形成和提升会展的特色教育。各方信息的传播与共享能够帮助高校了解会展业的发展状况和对人才的需求状况，促使进行对应的研究，探讨行业的发展趋势和人才培养的模式，为会展业提供理论支撑和人才支持。加强外部拓展的方式可以是参加各类业界和学界的各种交流活动，及时将先进的研究成果，行业发展状态，最新理论成果，行业发展的新思路、新观点、新方向等带进课堂，给学生传输新的理念，开阔学生视野。同时可以与业界进行多种形式的合作。根据文献研究，国际上有鲜明特色的会展教育模式包括德国的校企合作模式、澳大利亚的职业教育模式和美国的学历教育模式。它们共同的特点是非常注重对会展课程体系的构建和优化，注重在实践中对人才动手能力

① 马勇：我国会展教育的国际化与本土化，《杭州生活品质网》。

的培养，注重与行业联动。[1] 浙大城市学院会展专业在与各界的沟通合作上一直坚持走出去、请进来的做法，积极参加国际、全国和浙江省的会展专业会议，与各界探讨与交流会展人才培养和专业发展的相关信息，了解行业动态，拓展实践基地的开发，积极联合企业、政府合作办学，构建了“政府—行业协会—高校”三方互动的高级会展人才培养机制，采取基于“项目驱动”的创新型人才培养模式，很好地满足了专业实践教学的需要，为课程教学质量和实践训练提供了坚实保障。

图 8-5　专业教师参加第七届中国会展经济国际合作论坛

① 曾学慧：上海应用型会展教育与会展业界对接问题研究，《中国会展经济研究会网》。

09 独具特色的会展专业本科生导师制

浙江大学城市学院会展专业导师制是在会展经济与管理专业高年级段学生中实施的一种教学模式，旨在贯彻因材施教的理念，建设民主自由的师生关系，通过师生一对一的双向交流实现对学生的个性化培养。

9.1 牛津大学本科生导师制带来的启示

考察牛津大学的教学模式和学生培养方式，我们发现，本科生导师制具有悠久的历史和深远的影响。在会展人才的培养中，浙大城市学院积极吸取牛津大学本科生导师制的精华和理念，推行了符合自身实际和特色的会展专业本科生导师制。

牛津大学的本科生导师制发源于14世纪，正式建制于19世纪，是“一种以学院为依托、以本科教学为主旨、以导师个别教学为主要特征的教学制度”[①]。牛津大学的本科生导师制是“牛津皇冠上的宝石”，与讲授制、研讨制并列为学校的三种教学模式。

牛津大学的各个学院都是独立法人，各自拥有独特的传统和文化，学院和大学在人才培养上分工明确，大学所属的近20个学部通过讲授制，以课堂讲授提供各类讲座和研讨会；学院则通过导师制，以个体辅导为主提供个性化的交流和指导。导师制是牛津大学各个学院教学和文化的核心，是牛津大学本科生学习生涯的重要组成部分；学院是学生的家，学生进入学院之后，学院就会安排专业导师对学生进行学习计划制订、课程选修、学业提升和道德品行修养等各方面的工作。这种导师制是以个别指导为基础，对学业和做人两个方面进行的全方位指导，因

---

① 刘学政：牛津大学本科生导师制探究，《辽宁医学院学报》(社会科学版)，2010年第1期，第1页。

而成为牛津大学本科生获得快速成长的重要途径。

作为世界顶级大学，牛津大学的导师制是以学术化、学科化和多元化为特点的。导师对学生的指导以布置阅读书目和撰写论文为基础。学生每周都要根据导师的要求进行阅读和写作，然后拿着导师要求写的论文与导师进行一对一的交流；导师在与学生见面时，对学生的论文进行点评，指导学生进行研究方法和观点的创新，培养学生独立思考和学术研究的能力。牛津大学倡导教学自由，不太过问导师的教学时间、地点和方法，但是学校每年都会组织学生参加学校里的统一考试，以此来评价导师的教学质量。这种导师制的最大优势就是以人为本，个性化指导，因材施教，在导师有的放矢地引导和鼓励下，通过学生自主学习和学术能力培养，最后实现学生个体的成才。

导师制是大学人才培养目标的实际落实。大学本质上是教学的场所，是通过传授知识培养人才为基本目标的。牛津大学导师制倡导者纽曼认为，“大学要为学生提供理想的学习环境。它包括两个方面：一是能促进学生之间以及学生与教师之间的交流与沟通；二是容纳了学习研究所有知识领域的人，学生能通过相互交流而涉猎广泛的知识领域”①。因此，牛津大学通过机制和文化建设，使学生与导师共同组成的学院成为学校最理想的学习环境，导师应该在民主和平等的氛围中与学生交流，对学生的每个行为作出反应；在导师制问答式的教学模式上，引导学生独立思考，形成学生的专业思想、品格与道德，塑造出学生独特的专业个性。浙大城市学院会展人才培养过程中，也积极吸收牛津大学导师制的精华，构建“关注学生个体，以学生需求为中心，追求学生个体发展为评价标准”的导师制机制。

9.2 浙大城市学院会展本科生导师制的背景与操作

9.2.1 浙大城市学院会展本科生导师制的背景

在积极打造全国知名的会展教育院校，推进国际化发展的过程中，受牛津大学本科生导师制的启示，浙大城市学院会展教育团队根据自身实际，创设了培养高级创新型会展应用型人才的本科生导师制。浙大城市学院会展本科生导师制是基于教师专业特长，对学生进行个性化培养；项目驱动会展人才培养机制运作；简化教学安排，提升人才培养效率；推进师生情感建立，构建和谐稳定的教学

① 杜智萍：纽曼与牛津大学导师制，《太原师范学院学报》(社会科学版)，2010年第4期，第124页。

秩序的目的开展的。

教师专业特长发挥和学生个性化培养是会展本科生导师制的根本出发点。每个教师都有自己独特的学科背景、学术经历和实务经验，这对学校人才培养来说是最重要的“宝藏”。大学之大在于教师，所以，一方面如何充分发挥好教师这一宝贵资源的作用，对人才培养来说具有很重要的意义；另一方面，当代学生的个性化发展特征越来越明显，学生具有不同的专业兴趣和爱好，需要教师针对其专业个性进行个体化的指导。特别是学生在专业成长的道路中，会出现迷茫和困惑，需要教师给予密切的关注和及时的指引，所以，基于师生互选的导师制的建立，为发挥教师专业特长和学生个性化发展对接创设出了一种机制。

同时，浙大城市学院基于项目驱动会展人才培养机制运作也需要导师制的配合。在会展项目运作中，常常会遇到基于项目运作需要学生参与的情况，导师制构建了一个专业教师带领一批学生的“战斗团队”，使得在需要时能够较快地进入参与项目运作的战斗状态，而不需要临时组织，这为项目人才培养价值的开发和项目顺利运作提供了便利。在导师制的基础上，学生进行项目参与，就必然会有导师的跟进，教师在学生项目参与中开展导师的指导工作，学生在导师的专业指导下进行项目的参与，从而实现项目参与中的会展专业人才培养。

在简化教学安排以提升人才培养效率方面，导师制也有很好的功效。以往的一些教学环节，包括中期实习、项目参与、高年级段专业学习、毕业实习、毕业论文、就业等指导以及毕业后校友联系都要花很多时间和精力来协调安排。但是在导师制基础上，通过大二下学期导师的选择，对中期实习、项目参与、高年级段专业学习、毕业实习、毕业论文、就业等指导以及毕业后校友联系等进行一贯制的操作，很好地简化了教学安排，提升了人才培养效率。这与班主任体制下，专业教师往往四年才参与一次实习指导和就业指导的情况存在着明显的不同。班主任体制下专业老师会对一些工作变得陌生和生疏，学校往往需要花时间对相关老师进行再培训，甚至即便再培训也没能发挥专业老师在相关环节上应该起的作用。而导师制一贯制的操作，使得专业教师每年都参与实习指导和就业指导等工作，有效推进了专业教师在这些方面的专业化水准。同时，导师制使得对学生的指导“化整为零”，以往集中在班主任身上的实习指导和就业指导分散到所有专业教师之中，教师可以通过自己的资源来帮助相对少的学生开展实习和就业，无疑对实习指导和就业指导的质量有很大的推进作用。

导师制也有利于推进师生情感建立，构建和谐稳定的教学环境和秩序。在一贯制操作的过程中，教师与学生的指导与被指导关系存续两年时间，学生和教师有很多单独交流和沟通的时间和机会，这种存续时间较长的人际性交流和沟通能够推进师生良好情感的建立，有利于及时发现和有效解决学生在学习和生活、教师在教学和管理过程中存在和出现的问题，维护学校教学环境和秩序的和谐稳定。

应该说，浙大城市学院会展本科生导师制是对国际先进院校的学习，并根据自身实际的一种机制创设，很好地服务了浙大城市学院会展教育的自我定位和发展目标的实现。

9.2.2 浙大城市学院会展本科生导师制的操作

针对学生的专业兴趣和个性化发展的需要，学生选择导师的志愿需要得到尽量的满足，所以浙大城市学院会展专业导师制操作过程中的原则是：学生志愿，适度调配。专业教育委员会在安排导师的时候，会以学生志愿为第一考虑依据，千方百计地满足学生的志愿。同时，为了教师资源的充分利用和提升导师制的效率和质量，防止出现某些老师有太多的学生选择而有的老师没有学生选择的情况，专业教育委员会在操作导师制的时候，也保留了适度调配的权力。当然，这种调配也是基于学生的选择的。在导师制志愿表格中，学生可以按照第一志愿、第二志愿、第三志愿选择3位老师，专业在实际操作中会按照学生的志愿分配导师。在学生填写完志愿后，那些特别热门的老师可以在规定的学生指导数量之内选择自己指导学生，完成第一轮双向选择。未被选中的学生则根据其第二志愿安排导师，如果第二志愿导师也已经满额，则考虑第三志愿。在师生比不是很高的会展专业中，在很多时候这样三个志愿已经能够全部落实和安排好导师。但是，也会出现三个志愿都没有办法满足的情况，这个时候，专业教育委员会就会与相关学生沟通，再次给予选择机会，让学生在未满额的导师中选择一个自己最感兴趣和喜欢的导师。虽然是基于导师制开展学生的指导，并不意味着教师只指导自己的学生。教师是为所有的学生服务的，所有的学生都可以根据自己专业学习中遇到的困难，联系所需要的教师进行问题探讨和学业指导；所有的教师也有义务认真回答所有学生的问题和指导学生的学习，这已经成为了浙大城市学院会展专业导师制的文化。这种文化也有效缓和了学生兴趣和某些导师过度热门而无法满足学生志愿的矛盾，使整个导师制运作变得动态和谐。

为了提升导师制的内涵和效率，会展专业导师制引入和包含着教师之间的竞争机制。教师指导学生的数量是在一个相对较大的空间里浮动的，而教师每指导一个学生，意味着这个学生中期实习、项目参与、高年级段专业学习指导、毕业实习、毕业论文、就业指导的工作量和相应报酬都属于这位导师。导师指导学生的数量直接决定着其薪酬的多少，同时教师也非常在意自己是否被学生认可，这些都使会展专业导师制充满了竞争色彩。

图 9-1 导师指导下的会展专业学生会展项目策划、执行与总结全程参与

会展专业导师制学生数量的规模控制：每个导师指导学生数一般在大于等于 10 人小于等于 20 人。专业委员会保留根据实际情况调整的权利。操作的时间是大二第二学期第 13～15 周。在这之前，考虑到低年级段行政事务比较多且没有进入正式的专业学习，一般安排行政老师担任班主任；高年级段因为进入正式的专业学习，所以通过导师制转为由导师对学生进行个体化个性化的专业及生活等方面的指导。浙大城市学院每年招生会展专业学生约 75 人，按照两个自然班设置；目前有专业导师 8 人。而导师制指导学生数量是大于等于 10 人小于等于 20 人，专业教师团队最大规模指导学生数量为 160 人，远远少于每年的 75 人的招生数量。如果有的老师获得了 20 个满额的指导数量，则意味着一些老师只能指导底限 10 人的学生指导数量，这种情况在历年的导师选择中已经屡屡出现，对专业教师形成了竞争压力，纷纷努力提升自己指导学生内容方面的吸引力。这也很好地促进了浙大城市学院会展人才的培养。

如前所述，浙大城市学院会展专业导师制是一贯制的全程指导，即包括：中期实习、项目参与、高年级段的专业学习、毕业实习、毕业论文、就业等指导。专业要求导师每星期必须有固定的半天时间（4 课时/周）来进行对学生的指导。这个时间点在每学期开学确定并公布，以便学生能够在相应的时间找到导师或其他老师探讨专业学习问题。为了推进导师制的效率，专业要求每个老师根据自己的特长设计一份个性化导师指导菜单，明确在两年的时间里将为学生提供什么样的增值服务和特色化指导。这样，在每周的师生见面时，就会有具体的交流内容和探讨问题。导师的个性化菜单也是吸引专业学生选择自己的重要法宝，导师往往进行了精心设计并努力加以实现。

专业教育委员会通过考核，给予导师相应的工作量。也就是说，除了中期实习、项目参与、高年级段的专业学习、毕业实习、毕业论文、就业等指导本身已经包含的工作量之外，专业再给予导师4课时/周的基础性的工作量。这里不再考虑导师指导学生数量的多少，因为中期实习、项目参与、高年级段的专业学习、毕业实习、毕业论文、就业等指导的工作量是按照学生数量进行工作量计算的。4课时/周的基础性的工作量是一个不小的教学工作量，有时候会面临来自学校其他部门和院系的质疑。实际上，这里更多是一个教学理念的问题，即把导师制放在怎样的一个层面进行运作，是否把导师制作为学校的一种基本教学模式、一个基本理念的问题。为了推进教育教学改革和实现人才培养目标，参照国际著名高校的理念和方式深化导师制的运作能够落实学校的诸多目标，因此，给予4课时/周的基础性的工作量并没有给得太多，而只是一个起步的标准。实际上，浙大城市学院会展专业教学改革的方向是：不停留在太多的传统的讲授式的教学形态，而主张在导师制基础上建立师生充分互动的导师制专业教育文化。

在每年导师确定后，专业一般不接受调换导师的申请。但是在特殊情况下，如学生的专业兴趣发生转变，允许学生在次一学期开学第一个星期内向专业教育委员会提出申请，并在与相关教师充分沟通后进行调整。同时，这种调整也需要在每个教师能够指导学生的限额内进行。

浙大城市学院会展专业导师制的基本操作步骤如下表所示：

表 9-1　浙大城市学院会展专业导师制的基本操作步骤

序号	步　　骤
1	发布导师制选择基本规则和导师基本情况
2	下发导师选择表格，学生选择导师
3	上交导师选择表格，在学生志愿基础上导师选择学生
4	专业根据规则进行导师确定、调配和补充沟通工作
5	公布导师安排，学生和导师见面

会展专业导师制注重指导内容的个性化。注重指导内容的个性化是因为学生个体的不同兴趣和爱好，也是因为导师自身的不同专业背景和专业经验。在

导师的双向选择过程中，学院将导师的专业背景和经验通过网络教学平台告知学生，让学生基于自己的专业兴趣爱好进行导师的选择。同时，导师提供一个专门的菜单，告知学生除了学院规定的一些导师工作外，自己将在接下来的指导工作中为学生提供哪些个性化的能力指导和能力训练，以实现对学生的因材施教、个性化培养。

9.3 会展专业导师制的基本工作

根据一贯制的操作机制，会展专业导师制的基本工作包括中期实习指导、项目参与指导、高年级段专业学习指导、毕业实习指导、毕业论文指导、就业工作指导、校友联系等七项基本工作。以下分别作一简单介绍。

9.3.1 中期实习和毕业实习指导

会展专业在大二暑期、大四第一学期分别安排中期实习和毕业实习，以导师为单位组成实习小组，进行管理和指导。导师对学生的实习指导包括实习单位落实、实习过程指导、实习总结评定。基于“会展专业的学生首先要学会推销自己”的理念，会展专业学生的实习单位是以自己落实为主的；在学生自己落实实习单位有困难时，导师有义务帮助其落实实习单位。导师需要在规定实习开始一个星期之内将确认的学生实习信息统计并上报学院教务部门。在实习过程中，导师对学生进行全程跟踪指导，特别在学生实习开始、中期和结束这三个重要阶段要赴实习单位考察访问、电话联系等等。根据实习的指导制度，在学生实习期间，导师与学生本人的联系每月不应该少于两次，联系方式可以为电话、面谈、邮件等。对于学生实习单位在杭州的，应该在实习过程中到其实习单位拜访至少一次，与学生实习单位老师进行联系，以了解和指导学生实习，并与学生实习单位建立良好的关系。对于学生不在杭州实习或有其他特殊情况，可以通过电话或邮件等形式进行指导。

9.3.2 项目参与指导

根据会展中心项目运作的需要，以导师指导学生小组自然构成项目参与的学生团队，在导师的指导下参与会展中心项目的运作。这种项目参与是以会展专业人才培养为目标的，是在导师紧密指导下的学生顶岗实践。导师需要对学生进行会展实务的专业性指导，以实现学生专业能力的提升与会展项目的成功运作。由于应用型人才培养的需要，浙大城市学院会展人才培养项目参与呈现常态化，导师往往借助会展中心充分的项目资源，频繁地带领学生参与项目，在这个过程中大量地开展对学生的指导，从而有效发挥导师制的作用。

9.3.3 高年级段专业学习指导

大三、大四是专业课程的学习阶段，是学生专业能力提升最快的阶段，因此，通过导师制加大对学生的专业指导非常重要。浙大城市学院会展专业在大三开始分设两个专业方向：会展策划与公关管理、会展策划与信息管理。这两个专业方向是依托会展专业所在的传媒分院的专业特色和教学资源开设的。导师不仅需要指导学生提升会展专业的会展策划与文案的基本专业取向，而且需要指导学生进行会展公关管理、会展信息管理等专业特色的发展。这种指导就落实在每周的与学生见面交流、项目参与的过程中。

9.3.4 毕业论文指导

毕业论文指导是学生高年级段科研指导与毕业实习指导的延续。为了引导学生更好地关注行业，促进学生实习中的理性思考，提升专业实习效果，会展专业要求学生毕业论文选题与毕业实习相结合，与大三大四自己的科研课题相结合。学生毕业实习期间就开始在导师的指导下开展毕业论文的调研和数据收集，有针对性地对地方会展业存在的问题进行研究，促进学生专业能力提升。学

图 9-2 会展专业学生的项目参与和导师的倾力指导

院对导师指导学生的形式、次数都作出了具体的要求，专业导师在毕业论文指导中关注学生调研能力、写作能力和解决问题能力的提高；专业导师也会引导学生寻找合适的行业内的资深人士担任毕业论文写作的第二导师，使学生在毕业论文写作过程中对会展行业的理解和认识不断深化。

9.3.5 就业工作指导

就业数量和质量是社会和政府部门衡量高校教学水平的重要指标，各个高校千方百计地提高毕业生的就业率和就业质量。指导就业工作是会展专业导师制的基本工作之一。导师需要指导学生就业，通过就业心态引导、就业机会提供等方式实现学生的顺利就业，达到学校对专业就业率的考核。导师制形态的就业指导，每个专业教师承担的学生数量在 10～20 人之间，专业教师团队整体参与，总体压力不是很大。这与传统班主任形态，就业指导压在班主任身上的情况具有“化整为零”、“精细化指导”等优势。特别是从大三开始的导师制过程中，学生会与导师有很多的交流与沟通，建立了较好的情感，所以在就业沟通和指导方面会比较顺利，实现高比例的就业。

9.3.6 校友联系

学生是学校最重要的资源。随着一届届学生走向社会，学校的资源也不断积累。校友资源的开发利用对学校的发展非常重要。学校也在尝试建立有效的校友联系机制，但是有时往往存在联系效果不理想的局面。而校友联系作为导师制的延伸性工作，具有很好的情感基础。在两年的指导中，导师对学生的学习、生活等都会产生很大的影响，学生会对导师产生很深的情谊，因此通过导师制建立会展专业毕业生的有效联系机制，是会展专业导师制的创新内容。这种校友联系也是会展社会教育资源接入的重要渠道。正是通过这些联系，校友们提供了大量高质量的实习需求信息、人才需求信息以及其他合作信息，为会展专业办学进一步打开了渠道。

除了以上这些基础工作之外，各个导师还会根据自己的特长、社会资源和承担的课题，为学生提供特色化的机会和资源；同时导师也会根据学生个体的需求，为学生积极提供学习和发展资源，使不同导师组的内容千姿百态，形式多样，从而为学生的个性化发展提供了空间，很好地挖掘了学生的专业潜质，推进了其职业角色的塑造。

9.4 专业教师与专职员工合作的“双导师制”

比较其他高校，浙大城市学院会展专业导师制的特色在于专业教师与专职员工合作的“双导师制”。专业教师的专长在于专业理论，专职员工的专长在于项目实操，通过项目驱动人才培养机制的交集，浙大城市学院形成了独具特色的会展专业“双导师制”。

图 9-3 师生共同参与杭州业界定期举行的会展沙龙

一些学校与社会企业合作也构建了双导师制，这里的双导师指的是学校里的专业教师，企业里的实习指导老师，这无疑是应用型人才培养的创新机制。但是，在这里面如何保持这个机制的长效性？如何激发企业实习指导教师的积极性？如何进行企业导师对学生指导的管理和考核？有时候，企业的积极性可以保持一两年，但是似乎“一二不过三”，慢慢的一些企业就会认为这是负担，作为导师的企业工作人员会“皮”掉，甚至学校内的专业教师也会随着时间的推移而不再重视这种双导师制作用的发挥。从而使这种机制的长效性受到挑战。有人提出来通过给予报酬或者荣誉来激发企业及其工作人员参加导师制的积极性。但是学校又能给多少报酬呢？这种报酬是否有足够的吸引力呢？很多时候，学校只能给企业导师一点象征性的报酬和虚化的荣誉，用以增进情感。企业作为市场逐利机构，其注意力是放在自己的主业上的，不太会花很多心思来参与专业人才的培养。特别是中国当前的经济发展程度和企业的发展状态，很少有企业乐意承担多元社会责任，将专业人才培养作为自己的使命。所以，参与学生指导，往往成为了企业及其工作人员的友情帮助，学校无法对其提出明确的要求，进行有效的管理和考核，这就形成了高校和企业合作的“双导师制”的瓶颈。

浙大城市学院的会展中心是一个“横看成岭侧成峰”的机构，是一个集会展研究和教学组织、会展项目运作企业的综合体。作为会展研究和教学组织，它拥有专业教师团队；作为会展项目运作企业，它又有专职员工团队。在人员管理上，这两支团队隶属于会展专业教育委员会，在学校的统一管理下服务于会展人才培养，学校对这两支团队的成员可以进行严格的管理和考核。同时，作为会展项目运作企业的会展中心，其基本目标不是赢利，而是通过项目运作服务会展人才培养，这与社会企业存在着根本的差别。正是人才培养的目标一致性，使得浙大城市学院会展教育的专业教师团队和专职教师团队能够很好地合作，形成长效的、高控制度的、能有效考核的“双导师制”。

在浙大城市学院双导师制的操作中，首先是专业教师和专职员工形成搭档供学生选择。这种搭档追求的是专业和实务的吻合度，即专业教师的专业背景和理论专长与专职员工实务经验的一致性，这样有利于形成双导师制的特色，培养出学生的专长。其次在指导过程中，专业教师和专职员工的配合是：专业教师侧重在指导学生中参与项目，注重对学生专业理论知识的指导，使学生更好地将这些理论知识运用于实践；专职员工侧重在项目运作中指导学生，注重对学生会展实务的指导，使学生通过实务的掌握提升专业能力，深化专业知识的理解。

图 9-4　导师制下的会展专业学生参赛和项目参与

在高校的生态环境里，拥有事业编制的专业教师无疑地位要高于属于企业编制的专职员工团队，事实上专业教师团队在会展人才培养中也发挥着最基础和最关键的作用。专业教师在学生培养中处于上位，在学生管理和指挥、会展教育资源调度方面处于上风；专职员工则处于下位，相对而言是从属于专业教师开展对学生的指导。在这种关系中，需要处理好的微妙问题是：专业教师将专职员工作为自己的助手使用，将原本应该自己做的一些事情全部交给专职员工做。而实际上，双导师制形态下，专业教师和专职员工是一种合作搭档的关系，而非上下级关系。同时，专职员工作为会展项目运作的核心，必须为项目的运作做大量的工作。专业教师的上位更多的应该体现在和专职员工一起带领学生进行项目参与、专业理论学生之中。

专职员工参与学生指导是否应该给予教学工作量的问题，是双导师制实施过程中的热点问题。有的人认为：会展中心的基本职责就是人才培养，专职员工参与学生指导是其本职工作之一，其工作量已经体现在其工资之中。有的人认为：专职员工参与学生指导，付出了劳动，其工作应该通过工作量计算给予体现。还有人认为：专职员工计算学生指导工作量是切走专业教师的工作量，与专业教师争“蛋糕”，损害了专业教师的利益。浙大城市学院正在探索的相关工作量计算形态是：因为导师制是作为一种基本教学模式存在的，所以专职员工、专业教师都应该予以工作量计算。专职员工的工作量按照会展项目核算，由会展中心和会展专业联合考核确定。工作量的相关经费从会展中心项目运作结余利润惠哺会展教育的资金中支出。而专业教师的工作量计算除了上述提到的 4 课时/周的工作量之外，设计了更系统更深入的内容，即以教改课题的形式给予专业教师一定的经费，要求专业教师对项目进行教学改革和制作教学案例等，这其中也包含有指导学生的工作量体现。

在双导师制运作过程中，学生中会出现两种相反的舆论，一种是“会展是一个实务性很强的行业，参与会展项目运作很重要，课堂理论知识没有用”；一种是“参与会展项目运作做的都是很简单、很基础的工作，参与价值不大，还不如好好学好专业理论知识”。对此，在浙大城市学院会展双导师制中，十分注重防止专业教师和专职员工两支团队“文人相轻”的情况，专业教师侧重引导学生的舆论是会展实务很重要，应该积极参与会展项目运作实践，通过实践深化理论；专职员工侧重引导学生的舆论是会展理论知识很重要，应该扎实掌握老师课堂内讲授的会展专业知识，将实践建立在理论之上。

为了加强专职员工在学生中的威信，会展专业教育委员会给予专职员工对学生项目参与情况进行评定，并计算入相关专业课程成绩；在学生评奖评优方面，给予会展中心一定的推荐名额和一定的话语权，以便在项目运作中更好地管理和指导学生，有效落实双导师制。

图 9-5 会展专业学生在会展中心与双导师进行项目讨论后合影

9.5 会展专业导师制的思考和深化

浙大城市学院会展专业导师的实践，对促进专业教学和人才培养起到了积极的意义。导师制实施过程中带来的思考主要包括：导师制的地位和学校教学资源的提供、导师职责的明确和学生积极性的引导、导师能力的提升和工作的考核等。

1. 导师制的地位和学校教学资源的提供

因材施教和个性化培养已经成为中国高校的人才培养理念，而导师制是实现这些理念的良好途径。为此，学校应该确立导师制在学校人才培养机制中的地位。比如像牛津大学一样，导师制作为各个学院基本的教学形式存在的，这种教学形式不仅最终形成了不同学院之间的特色和文化，而且很好地塑造了不同学院学生之间不同的专业个性和能力。

将导师制作为一个基本的教学形式加以确定，并在学校的各个教学制度和环节上进行资源和条件的配置，使之成为学校和学院的基本文化，这对导师制的成功实施是至关重要的。目前，有的学校导师制已经实施或试点了不少年份，但在作为教学基本形式的导师制运作中，学工线表现积极而教学线却热情不高，而且有声音越来越小、不断边缘化的趋势。高校应该加强对导师制的认识和理解，充分肯定专业教师在这方面的努力和工作，完善基本资源配置，如工作量方面，激发教师积极性推进导师制的实施和完善，从而推进学校的教育教学改革，实现学校的高素质创新型应用型人才培养目标。另外，教务部门也应转变观念，积极构建符合自身特色、资源和文化背景的本科生导师制度，在学术自由、教学自由和学生自由的基础上激发教学参与主体的积极性和创造性，推进会展专业人才培养体制的改革和完善。

2. 导师职责的明确和学生积极性的引导

职责的明确可以使教师更好地行使自己导师的任务和工作，使学生更好地利用这种机制实现自我的成才和发展。作为专业学生培养的机制，导师的职责需要侧重在学生专业方面的提升和发展方面，包括专业能力提升和职业品德养成等。另外，在全方位育人的理念下，也需要根据中国国情和中国高校的实际，纳入一些传统的班主任的职责，让导师对学生进行学业和生活等全方位的指导，既指导学生专业能力提升，也指导学生做人的基本原则。在导师职责的设计方面，学校教务部门和学工部门应该有效沟通和合理界定；排斥任何一方面，都是不健全的导师制。

导师制作为双向互动的机制，在操作过程中还需要加强学生的引导和师生互动机制的构建。学校最重要的资源是教师，学生在专业学习中必须利用好这一资源。传统教育体制下的学生性格比较内向，常常处于被动状态，较为缺乏积极主动的思考意识和与教师交流的意识。这会形成导师制实施中的一个障碍。教学的本质不仅在于传授知识，更重要的是激发学生的兴趣。为此，一是学校要加强学生引导，增强他们与导师主动沟通交流的意识。二是学校要积极构建师生互动机制。比如牛津大学的周论文形式，固定时间段的、内容指向明确的师生互动交流形式就是一种很好的促进机制。三是学校要努力形成和谐民主的师生关系，通过各级行政部门对学生提供关怀备至的服务，创设快乐幸福的学习环境和氛围。

3. 导师能力的提升和工作的考核

导师的能力包括专业教师的实践指导能力和专职员工团队的专业知识水平等。虽然在双导师制形态下，专业教师团队和专职员工团队之间可以构成互补关系。但是在实际的学生指导中，很难把这两方面的能力分开来，不然构成的“短板效应”会使导师的指导质量大大下降，导师在学生心目中的地位也会受到影响，进而进一步影响后继的教学工作。为此，一方面需要将专业教师压入更多的项目运作，让专业教师“脚踏两只船”，一脚踏在课堂，一脚踏在行业，推进专业教师的“双师化”；另一方面需要大力提升专职员工团队，包括支持和资助他们选修会展专业课程、协助专业教学、修读研究生课程等来实现他们专业知识水平的提升。

同时，导师制工作考核机制的建立是确保该机制长效运作、避免流于形式的重要机制。在这里，我们不要急于批评导师制实施过程中的不足，而是需要考虑如何让导师制发挥出应有的效果。比如，如何将导师制作为一个基本教学模式加以确立；如何营造导师制的校园教学文化；如何为推进导师制进行一些教学理念和形态的改革，等等。很多时候，作为牛津、剑桥等世界著名大学的一种基本教学模式的导师制，我们更多的是应该思考如何借鉴的问题，如何在现有基础上加以深化的问题。

因此，学校应该在教学资源、教学机制和文化建设提供保障的基础上来完善导师制的考核工作。具体的措施可以有很多，基本的如学校可以规定一些导师的基本工作内容，学校通过加强对这些基本工作内容的考核，确保导师的基本功能的落实和实现。又如，在明确专业学生需要达到的专业能力、专业水平和阅读书目基础上，学校也可以仿效牛津大学的统一考试形式，让学生在某一时间点参加学校统一组织的考试，来衡量导师的工作水平和质量。再如，在强调导师对学生个性化指导基础上，对学生成果的考核，包括学生论文的发表和专业竞赛的获奖等。这些考核内容的落实，可以建基于导师制中师生周见面机制。学校对导师制中师生周见面机制的形式、内容、时间加以明确规定，建立一种给导师充分自由和信任的基础上又便于考察、跟踪指导工作基本落实情况的机制。

10 “项目驱动、以赛促教”的理念与实践

近几年，我国会展教育院校呈快速发展态势，有数据表明，会展专业学生在校总人数的增幅已经超出了会展产业发展的结构性需求。会展教育院校培养会展专业学生所面临的巨大挑战之一就是会展教育与社会需求的匹配问题，也就是说，从会展院校毕业的学生是否能理想地解决就业问题。因此，如何让每个会展专业毕业的学生能以高素质、高水平的状态顺利经过社会的检验，进入专业岗位，成为我国会展院校与会展教育需共同思考并面对的课题。

10.1 会展学科竞赛对提升专业能力的作用

中国会展业的高速发展，会展理念、会展技能以及会展支撑环境都顺应着中国经济形势的变化而变化。会展教育相比其他应用型学科，其自身特点十分明显，主要体现在会展教育要匹配动态的市场变化来实现。会展活动有大量工作需以创意与集体协作来完成。比如一项新会展项目的创意，就通常需有以下几个阶段：一是前期调研与可行性认证阶段；二是中期概念策划与服务策划阶段；三是后期策划项目的合成阶段。中间需经历很多环节。会展行业对会展教育提出复合型知识要求，期望会展教育在不同知识背景与技能的相互配合以及大量人力与物力的投入下实现与会展市场需求的匹配。因此，以往传统方式的“井底之蛙”教学方法，很难培养出符合会展市场需求的专业人才。浙江大学城市学院提出了会展人才培养需“厚基础、精专业、重实践、多课堂”的 12 字培养方针，在不断进行教学内容、方法和手段等改革的同时，坚持以参赛提升学生的专业能力。

10.1.1 会展专业综合性技能培养的需要

在会展教育的实践中，会展专业教师发现校内的会展专业学生是

具有分散性特点的群体，各自能力不一，很难进行符合会展专业需求的综合性技能的培养。以会展项目策划为例，一个能付诸实施的会展项目，需形成较为完整的人才团队，通过团队成员间的能力优化组合，提出符合实际运作的创意与可行性方案，最终被会展企业认可。会展教育的目标也就是围绕会展专业的知识点，紧扣会展环节所需的技能点，最终达到知识点与技能点的完美结合，全面达到会展教育与市场匹配的目标。

图 10-1　会展专业学生参加策划大赛获奖合影

10.1.2　通过参赛强化“校企合作”的办学模式

在德国，“校企合作”的办学模式运行得非常好，但在我国却因为种种原因很难有效推进。因此，会展专业学生在无法模拟较强会展环境的实践机会情况下，专业学生的技能也只能更多的偏向于对理论知识的掌握。为了弥补这一缺陷，鼓励与形成会展教育过程中的参赛提升专业技能的机制，对提高整体会展教育水平具有重要的作用，在参赛过程中实际也强化了“校企合作”的办学模式。

10.1.3　参赛机制的建立符合会展教育院校的课程要求

尽管很多会展教育院校开设了相关的会展项目策划课程并根据课程需要，在课程教学过程中将学生分组，通过分配学生的不同角色与团队合作开展会展项目的模拟策划与组织。但由于在校的学习环境中，会展专业学生往往因受到其他课程时间或学分要求的限制，平均分配自己的学习时间，而忽略了会展专业所需的大量技能训练。因此，建立与鼓励会展专业学生在参赛方面投入更多的时间与精力，不仅可以使会展专业学生通过参赛得到锻炼，更重要的是符合会展专业的课程和能力提升的要求。

10.1.4 参赛可让专业学生更贴近市场需求

根据历届会展专业学生毕业的情况来看，虽然市场所提供与会展专业关联性强的行业非常多，但实际上会展专业学生的专业对口率并不高。一是会展产业的入行门槛相对其他产业较低；二是会展企业往往对会展专业毕业学生会有在短时间内为会展企业创造有效价值的预期；三是也存在会展专业毕业生在行业经验、策划技能与组织协调能力方面缺乏有效的训练，技能不够等因素。因此，不少会展企业不愿意招用会展专业的学生并提供关键性岗位，而通过组织学生参赛，可让会展专业学生贴近市场需求。

10.1.5 参赛促进学生深化专业知识，享受参赛过程

有参展经历的学生几乎都有这样的感受，参赛"真的很辛苦!"无论是个人或团队都要出很多的方案，特别是临近截稿，学生甚至要连续通宵 N 个晚上来完善作品。作品提交后，参赛学生再回头看经历过的路程，大多会感觉在经历不断"纠结"的过程中深化了专业知识，学会成长，获得成就感，真正地感到参赛的过程是一个受益匪浅"自我成长"的过程。

10.1.6 参赛强化学生的团队意识，学会分享与担当

会展策划项目从构思到设计，需经过不少环节，并经反复修订最后敲定，这无疑是一个团队磨合的过程。不少学生在参赛前，个人主张强烈，意见相左，因坚持己见而引发吵架的事也时有发生。但在团队合作的进程中，学生开始学会"合作"、"妥协"与"分享"，学生逐步意识到作品的成功凝结了团队成员集体的智慧和汗水，融入到作品的是每个个体的闪光点，正是因为思想的碰撞才成就了出彩的作品，因此，学生在团队的合作中要学会分享与担当。

10.1.7 推进教师向教练的角色转换，改善师生关系

不少学生经历参赛过程后，感受深刻：认为老师的陪伴成了学生坚持到最后的最大精神支柱。参赛的整个过程学生在与指导老师的相处中，结下很好的师生关系，学生不仅与指导老师近距离接触，聆听专业老师的言传身教，更重要的

是当学生遭遇困难时，指导老师的“教练”角色就得以充分发挥，指导老师在发现问题时，还不断地传授方法，使学生能从容面对挑战。学生在老师和团队的陪伴下，做事变得更有责任感、肯吃苦，彻底一改因遭遇困难而萌生退缩的坏习惯。

10.2 会展教育与学科竞赛的相互关系

浙大城市学院在开办会展特色教育的过程中，不断强化与调整会展教育过程中的学生参与社会实践及模拟社会环境的方式，提倡以“项目驱动，以赛促教”的教育思路，推进专业能力的提升，正符合了这一教育理念。浙大城市学院对参赛必要性基于以下的考虑。

10.2.1 会展教育需激发专业学生的创意思维与专业思维能力

现行会展专业教学模式所体现的种种不足，归根到底就是学生实践经验缺乏，创新与专业思维能力不足。“项目驱动、以赛促教”的教学模式产生的最大动力来源于会展专业的自身特点，会展教育的成功需体现在激发专业学生的创意思维，培养学生的主观动力上。会展专业本身是一个交叉性、实践性非常强的学科，会展教育的核心和基础是策划与组织。创新能力是现代会展的核心和生命线。它不仅直接决定了会展项目的品牌价值，同时也将影响会展教育与会展市场的有效匹配，会展企业特别关心现行的会展教育是否能培养出“会展策划”大师，因为创新能力是会展企业的核心竞争力所在。因此，会展教育的自身特点决定了其教学必须始终重视创意，没有创意，也就没有一流的原创性会展项目。

对会展教学而言，创意来源于创新能力的培养，要求学生必须有创新与专业思维能力，能根据我国会展产业的特征，将会展的文化价值、审美价值和应用价值紧密结合并综合表现出来，在解决会展组织过程中的结构功能关系的同时，需解决人与事的关系。因为一项出色的会展策划不只是新颖独特的概念设计，更重要的是它能给人们带来文化价值的影响，即是否能通过会展项目将会展的概念策划与服务的理念凝结在一起。同时创新能力的提升需要扎实的实践基础，会展专业学生如果前期不注重大量实践经验的积累，在面向社会就业时就将很难实现符合企业价值观的创新。“项目驱动、以赛促教”的基本理念，就是通过专业的会展学科竞赛来带动实践教学水平的提高，提升学生的创新专业思维能力，促进会展教育的发展，也为我国会展业储备了新生力量。浙大城市学院的会展教育实践，证明该模式活力十足。

10.2.2 会展学科竞赛纳入教学计划符合专业学习的教学要求

“项目驱动、以赛促教”的教学实践是组织会展专业学生参加各种比赛，是一种有目的、有计划的教学行为，最终目的是为了提高会展人才培养的质量水平，组织各种比赛是与会展专业人才培养目标相一致的，与会展专业教学计划密切相关。浙大城市学院组织会展专业学生积极参与的学科竞赛项目有三种：

1. 由学生组织策划、管理与实施的校内学科竞赛

“浙江大学城市学院会展策划大赛”已举办两届，基本特点：(1)教师做好教练工作，由会展专业老师做教练，出基本思路；(2)学生做好项目管理，组织学生团队进行筹划与组织，分阶段、分目标地实施；(3)学校做好服务与支持，由学校教学主管部门给予决策支持、物质奖励与精神鼓励；(4)鼓励社会参与赛事，由会展行业、企业专家与管理者参与大赛评审，从真正意义上实现校企互动。

图 10-2 浙大城市学院第二届会展策划大赛组委会成员

2. 参与由地方行业协会举办的会展策划大赛

“2011 中博杯浙江省会展策划大赛”，该大赛的特点是：(1)行业协会与学校结合，由浙江省国际会议展览业协会主办，由我院参与组织协办会展大赛策划全过程；(2)行业协会与企业结合，由全省会展龙头企业共同参与并赞助；(3)校企同台竞技，全省 90%以上开设会展专业的学校及大中型会展企业积极参与，首届策划大赛参与人数达 524 名，参赛项目达 104 项；(4)评委组织合理，评审的评

委组成是差额人选，由行业专家与教育专家共同组成，但行业专家在额度上始终多于教育专家。

3. 参与权威机构组织的全国性会展策划大赛

“中国会展院校大学生专业技能大赛”，该赛事由中国会展经济研究会、《中国会展》杂志社共同组织与承办，凸显以下特点：(1)主办单位权威，由政府与行业协会主办，《中国会展》专业性媒体承办；(2)评委的专业性，评委由政府与会展企业界知名专家组成；(3)会展企业的积极参与，多家知名会展企业积极赞助比赛，并为比赛提供详尽的相关准备与要求；(4)会展参赛项目与类别的多样性，该大赛没有特设会展项目的策划命题，全面激发会展专业学生的发散性思维。

10.2.3 “项目驱动、以赛促教”落实在教学与社会需求的匹配上

“项目驱动、以赛促教”的理念强调其实现的过程，具体需落实在会展教育与社会需求的匹配上。在学校举办的会展策划大赛以“请进来”的方式，接受政府、协会及会展企业对会展教学的效果与成果的评价；而参与社会特别是行业组织或专业机构常设的各种应用性比较强的比赛，是实现会展教育“走出去”的构想，通过公开参赛，与社会各方有更多的交流、互动与学习，从而使会展教育获得较高的社会认同度。会展专业是一个应用型非常强的学科，会展教育的结果需与社会及市场的需求匹配，要有较高的社会认同度。会展教育的社会认同度体现在行业认同度与行业外认同度这两个方面。行业认同度是需要符合行业的内在要求，行业外认同，也就是说要符合社会的各方利益。只有在提高社会认同度方面下决心，花力气，才有可能有利于形成会展专业学生的核心竞争力，达到会展专业人才的培养目标。因此，在赛事的组织与鼓励学生参赛时，均需将会展教育与社会需求的社会认同度考虑在内。参加赛事不仅是为会展专业学生提供了一个良好的学习交流会展知识、展示会展技能的平台，同时赛事也为各会展教育院校提供了一次显示会展教学水平的机会。浙大城市学院参加 2009“首届中国会展院校大学生专业技能大赛”荣获二等奖。

“首届中国会展院校大学生专业技能大赛”于 2009 年 7 月在成都成功举办。共有 15 所参赛院校以“2010 成都某大型会展经贸活动”为主题，模拟会展的筹备工作，自选角度，自拟题目，围绕中心主题撰写会展活动策划方案，并在现场运用多媒体手段对方案进行讲解。

图 10-3　浙大城市学院参加首届全国会展大赛获奖合影

“第二届中国会展院校大学生专业技能大赛”于 2010 年 7 月在义乌举行，该届策划大赛报名参赛的会展院校达 30 余家，参赛学生 470 余人。大赛充分体现“公正、公开、公平”的原则，特邀政府、行业协会、业界专家及人民网、网易、新浪网等知名媒体在现场参与并进行报道。浙大城市学院选送的“懒人展”项目在 108 件参赛作品中脱颖而出，浙大城市学院参赛团队荣获该赛事最高奖项一等奖。

图 10-4　浙大城市学院参加第二届全国会展策划大赛并荣获一等奖

通过组织会展专业学生积极参与各项赛事，大大提高学校会展专业办学的知名度，会展专业学生的就业质量也随之大幅度地提高。实践证明，“项目驱动、以赛促教”这种新教学模式的探索对实现社会效益意义深远。

10.2.4 “项目驱动、以赛促教”须科学统筹专业理论与技能教学的关系

“项目驱动、以赛促教”的会展教育理念在运作过程中，一定要根据组织参赛的具体规划来调整专业理论和技能教学的具体内容；在会展教学活动的过程中，要特别关注培养会展专业学生的参赛热情及参赛指导教师的积极性。同时，还需在部分会展相关的专业课程中适度融入参赛训练的内容。一般可将参赛分为：

1. 赛前动员与组织

由会展专业课教师结合赛事对教学的专业特点进行宣传讲解、分析及引导，并结合课程的进度与相关知识内容作为知识点与技能点的重点讲解，让专业学生不仅对会展专业课程的目标有更深入学习的主观愿望，同时也需让参赛的同学对大赛的主题及比赛规程进一步了解并形成清晰的认识。

2. 课程指导与培训

由专业课教师组成指导教师团队，针对不同的会展竞赛级别，如院内、行业协会、省内或全国性等，相关课程的指导教师需根据各自不同的专业背景与特点进行分工与合作，集体孵化专业学生，启动“造星”工程，并为优秀专业学生提供全程的专业指导与参赛技能指导，分析重点、巩固优点、消灭缺点。

3. 课堂呈现与点评

浙大城市学院将“项目驱动、以赛促教”的理念全面融入课堂教学的环节，由专业学生根据课程的要求随机进行组队，学生项目小组进行角色与项目的选择，也可选择相应的指导教师进行指导。项目有规定的截稿期限，并要求项目小组进行课堂呈现，通过同学与课程老师的专业点评，明确会展学生参赛项目需完善的目标与方向。

4. 入围评估与强化

为了帮助学生充分做好各级参赛准备或有目标地孵化参赛选手，学校通常先举办校内的比赛，激发专业学生的学习和创作兴趣，在全校范围内举办跨部门、跨学科的校级比赛。由学生参与整体赛事的策划与组织，从会展项目管理的要求，提出参赛的各时间节点，督促参赛学生与团队在规定的时间上交参赛作品。参赛项目小组提交的作品通过课堂呈现、初赛、组合赛，由专业教师组成初评小组进行初评，最终确定入围作品总数。浙大城市学院 2009～2010 两年间举

办了两届校内会展策划大赛，会展专业学生提交参赛作品的热情很高，占课程总人数的80%左右，形成很好的学习氛围。学院对比赛入围的作品组织了专业教师团队进行评估并强化辅导，提升入围作品的获奖竞争力。决赛时，评委由专业教师、学院领导、业界专家组成，特别尊重到场的业界专家的专业评价。选出院内的获奖作品，为鼓励专业学生参赛热情，获奖作品一般占入围作品的80%左右。三等奖以上奖项的作品，会展专业教师团队再逐一进行重点辅导，提升作品的校外参赛的竞争力。

10.3 专业学生参赛与能力培养的目标

会展院校在会展教学过程中，最核心的一项工作就是如何将会展的教育目标与社会行业发展的需求很好地结合起来，提高专业学生的创新能力，动手能力，从而真正地为行业、为社会培养出能尽快找准工作过程的角色定位，尽快融入会展专业工作需要的毕业生。事实上，会展人的创新能力来自于丰富的社会生活经验以及实践经验，但现在在校学生生活空间狭窄，极其缺乏实践经验，专业创新能力堪忧。倡导“项目驱动、以赛促教”的新型教学模式，旨在全面弥补现行会展教学模式的不足，提升会展专业学生的综合实力。

10.3.1 提高会展策划及创意与实际项目的关联性

在业界，会展项目的有效实施与管理，通常需要会展从业人员有意识地积累业界经验，加强会展应用型技能的自我导向型的学习，将自己全面融入会展企业的工作环境。在学校，尽管现在的会展教学课程通常会包含一些应用型与项目管理类的课程，但将这些课程中所学的知识点与技能点转化成社会生产力，达到知识性与技能性的统一，还有一定距离。这主要是因为目前会展专业学生在校的学习过程中，都是孤立地接受每门课程教学，课程的教学效果往往会因专业课程教师的专业背景、研究方向或从业经验的不同而不同。比如在会展策划与组织的课程中，会展专业学生通常具有良好的创意，并以各种丰富的多媒体与计算机软件制作或形成策划作品，但这些学生往往不熟悉会展策划与组织的基本要素，更不能很好地将核心要素有机地进行整合，天真地认为会展项目是可以臆想出来的。通过会展参赛活动，为会展专业学生提供了模拟的平台与纽带，将专业学生的不同选题、学生的技能优势重新组合排列在一起，通过团队的集体思维，运用各种不同的表现方法和手段，最终在专业课程教师的指导下，学校领导与业界专家的精彩点评中，将最符合或接近现实会展项目的形态展现出来。通过参加赛事，会展的策划创意已不再是一个空想，而是通过不断创新、几番改进并运用实际手段进行展现和诠释，最终使会展策划与创意有了动态的衍生性和生命力。

10.3.2 理论与实践相结合，检验与评估会展教学资源的配置

对于会展业而言，所需要的会展专业人才，通常有对专业人才需具备很好的社会资源整合能力的预期。因此，会展教育过程中，仅给会展专业学生进行理论上的教学是远远不够的，还必须注重搭建或创造能培养学生有过硬专业本领的平台。因此，参赛可以结合理论与实践教学的目标，检验与评估会展教学资源的配置。尽可能多地调动优质资源来协助学生进行专业课程的学习与会展项目的策划。在会展参赛项目的策划中，学生需综合运用在校学习的会展相关课程中的理论与技能，比如社会学、会展概论、市场营销学、文案策划与写作、市场调研、会展营销、计算机辅助设计等。这些课程在学习的过程中原本是分离的，但通过参赛，就需以综合的方式来展现会展策划与组织的各个阶段。要说服专业教师、专业学生与业界专家，就必须将多门课程中的知识点与技能点优化地串联在一起，以最佳的方式呈现在评委的面前。因此，参赛团队以会展项目策划的结构为线索，按照会展项目管理的具体工作目标与阶段的描述，把会展策划与组织的基本思路以运动规律的方式呈现到专业的模拟环境中。通过这样的整合方式，会展专业的学生能够将理论与实践有机地结合在一起，从而达到“读万卷书，行万里路”的目的。当然，对于会展专业学生而言，初涉赛事，会遭遇很多不确定的困难与问题。比如策划的原创性、行业项目投资原则、会展项目策划的核心要素等，这客观地反映了教育资源配置的问题，也能有效地了解会展专业学生在学习过程中存在的不足。在完成整个参赛活动过程中，专业教师针对缺失的薄弱环节进行及时的补充教学。通过经验教训的总结，将参赛环节中存在的问题带到课堂的教学环节中去解决，能大大激发学生的学习热情。同时，每解决一个问题，参赛选手与课程学生的总体水平都会得到很大提高，存在的问题也将最终逐步被化解。特别是对于一些即将毕业进入社会的会展学生而言，通过参赛，这些学生的实践能力与融入会展企业团体协作中的驱动力，都会比没有经历过赛事磨练的学生好得多，专业学生毕业后，顺利就业的成功率就会大大提高。

10.3.3 引导专业学生扬长发展、规避能力弱势

参加会展策划大赛，所有的参赛过程与项目都是以团体协作形式进行，高度仿真与模拟了会展业的实际工作环境。特别是每一轮赛事结束后，参赛选手与

团队会进行“自发、自觉、自动”的自我式强制性学习，通过每门课程的再学习来达到“温故知新”的目的。会展业在实际工作中，往往员工所承担或负责的部分是一个会展项目流程中的细分部分，会展企业会要求企业员工必须对某一项技能达到精通。学生参赛，也就是可以在参赛项目策划与参赛环节的过程中，通过团队成员之间的不断争论、不断磨合，最终发现自己的能力所在，逐渐地学会整合自己的强项并用于会展比赛的全过程。浙大城市学院有75%左右的同学，通过会展策划大赛后表示，在以后的学习过程中，会更加有针对性地学习自己擅长的专业知识，最终在掌握整个会展工作流程的基础上，有意识地加强其中的一项或者几项专业知识，力求精通。这种“项目驱动、以赛促教”的会展教育导向对培养高、精、尖的会展专业人才具有很好的作用。会展专业学生在参赛过程中达到课程的延伸学习，获得广而精的专业学习效果，一旦毕业进入会展企业，将充分发挥在校的知识与技能储备、经验积累，发挥较好的专业潜能，真正为提高我国会展产业的发展水平尽力。

10.3.4 参赛激发专业学生的“成就感”，树立自信心

我国高等教育院校的学生条例中，明确规定了很多学生进步奖励细则，参赛是其中一种。在校专业学生在院级、市级、省级或国家级的比赛中获得奖项，都会有相应的证书或奖金。这种精神与物质层面的奖励，很好地激发专业学生的“成就感”，树立学生的自信心。学生通过参赛，领悟到用参赛这种延伸学习的方式不仅锻炼了自己的专业能力，还获得了在校学习阶段的标志性成果，一旦毕业走向社会时，学生可向相关机构有力地证明自己的专业能力和业绩。特别是对于有就业需求的会展专业学生而言，参赛的经历与成绩对于就业是一块很好的敲门砖。通过建立与健全会展专业的足够的能力训练机制，让专业学生有更清晰的专业标杆，努力参赛，扬长避短，造就一个更自信、更符合社会及行业需求的自我。

10.4 会展专业参赛的基本经验与方法

参赛在会展专业教育环节中起到非常重要的作用。但会展专业的教育工作者也要清楚地认识到，参赛并非专业学习的唯一方法，组织会展专业学生参加比赛只是一种途径，需要很好地规划、考察与评估不同的赛事。会展专业学生如盲目参加各种比赛，也会分散学生的学习精力，运用不当还会误导学生的学习行为。因此，会展教育过程应该正确地引导学生参加具有针对性且能提高相应技

能的专业比赛。浙大城市学院归纳了以下参赛的基本方法与经验：

10.4.1 清晰参赛的能力与教学培养的目标

如何通过参加不同的赛事提高学生的各方面能力，比如吃苦耐劳、解决问题、动手能力、团队合作、自我学习等能力？在学科竞赛上，浙大城市学院的做法是“两手抓”。一是“紧贴专业”参加校内的大小比赛；二是“围绕专业”有选择地参与全国及业界的比赛。参加会展专业赛事，需评估参赛项目对会展专业学生的价值与意义所在，由于会展专业涉及很多跨专业的知识，什么样的比赛才有利于提升学生的综合能力，这是需要课程教师与业界专家共同探讨解决的问题。

10.4.2 强化第一课堂与第二课堂的互动教学

通过比赛夯实专业功底，是人才培养的重要途径之一。浙大城市学院在参赛的具体运作上坚持同步推进的原则：第一课堂，专业教师以讲授会展专业相关知识为主；第二课堂，师生共同参与学科竞赛，将课堂知识与实践高度融合。无论是课堂学习或实践运作，其过程都离不开“学习”。因此，只有强化第一课堂与第二课堂的有机结合，进行互动教学，才能实现会展教育的最佳“性价比”。

图 10-5 浙大城市学院第二届会展策划大赛获奖团队之一

10.4.3 纵向交流,通过校际交流发现教学短板

加强校际交流对于会展教育的成长具有积极的作用。首先,各会展院校办学文化底蕴迥异,如浙大城市学院的会展教育是置于传媒专业的背景下。其次,会展专业学生并不能仅学习注重会展策划,更需注重创意、营销、公关、文案等方面的知识,跨专业交流有助会展学生的成长。第三,跨院校跨专业的融合,是培养专业学生"自我导向型学习"的重要途径,通过自我评估、取长补短式的学习,逐步形成学生的"专业思维",从而达到理想状态。数据显示,经常参赛的会展专业学生的优势明显,毕业前受不少单位青睐,就业选择余地也很大。学生通过参赛可以感悟到课堂以外的知识,教师也从中可以发现教学过程中的短板,优化整个会展教学过程。

10.4.4 评估各项比赛的核心要素与参赛选题

通常情况下,赛事组织机构都会明确地提出赛事的组织原则与核心要素。有些大赛甚至会推出明确的选题。因此,需对不同会展策划比赛的核心要素进行评估,针对会展教育的实际,决定参加与否。同时,应指导专业学生尝试有创意的选题,引导学生项目团队从市场调研与项目的可行性分析着手,熟悉组织机构的比赛规则,斟酌选题及方案中的每段句子与字眼。在拟定具有竞争力选题的基础上,进入实施的各个环节,形成项目管理,培养会展学生项目管理的组织与协调能力。

10.4.5 精心规划不同赛事项目的时间进度

在校学生的学习时间是对应教学要求与安排的,而现在会展类的社会赛事,因组织机构不同,会存在项目与时间不同。组织学生参赛就需在评估赛事项目后,进行有效的时间规划,在不妨碍学校教学计划与保障学生学习时间的前提下,制订参赛项目的时间表,取舍不同的参与项目。同时,学生参与会展策划比赛,也要有严格的时间安排和分工细则,需模拟会展企业的运转模式,项目团队要建立严格的时间进度表,明确团队成员的分工以及不同时间段要完成的工作进度。要引导学生了解耽误进度,会影响整个项目团队的工作进程。通过这样一种方式,锻炼学生的时间观念。

10.4.6 组建项目孵化团队,健全"导演组"功能

实践证明,以学生为主组建项目孵化团队,以教师为主健全"导演组"功能,

有利于扩大学科竞赛结合“项目驱动、以赛促教”的教学效果，也是会展教育十分行之有效的方法。在课堂教学环节中，应结合教程逐步深入，适时引导学生组建项目孵化团队，全面备战参与不同级别的赛事。在另一方面，随着比赛序幕的拉开，教师团队充分发挥导演作用，对于学生参赛的各环节加强指导，在参赛项目获得一定成功时，适时将各指导教师的特长以组建导演组的方式健全功能。统筹全局，协调参赛学生与指导教师分工合作，保证参赛项目的质量以及进度，同时也锻炼学生之间的协作性。

10.4.7 参赛环节嵌入教学内容，提升“以赛促教”功能

在会展课程的教学设计中，需要将参赛的环节嵌入教学的具体内容中去，可以让学生从中掌握参赛的环节并对应地学习相关的专业知识，从而提升“以赛促教”的功能。也可以通过校内比赛，引导学生掌握各项与会展专业相关的基本技能，开展具有强烈针对性和高度逼真性的专业知识理论技术教学、技能操作应用训练与实际能力水平演练考核。通俗地说，就是开展以参赛为中心的会展专业的系列相关教学活动，以比赛带动教学质量的提高。

10.5 “项目驱动、以赛促教”的教学成果

参加学科竞赛对学生创新能力的提高已成为不争的事实。浙大城市学院会展竞赛也是从最初的校内竞赛组织开始，逐步发展到参与全国性规模的大赛，为会展专业学生构建了创新环境，营造“干中学、学中干”的氛围。通过参赛这种途径，会展专业学生锻炼各种能力，检验学习中的不足，通晓了会展策划的流程，掌握了会展组织的方法。这不仅符合会展教育的初衷，也更为学生顺利进入会展行业打下了坚实的实践基础。通过这种会展教育模式的应用，为会展理论研究和会展策划方面培养和储备了具备高、精、尖创意的会展人才。

10.5.1 浙大城市学院校内会展策划大赛的组织

浙大城市学院在 2009 年组织与创办了首届“浙江大学城市学院会展策划大赛”，大赛确定了竞赛的相关原则，即开放性、主题性及阶段性，以“公平、公开、公正”为宗旨，为学生奠定了大赛的组织基调。大赛获得全校师生的积极响应，基本情况如下：

1. 大赛的预热阶段

(1)大赛主题(注：确定大赛主题其意义在于让师生参与目标更明确)

1)院庆十周年(注:2009 年正值浙江大学城市学院建校十周年庆典)

2)喜迎六十华诞 再造西博辉煌(注:高度吻合建国六十周年与西博会庆典)

(2)参赛对象:全院各相关专业学生(注:旨在建立一个开放的竞赛平台)

(3)参赛方式:

参赛相关内容	参赛相关要求	备注
参赛形式	组队报名参赛,每组限 7 人以内	根据会展策划团队的特点而定
报名时间	4 月 3 日—4 月 10 日	以上交可行性报告为准
报名方式	参赛团队在 4 月 10 日前上交一份可行性分析报告	
策划稿截稿日期	4 月 20 日	
作品上交邮箱地址	zucchz...@163.com	请附上团队成员\班级和联系方式
相关联系人	廖同学 1586...7048(62...0)	

(4)参赛作品要求:

1)任选一个命题自由发挥,要求作品主题鲜明,具有创新性;

2)作品可以选择策划会议、展览、活动等任一会展形式,参赛的作品必须是完整的策划,提交可行性报告的同时,需提供团队时间进度安排;

3)以文字稿(word)的形式上交。

(5)参考命题:

1)围绕“浙江大学城市学院十周年院庆”的会展项目主题策划;

2)结合杭州市第十一届西博会相关项目进行创意策划;

3)结合社会热点(如“金融危机中的企业应对”、“提信心、促消费”)等主题进行项目策划;

4)结合社会公益事业(关爱贫困,残疾)等主题进行项目策划。

(6)奖项设置:

一等奖 1 名,二等奖 2 名,三等奖 3 名,最佳风采奖,最佳团队奖,最佳创意奖等各 1 名,入围奖 20 名。

(7)大赛进程:

第一阶段　作品征集:4 月 3 日～4 月 10 日零时

第二阶段　海选:4 月 10 日～4 月 20 日(入围前 20 强)

第三阶段　复赛:4 月 21 日～4 月 29 日(20 进 12)

第四阶段　半决赛:4 月 30 日～5 月 8 日(12 进 6)

第五阶段　总决赛暨颁奖仪式:5 月 15 日(决出一二三等奖和各单项奖)

2.大赛的实施阶段

竞赛的组织开展工作(包含具体竞赛项目实施、赛前培训、评审以及后勤保障等内容,如有培训,需附详细培训时间、地点、授课学生数等)。

(1)具体竞赛项目实施

1)预赛:采取 x 进 12 的形式,分两个比赛会场同时进行,每个会场配备 4 个专业评委进行作品打分和点评。各小组对参赛作品的立项可行性进行阐述,每组限时 8 分钟。

2)复赛:采取 12 进 8 的形式,呈现方式不限,呈现内容包括全案展示,每组限时 8 分钟,在方案陈述第 6 分钟时工作人员会给予提示。评委根据作品内容与形式进行打分和点评。

3)决赛:采取会展策划项目陈述(PPT 演示)和现场答辩的方式进行。总决赛每支参赛队均有 8 分钟方案陈述,8 分钟答辩。各参赛队在陈述和答辩时应突出重点。

(2)赛前培训

1)4 月 23 日:会展中心,学生 27 人,指导老师 3 人。

2)5 月 7 日:会展中心,学生 8 人,指导老师 2 人。

(3)评审名单(注:安排专职教师参与评审,倡导教学相长)

1)初赛:

会场一:4 名评审老师,有专业课程教师,也有实践课程教师。

会场二:4 名评审老师,有专业课程教师,也有实践课程教师。

2)复赛:

评委:6 名,结合专业课程与实践课程教师,再加系与分院领导。

3)决赛:

评委:共有 15 名,邀请来自省市政府、院领导、行业协会与会展企业。

(4)后勤保障

1)组委会 30 名同学全部参与会务工作,分配至分数统计、电脑控制、现场管理、音效控制、纪律管理等工作岗位,全面确保比赛的正常进行。

2)与行政楼后勤组取得联系,确保评委的茶水等问题。

3.大赛的总结阶段

校内比赛结束后,就指导教师指导竞赛、学生参赛情况要加以评估与总结,从中可以积累发挥指导教师和学生参赛积极性方面的经验,提高教师的指导竞赛水平、工作态度与指导方法等,更好地将一些好的措施落实到会展教育过程中培养学生创新意识和能力方面。

首届策划大赛共有 89 名同学参加，在浙大城市学院校内的专业性比赛中取得非常大的反响。以下是大赛组委会鼓励同学参赛的一些具体做法：

◆ 举办方向所有参赛团队颁发"参赛证书"。

◆ 承诺今后如有会展企业的相关合作项目，如实习或工作机会，将优先推荐参加本比赛的参赛团队成员，提供更具竞争力的实践机会。

◆ 凡在比赛中获得一、二、三等奖的参赛团队，将有机会获得与知名会展公司合作，将参赛的策划案付诸实践，变成现实。（注：已经成功配对较多的会展项目）

◆ 凡在比赛中获得一、二、三等奖的参赛团队，将优先推荐参加"全国大学生会展策划技能大赛"，得到更高层次的提升。

◆ 承诺会展专业学生可望得到会展业专业人士"一对一"的点评与指导，对提升个人的专业技能有较大的帮助，是一个十分难得的机会。

针对学生的创新意识和能力的培养，组委会在大赛的宣传期就鼓励学生用创新的思维定位主题，并邀请有参赛经历的团队进行现场交流，以此开拓学生的视野与丰富的想象力。在技能提高方面，组委会为所有参赛团队提供两次专业培训，以提高参赛团队的整体水平。

通过以上三个阶段的工作落实，再加上在筹备与实施大赛环节中的层层把关，使得会展项目策划的水平有了质的提高。学校指定具有企业工作背景的"双师型"教师，以会展企业的角度对选手的参赛项目进行系统性的辅导与重要环节的策略性调整与处理，使策划方案更符合会展企业发展项目的实际。学校还配备了具有丰富平面策划设计能力的专职教师，从会展项目的品牌化、参赛时的具体表现手法、平面设计以及竞争力方面进行逐一辅导，使策划项目更符合竞赛现场的表现风格。学校的会展中心也派出了具有丰富项目运作经验的老师，全程解决参赛学生在各个环节产生的问题，做到"小灶化"针对性教学。教师团队本着耐心指导、个性引导的方法，不同角度地解决参赛团队存在的问题，并提出合理的解决方法，使参赛团队的每一位成员都受益匪浅。

10.5.2 第二届校内竞赛与浙江省会展策划大赛情况

"第二届浙江大学城市学院会展策划大赛"从比赛整体结果来看，比赛获奖团队的实力比上一届有很大的提高，主要表现在作品主题上的多样性、创新性、时效性等多方面。各组参赛团队结合多种更符合学生想象力的创意手法，如乐器、相声、游戏等演绎各会展策划项目的核心内容，使现场展现方面有质的突破，丰富了竞赛的观赏性，也大大激发了参赛团队的创意热情。参加决赛团队所呈现的会展项目策划书引起了应邀到场的来自政府、协会与企业评委的高度赞赏。因此,在第二届竞赛的奖项设置上,除保留与第一届比赛的基本奖项,如一等奖1名,二等奖2名,三等奖3名,还特设了“最佳创意团队”奖和“最佳营销团队”奖。学校的教务管理机构也从学院的奖项设置方面,加大了扶持力度。极大地鼓舞了学生的参赛热情。在大赛结束后,竞赛荣获的三等奖项目“懒人用品展”被选送参加“第二届全国会展院校技能大赛”,这次大赛得到了会展从业者、各院校及媒体的高度重视和积极参与,报名参赛院校达35家,参赛学生470余人,参赛作品108件。浙大城市学院的参赛团队在与兄弟院校的同台竞技中勇夺第一名。

图 10-6 “懒人用品展”项目团队成员

浙大城市学院会展教育初尝“项目驱动、以赛促教”的成果,实现新的突破与发展,与浙江省国际展览业协会共同策划并承办“2011年中博杯浙江省会展策划大赛”。大赛自启动以来就受到了会展企业和高校的积极响应,报名踊跃,共收到浙江省14个会展院校(占浙江省会展教育90%以上)的102个团队和13个省市会展企业的13个团队报名,提交会展策划作品共94件。

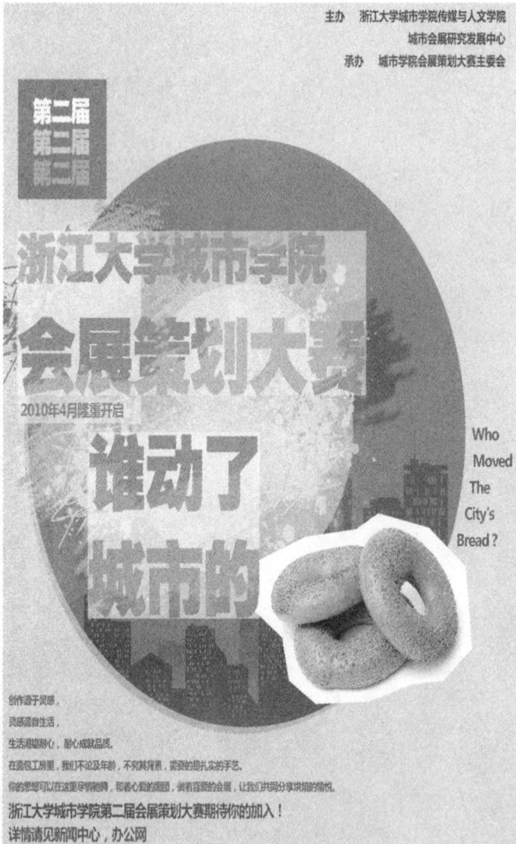

图 10-7　浙大城市学院第二届会展策划大赛宣传海报

“2011 年中博杯浙江省会展策划大赛”为保证大赛公正、公平地进行，选拔出真正具有创新、创意精神又具可操作性的方案，大赛组委会根据主题对参赛作品进行了分类和编号，企业组以 A 代表，院校组会议类以 C 代表，展览类以 E 代表，节庆类以 F 代表，其他项目类以 PR 代表，所有参赛文案一律隐去参赛单位及个人的信息，仅以编号及文案信息供评委们评审。初赛期间，评委会第一轮经过审议作品的摘要和选题说明，从创新、创意、环保、低碳、文案的可行性和可操作性等角度，提出各人对作品的见解并打分；第二轮对评出的作品从高分到低分进行个案评审；第三轮对筛选后的作品再进行评审。每个作品都请评委投票确认，最后，通过认真、反复、公正的评审，共有 18 项作品入围决赛。

图 10-8　2011 年中博杯浙江省会展策划大赛项目评审会现场

2011 年 4 月 9 日，“2011 中博杯浙江省会展策划大赛”在浙江世贸中心进行了决赛。浙江大学城市学院共有 7 支团队进入，共获 7 个奖项，进入前六名获得一等奖 1 名，二等奖 1 名，三等奖 2 名；另有 3 支团队获优秀方案奖。突显了城市学院会展教育的丰硕成果。

图 10-9　浙江省会展策划大赛浙大城市学院参赛团队获奖合影

本次决赛赛制分为团队展示与评审提问两个部分。大赛评审本着公平、公正、公开的原则，对各参赛团队所展示方案从完整程度、创新创意、可行性三个方面进行评分，并综合其回答提问情况给予综合评定并作出点评。

18 支参赛团队八仙过海、各显神通，对各自方案的定位、特色、可行性、盈利性等方面进行讲解。浙大城院的参赛作品"2011 中国（杭州）公共交通展"、"2012 年杭州首届国际口腔器材展览会"、"2012 首届杭州国际品质内衣展"等方案在参赛时，因主讲和答辩的妙语连珠、创意不断博得了观众阵阵掌声，也为浙江会展业发展带来许多新的思路。

探索篇

11 会展师资教材建设与特色专业建设

根据相关调查显示，我国会展企业在业态快速成长过程中需要会展教育院校培养大量的会展应用型人才，如会展营销、会议组织管理、展会信息技术应用、项目管理、现场管理、注册管理、展览策划、展台设计、财务预算及规划等人才，但目前会展教育院校的应用型人才的培养却出现供给不均的状况，会展教育与会展市场的需求不能实现良好互动与匹配。不少地方会展专业毕业生在求职时屡屡碰壁。这就引发了我国会展教育繁荣背后的巨大危机的现象，如何使会展专业毕业生能"学以致用"，又能尽可能多地适应不同职业需求，从而实现教育界、企业界和会展专业学生间的共赢，这已成为会展教育研究的重要课题。会展教育要创新学习环境、加强创业教育管理，积极引导和推进应用型教学改革，这就需要加强会展师资与教材建设，根据会展教育院校的资源背景，凝练会展专业的"特色"，实现会展教育资源与会展市场实际需求的匹配。

11.1 会展教育资源主体与会展市场互动的必要性

会展教育资源主体由于在师资与教材建设方面缺乏对会展市场需求的把握与岗位的指向性，在专业课程设置上继承或延续我国高等院校的教学型体制，追求大而全，弱化了会展学生的专业知识结构，是导致会展教育资源主体与会展市场互动不协调的重要原因。因此，会展教育院校在各自的领域里摸着石头过河，会展"双师型"师资队伍建设滞后，在专业基础课程和核心课程上缺乏统一标准，课程设置上出现巨大差异。造成这种状况的根本原因除了会展教育院校间信息不对称外，会展教育院校本身对会展业，特别是区域会展产业缺乏深入了解，从而影响了会展教育资源和主体市场需求的匹配。具体表现在：

(1)会展师资短缺,专业师资队伍建设滞后。我国会展行业本身还处于一个不断摸索和认知的过渡期,会展相关学科与教学理论和会展业体系尚不完善,大多会展教师源自于不同学科背景的教学体系,没有从事会展行业操作的实践经验。因此,会展教育过程中普遍存在重理论轻实践的倾向,课程讲授空洞,缺乏专业针对性。

(2)会展师资对会展市场与会展企业需求把握不准。不少会展教育院校的师资队伍中拥有经济、外语、旅游、历史、社会学、广告、管理等专业背景的教授、博士、硕士等良好的师资资源,但真正的会展实际操作经验普遍缺乏,对会展市场与会展企业需求把握不准。因此,在专业建设方面,不能针对会展产业活动中不同岗位功能所需的专业知识特点,建立多元化的教育模式,展开诸如案例教学和展会模拟环境等形式多样的教学。

图 11-1　浙大城市学院会展专业教师荣获“中国会展教育人物奖”

(3)教育界对会展学科体系争议不休,尚未达成共识。会展院校对学科体系建设信息不对称,在课程设置上出现巨大的差异,对会展学科体系、会展专业内涵与外延各执一词,出现高校现行的会展理论教育体系难以与会展市场、会展企业的结果导向型的用人目标形成一致,最终导致社会急需的会展专业毕业生就业时的尴尬局面。

(4)会展教材建设滞后,缺乏会展应用类的技能教材。会展教育院校的教材建设滞后导致了人才培养模式和课程设置与会展企业用人需求相左,不少会展专业教师处在专业相关理论迷茫的困扰状态，无法传授学生“学以致用”的会展实践技能，这种教育现状不同程度地制约了我国会展教育的良性发展。

(5)学校教育目标与会展企业信息严重不对称。会展校企双方逐步扩大了对会展教育目标认知的信息孤岛，会展企业不熟悉学校课程、学生对职业技能掌握程度、会展教育的教学目标等方面的设置；学校在实习基地建立过程中，缺乏对不同会展企业工作特征、岗位设置、用人诉求的深度了解，再加上学校对实习基地没有科学统筹规划、定期联络、专人负责(配合教学)的机制，导致会展学生实习效果不显著。

(6)“双师型”教师匮乏，学生专业技能缺乏具体辅导。大多学校对参与会展企业基地实习的学生都缺少前期辅导。具体表现：一是没有明确的实习规划与任务；二是对目标实习企业业务流程了解不够，运作项目介绍不全面；三是未对社会环境中的能力加以辅导，如展览组织机构内部平面沟通能力、观察事物的能力、职业技能的运用能力等；四是缺乏以结合会展专业理论与实践的方式有针对性地对学生进行指导，以及会展从业资质的系统培训。

(7)会展教育过程未将社会实践导入教学设计环节，未能通过社会调查这一非常重要的方法来加深对会展业发展规律、项目运行、行业热点等状况的直观感受与理解，加强学生就业竞争力。但由于现会展教育“双师型”师资的不足，学生实践环节中相关社会调查方面的指导与策划相对较弱。因此，会展学生在实践环节中没有很好地掌握社会调查的方法，也无从更深入地了解行业发展的特点、项目运行的规律及行业内各环节间的相互关系。

(8)会展教育对专业指导不够，不能紧扣会展行业特点。会展院校因实习指导教师不到位，不能很好地结合课堂所学知识在实践中的应用、培养实际应用能力对专业学生进行实习指导、编制与会展企业进行对话的实习指导规划。再加之学校在实习经费、教师工作量、教学考核指标的设置因素，对于指导教师深入会展企业，定人、定岗辅导方面缺乏鼓励机制，会展专业学生在抗压能力、人际交往能力、积极性与主动性、团队合作与专业技能等方面普遍较弱，使得会展专业学生的实习既不系统性，也无法实现可控性，导致会展实习流于形式。这也是会展教育师资团队建设中的“瓶颈”问题。

11.2 会展教育师资的建设要符合会展教育的发展水平

会展教育院校“双师型”师资队伍的建设在一定程度上影响会展教育的发展水平，也反映在教育资源主体与会展市场需求的互动与匹配上。从某种意义而言，表现在会展市场对会展教育院校生产“产品”的满意度上。我国会展教育师资队伍薄弱是一个不争的事实，由于“双师型”教师资源稀缺，因此不能有效地展开诸如案例教学和展会模拟环境等形式多样的教学，直接影响了会展教育与会展需求市场的配置。浙大城市学院在会展专业建设过程中认为：加强会展专业的“双师型”教师队伍建设是提高会展教育教学质量的关键一环。

11.2.1 会展师资队伍的建设是为了培养会展专业人才的“特质”

会展师资队伍的建设，是为了让会展学历教育适应我国服务产业的结构调整，满足我国会展业高速发展与会展市场对会展专业人才的需求。将会展专业学生培养成为能直接面向会展市场与会展企业所需的各级项目管理或应用型人才，是会展教育院校的根本目标之所在。在进行会展师资建设与配置的过程中，首先是对培养怎么样的会展专业人才进行精准定位，通过定位，浙大城市学院在会展教育师资团队的建设过程中确立了以下目标：

(1)以行业性为导向。不以一味追求本学科知识体系的完整性与系统性为终极目标来进行会展专业人才的培养，而是应该根据我国会展行业发展的最新趋势，构建会展行业的要素理论及知识体系，以此来配置会展特色专业的教学师资团队。

(2)以应用性为基础。提高会展专业学生进一步运用科学理论知识和方法的能力，分析与解决问题的综合能力，策划会展项目方案并能付诸实施的实践能力，以应用型为基础的会展教育模式是为了强化会展专业学生的技能训练，从而符合会展市场与社会的需求。

(3)以多元性为特征。会展教育需对不确定的未来市场职业需求有充分的认识。因此在培养会展专业学生的过程中需强调能力培养多元化性，如语言表达能力、自我表现力、团队精神、协调能力、交际能力以及综合型技能等方面。

基于以上认识，浙大城市学院在会展教育师资队伍的建设过程中统一了师资队伍建设的基本目标：培养具有宽厚理论知识和一定实践能力的高素质会展应用型人才，迫切要求建立一支结构优化、业务精干、富有活力的会展教育师资队伍。而将有目标地进行“双师型”师资引进与培养，作为提高会展教育教学质量和人才培养目标能否落实的关键。

11.2.3 明确“双师型”会展师资的标准

确定了会展师资团队建设的基本目标与会展学生的培养定位，浙大城市学院在师资建设中加强了对“双师型”师资的建设力度。主要依据是：首先，目前从事会展教育的大多会展专业教师是在学科型人才培养模式下造就出来的，从学校门到学校门，缺少会展企业工作经历，缺乏会展营销实践经验。其次，这些教师大多具有“教师资格证书”，从事会展理论的教学，但难以适应以能力培养为主线的会展专业技能教育。再者，高校会展教育过程中重理论、轻实践；重知识传授、轻能力培养的现状由来已久。因此，强调加强会展“双师型”师资的建设是为了加强会展教学环节的实践性，促使会展理论教学和会展实践的正确定位与结合，适应以能力培养为目标。有效地解决会展行业与会展市场对当前会展专业人才的需求。

关于会展“双师型”教师的定义，目前尚无统一标准，浙大城市学院在会展“双师型”教师队伍建设过程中首先明确了会展“双师型”教师的标准：

相关项目	会展教育从业质资标准
基本条件要求	具有本科及其以上学历的专业理论知识与学习能力
教学能力要求	具备传授专业理论知识和专业实践技术的教育教学能力
相关工作经历	具有从事会展专业实际工作的经历和经验
知识更新要求	具有与社会经济、技术更新同步的专业实践能力
人才引进要求	具备较强的会展专业实践能力和较丰富的专业实践经验，并且具有娴熟的教育教学技巧

根据以上会展教育的从业资质标准，浙大城市学院于 2007 年 9 月果断地将义乌中国小商品城集团股份有限公司展览分公司一位从事会展工作 8 年并实际从事大型会展项目——义博会的高级管理人才作为“双师型”教师引进会展师资团队，充分发挥其专业实践经验，结合会展特色专业的建设开展工作，获得了良好的教学效果与反响。

浙大城市学院在会展学历教育中将人才培养目标定位在培养具有宽厚理论知识和较强会展实践能力的应用型人才，要求会展学生理论知识以“厚基础、宽口径、适应面广”为标准，不仅要提高会展实践的应用能力，而且还要培养会展项目的创新能力。因此，在“双师型”师资队伍的建设中，无论是在学历、职称，还是在知识、素质、能力等方面，都提出了更高的要求。以期引导会展专业师资团队更注重实践教学，对培养学生的会展实践技能具有积极的推动作用，在会展特色专业建设的过程中凝炼“特色”。

11.2.3 会展师资队伍建设急需解决的问题

浙大城市学院在会展专业师资队伍的建设与专业教师的引进过程中，进一步认识到会展院校要创建特色会展教育品牌，通过不断总结，归纳了会展师资队伍建设急需解决的主要问题：

1. 会展专业教师的合理标准与内涵

会展师资队伍建设首要且关键性的问题是怎样的专业教师可以用于会展教育？由于会展教育与会展市场环境的信息对称不够，因此，在中国会展教育实践中一直没有提出会展专业教师的标准，这就导致了不同教育院校对会展专业师资的理解差异。最终导致无法实施有效的资格认证，使得会展师资队伍建设难以实现规范化的操作。其结果是很多有一技之长的会展人才因没有教师资格证书而无法成为会展专业的教师，而持有“教师资格证书”的教师却总是进入不了会展教育的角色。

2. 会展师资的科学培养规划不到位

目前我国高等教育师资仍然是沿袭高教系统传统的培训模式。首先，基本上沿用普通教师的培养模式，学科化倾向严重，背离了会展行业对专业教师强化应用型教学的本质要求。其次，会展教育师资培训的主体仍是高等院校，企业参与度不高，这种培训模式不仅影响了会展教师专业能力的提高，而且也影响了会展教育与社会的联系和沟通。再者，现会展院校师资建设往往是通过引进博士和硕士毕业生，强调其取得高校教师资格证书，却对其会展专业能力没有提出明确的要求，由此影响了高学历和“双师型”教师间的有效融合。因此，探索会展专业师资的建设是以个体培养还是以团队建设为主，这需深刻感悟会展专业的需求并具有对该专业发展未雨绸缪的远见。

3. 缺失会展专业教师的评价和激励制度

当前我国大多数的会展院校还没有走出普通教育模式的影子。会展教师特别是“双师型”教师仍然是按教师系列职称来享受福利待遇和级别标准，走的是“单行线”评价模式，这种评价制度对于非“双师型”会展教师来说已经失去了成为“双师型”教师的动力与压力，为“双师型”会展师资队伍建设设置了障碍。这也成为目前大多会展院校不能引进具有良好会展行业背景，且具备一定理论研究与理论教学能力的“双师型”会展教师的主要原因。会展师资队伍的建设在缺失科学评价体系与激励制度背景下就显得难以为继。

11.2.4 会展师资队伍建设的具体措施与做法

会展教育在自身发展过程中，需通过强化师资队伍建设，提高专业教师的层次和质量，改善专业师资结构，强化实践教学，突出技能训练来达到匹配会展市场需求的目标。因此，会展师资的专业素养直接影响着学生素质的培养和提高。

会展专业学生需要高素质专业教师的有效引领，需要富有敬业爱岗教师孜孜不倦的专业指导。只有树立会展专业教师的学习标杆，确定目标与追求，才能坚定会展师资团队“爱与责任”的为师意识，巩固“为人师表，爱岗敬业，无私奉献”的师德理念，才能做好会展专业学生的思想教育和日常教学工作。浙大城市学院在会展师资建设过程中做了以下工作：

1. 加大会展专业师资的培训力度

提高会展专业教师的市场前瞻意识，对会展市场需要什么类型的人才，未来几年社会急需哪方面人才做到心中有底，有所展望，浙大城市学院加大了对会展师资的培训力度，通过“走出去”、“请进来”的方法。逐步树立会展专业教师“以市场为导向，以服务为宗旨”的办学意识，加强会展教师对市场分析能力的训练，实实在在地提高教师的综合素质与能力，为会展专业的“特色”形成奠定了良好的基础。

(1)走出去，积累实践真经。浙大城市学院先后选送两位专业教师赴德国学习系统的会展课程并获得由德国政府及培训院校颁发的证书；先后共选送七名教师在杭州市政府西博办挂职，参加大型会展组织活动、另派一名教师接受美国 CEM 课程学习，取得国际展览联盟 IEAA“会展注册经理 CEM 证书”。通过走出去，会展专业教师在教学过程中有意识地将实践中积累的经验渗透到会展专业教学的各个环节，教与学有所侧重，使会展学生更了解会展市场需求和企业的用人要求，也使会展专业毕业生步入社会就能很快地找到适合自己的工作岗位。

图 11-2 浙大城市学院校策划大赛邀请的业界人士点评

(2)请进来，师生与业界互动。浙大城市学院会展师资队伍建设过程中，采取了定期或不定期地邀请政府、协会、会展企业及其他院校的会展专家与学者来校进行多种形式的交流与互动，有专题讲座、课堂教学、实践指导、竞赛点评等。通过请进来，来自会展业界从业人员或企业家的“言传身教”互动，优化了会展专业人才培养方案和会展专业教师队伍结构，为会展师资团队的建设打好了基础。

图 11-3 浙大城市学院策划大赛邀请的业界人士接受记者采访

(3)鼓励教师自我导向型学习。有计划地安排会展专业教师到在杭会展企业或会展科研单位进行专业实践活动，提高专业教师的实践能力、动手能力和科研能力，了解和掌握会展专业教师所从事的专业的实际运作环境和发展趋势。鼓励会展专业教师培养“自我导向型学习”的学习习惯，推动会展教育进一步接轨会展市场，进一步为社会服务。同时制定了相关的鼓励政策与保障体系，激发了会展师资团队自我导向型学习的热情。

(4)模拟会展环境的实践及评价体系。充分利用各种资源，如鼓励会展教师在校会展中心进行项目管理模拟训练，模拟会展企业的岗位、分工与职能，模拟会展企业的业务环境与流程，并按会展项目实施方案的功能模块进行岗位分工，考核会展中心员工与会展专业教师及专业学生的应用能力。实现理论教学与实践检验相结合，在满足实践教学的同时，达到提高会展专业师资团队个人职业素养的目的。

(5)校企合作为会展教师营造实践基地。浙大城市学院实践基地的建设也非常广泛，通过实践基础建设，使会展教师既承担理论教学，又承担部分会展实践性工作，掌握技能。如一年两期定期协助义博会参加广交会推广活动，参与“中国玫琳凯领袖年会”的组织与管理。会展教师团队在与会展企业的管理专家和具有丰富实践经验的会展项目人员的交流与沟通中，获得了更丰富的业界经验，取得了显著效果。

图 11-4　浙大城市学院会展中心新学期例会

图 11-5　浙大城市学院会展专业学生参加校会展中心例会

图 11-6　浙大城市学院会展专业学生参加 2010 年玫琳凯研讨会议的后勤工作

2. 加强对会展师资的组织与管理

浙大城市学院在会展师资建设的过程中紧密结合实际情况，根据专业侧重，科学合理地加强了会展师资团队的组织与管理，提出了团队建设的进一步要求：第一，会展专业教师要具备较好的教学能力与素质，能将前沿性的专业知识有效地传授给学生，并能获得学生的欢迎；第二，会展专业教师要具有会展专业实践工作的经历或经验，具备会展专业的职业素质、技能与操作能力，能将会展专业实践能力身体力行地传授给学生；第三，会展专业教师要分层次、等级和类型，如骨干教师、教学能手、实训能手、教学操作型教师、教学科研型教师等。

图 11-7　浙大城市学院会展专业学生参加 2010 年玫琳凯研讨会的配餐工作

浙大城市学院对会展专业师资的组织与管理逐步启动了一套层次清晰、要求明确、循序渐进的培养和考核程序：引进博士学位、具有高级职称的理论型教学人才 2 名，具有丰富业界工作经验并担任重要会展项目管理工作的人才 1 名，从其他教学岗位调配适合会展教师团队的年轻师资 3 名。结合会展中心 8 名核心骨干教师，目前浙大城市学院已经初步形成了多元化的会展理论与实践并重的教学师资队伍。

3. 加快会展师资团队的学习型团队建设

目前，会展专业教育不缺具有较高的文化和专业理论水平，有较强的教学、教研及教学能力和素质的“理论型教师”，但普遍缺乏具有丰富会展专业知识，加强会展策划与会展营销及管理能力，以及指导学生创业能力的一专多能的“双师型”会展教师。而一支合理的会展师资队伍应是由专业基础课教师、专业理论课教师、专业基础实验课教师、专业理论实验教师和“双师型”会展教师组成的有机整体，是一个知识和能力结构合理、具备完整育人功能的会展教师团队。因此，通过教改来优化会展师资队伍是一项重要任务，不仅可以通过对会展专业教师的培养、紧缺人才的引进以及聘用兼职教师来进行会展师资队伍的优化，也可采取“回炉”的培养方式，鼓励和提倡会展专业教师利用假期到会展企业进行生产与实习，进行会展项目的实际操作，提高会展专业教师的专业实践能力，改变会展专业教师“眼高手低”的现状，促进会展专业教师向“学习型”方向发展，加快会展专业的“学习型”师资团队建设的步伐。

4. 建立健全会展专业教师的评价和激励机制

浙大城市学院将会展师资队伍的建设纳入特色专业发展战略，根据专业教师的年龄、学历、经历制订出科学的学科与个人提升计划，不同情况区别对待：

(1)鼓励专业教师积极参与会展企业的工作实践。制定激励政策引导会展专业教师积极参与会展企业的工作实践，以此提高会展专业教师的会展专业实践技能和操作技巧，通过对专业教师在会展企业工作与实践的评估，确定其获得相适应的业绩分值。

(2)鼓励专业教师指导或带领学生团队参加各类赛事。鼓励专业教师指导学生参加各类专业大赛，并以会展专业学生在不同大赛所取得的成绩作为一项考核指标来评定指导教师的相应教学业绩，鼓励专业教师向专业“教练”转变，学校制定了相应的评价标准与激励政策。

(3)运用补贴、晋升职称、合理调配等手段强化个人提升。为会展专业教师的自身发展营造良好的生态环境，如进修、学术交流、论文与专著等，都有相应的政策规定。特别是对专业能力较强的专业教师，政策上给予更多的倾斜，如运用补贴、晋升职称等方法。

(4)建立系统的评价体系与激励机制。为实现会展师资队伍建设的规范化、制度化,推进更多的会展师资配合特色专业的打造与会展师资队伍的建设,浙大城市学院建立了系统的评价体系与激励机制,如采取低职高聘或高职低聘来调整会展师资团队的工作积极性。

(5)积极引进境外资金资助教材建设。浙大城市学院利用境外交流与项目合作的机会,紧紧结合学校会展专业发展实际和教师团队建设教材建设的现状,积极争取引进境外赞助资金项目资助教材与教改工作,全面调动了教师团队参与教材建设的热情。

会展师资队伍建设是一项长期的工作,浙大城市学院始终将此项工作纳入系统工程进行规划,有计划、有步骤、有措施地推进,既从历史的眼光确立师资队伍的建设目标,又以具体的举措提出切实可行的实现途径,做到目标性和操作性统一。浙大城市学院会展教师团队上下一心促教改,形成合力搞“特色”,不少教师将教改中的问题、思考与解决途径写成论文,在全国发表了如《德国会展教学体系考察》、《突破会展教育发展的瓶颈》、《推进双元制会展教育》、《德国会展教学体系考察》、《我国会展教育师资建设策略》、《会展教育模式如何在实践中创新》、《会展教育如何匹配市场需求》、《中国会展英语教学问题研究》、《会展教育中试卷分析的过程及效果研究》等具有一定影响力及研究价值的学术文章,形成了一个在思考中谋划发展,在实践中找到解决方案的团队,使会展师资队伍建设步入良性发展的轨道。

11.3 会展教材的建设要结合会展业动态发展的实际

11.3.1 会展教材建设滞后行业发展的实际

会展教材是教师组织会展教学的主要依据,也是阐述教学内容的专用书籍,是教学大纲的具体化。会展教材建设是课程建设的核心,是进行教学工作、稳定教学秩序和提高教学质量的重要保证。会展教育课程具有三个方面的特征:即定向性与能力观、应用性与基础观、整体性与过程观。应用型导向的会展专业教育课程,应以会展业中实际应用的经验与策略的训练为主、以适度够用的概念和原理的理解为辅,即以过程性知识为主、陈述性知识为辅。因此,会展教育课程应以工作过程逻辑为中心的行动体系为依据进行教材建设。应用型高校会展教材体系更需教材呈现形式多元化、教材内容前瞻化,不断充实、创新与完善,使会展教材更符合专业化需求，但目前我国的会展教材还存在着很多的问题：

（1）部分会展高校自编教材的内容和体系雷同。重复建设是目前大多数会展高校自编教材过程中的普遍现象，基本在原有教材的结构体系基础上扩充、添新形成，或在其他的学科教材基础上进行嫁接。因此，会展教材在内容和体系上缺少独特的学术见解及会展专业的行业观点，不能有效地为会展专业学生提供行业的知识点与技能点。

（2）会展教材建设忽视了系列性教材的建设。现会展教材有一个非常负面的现象，就是绝大多数都仅停留在教科书的层面，会展教材体系中缺乏大量系统配套的系列教材。与理论性教材开发相比，实践（实验、实训）类教材严重不足。实践类教材的开发更需创新精神、需更多的投入和更针对性的内容，这对会展教师来说是一种挑战。

（3）现行会展教材版本不能及时反映行业发展趋势。会展业发展迅速，新理论、新技术、新工艺、新装备、新材料与高科技产品广泛应用。而不少教材的作者在编写教材时没有直接接触会展企业经营、管理和服务第一线的活动，不了解最新的生产技术应用、管理理念和服务规范，从而导致会展教材的内容开发滞后或脱离实际应用层面。

（4）会展自编教材选择使用上存在一定的随意性。现行会展自编教材由于是在相对较紧的时间下开发建设的，不仅在内容上拼凑，在知识体系方面也没有系统化，而会展院校在教材的选用方面又找不到好的教材，随意选用。其后果就形成教学随意性大、教师对新教材理解分析能力不够、教学方法选择出现偏差，导致会展专业教学目的无法预期。

11.3.2 提高会展教材建设需建立与健全运作机制和保障体系

高质量的会展教材在精品课程建设、教学名师培育、教学团队建设、特色专业建设等学科建设中发挥重要作用。它既是专业课程的教学经验总结，又是科学研究的成果；既是维护正常教学秩序的基本条件，也是深入开展教学工作研究的必要途径。实践证明，对会展教材的质量直接影响教学质量，高质量的教材是构建教学团队的重要指标，会展教学质量与教学水平的提高有重要的意义。浙大城市学院采取了以下方式来保障和提高教师参与教材建设的积极性及工作热情：

（1）创造条件，鼓励和引导教师参与教材建设。浙大城市学院为积极参与会展教材编写工作的教师提供时间、教学与办公的便利条件，对优质教材提供出版经费资助。

(2)建立教材编审工作量补偿制度。对于参与会展教材的编写者和审稿者进行工作量补偿,利用科研经费直接补贴稿酬或以计算教学工作量等方法,并已形成制度化。

(3)建立高效会展教材的试用、评估制度。会展教材在投入到教学使用后,根据教学双方的反馈意见来确定教材的适用性,建立更为科学合理的教材试用与评估制度。

(4)定期或不定期地展开优秀自编教材的评选工作。对评选结果为优秀的教材编写者将协助申报相关奖项,根据不同奖项,颁发证书和一定的奖金,并增加计算教学或科研工作量。

浙大城市学院自专业开设以来,坚持不懈地在会展教材建设方面推行一系列的鼓励与扶持政策,从体系与制度上全面保障了专业教师的工作积极性与热情,因此,教师积极地参与教材的建设,先后开发建设《会展概论》、《会展组织与管理》、《会展设计与布局》、《会议运营管理》、《现代会展基础与实务》、《现代广告学》、《品牌战略》、《展览营销实务》等教材。在"十二五"期间,浙大城市学院教师团队将有进一步的教材开发与建设规划,将更好地为会展教育服务,为提高我国会展教育的整体水平发挥作用。

11.3.3 会展院校教材建设的实践与思考

根据会展院校的生源特点及其会展教材建设应有的特点,建设一套能适合应用型会展专业学生所独有的"面向应用、面向能力、面向实践"的会展教材是一项极具挑战性的工作。以下是浙大城市学院对会展教材建设的相关思考:

(1)会展教材建设应同步专业课程的建设。会展教材建设必须以专业课程建设为依据,结合专业课程体系来进行。因此,浙大城市学院将专业课程建设与教材内容建设同步开展。根据会展专业的培养目标,确定专业课程的教学目标和教学内容,并据以制订教学大纲和规范教学内容。在教学内容上特别强调实践教学内容的优化整合,在有限的教学时间内加大实训的教学内容量。同时,会展教材建设需紧跟教学手段、教学方法改革的步伐,加强组织管理、积极论证立项、加大投资力度,超前、高效地开发多类型、多功能、符合教育教学规律的教材,以适应会展教学的需求。将会展教材建设的源头工作做好,教材选用才能做到有的放矢。

(2)校企合作发挥各自优势进行会展教材建设。培养会展应用型人才,这是会展教育院校的显著特征之一。会展教材的编写要符合实用性和真实性的原则,编写人员就必须走出校园,走近会展企业工作岗位,深入会展的实际活动中,了解掌握学生今后从事工作所需要的会展知识点与技能点。在教材编著者的组织选择上，注重行业专家与教师的结合，引导高校教师了解会展教学规律、教材编写规范要求，结合熟知会展行业规范和流程特点的会展企业人员，联合开发会展教材，从而促进会展教材理论与实际间的紧密结合，使会展教材能符合会展行业对会展人才能力的要求。通过校企合作开发与建设教材，不仅能进一步密切校企关系，提高教师素质，同时也促进了专业教师向“双师型”教师发展，优化了教材建设的机制。

(3)会展教材的知识编排应符合学生的认知规律。会展教材的知识体系内容覆盖面应涉及会展的整个流程，贯穿知识点和技能点两条主线，能反映整个会展类相关学科的基本内容，而不宜过分集中在某一领域。会展教材中要有丰富实用的练习、案例分析和测试题，练习、案例分析和测试题要与教材主课文有机结合，题型要多样化，具有清晰的练习说明；各项练习之间的关系还需处理得当，使学生“在学中练，在练中学”，通过实践各种会展实务知识来提高学生的知识应用能力。另外，材料的选取应具有时代的气息，既有知识性，又有较强的现代感。以拓宽学生视野，使学习者可以获取新的信息，受到启示。尤其在会展教材中要增加会展产业的宏观背景知识的内容，因为会展活动与社会的宏观经济环境具有密切关联，而且会展活动还需具备更多的文化创意知识与管理知识。因此，会展教材的编写要有较高的立意与前瞻性的观点。

(4)构建会展立体化教材，推进现代教育技术的应用。所谓会展立体化教材是相对于传统的文字印刷品教材而言的，它不再局限于文字印刷品，集实际书本、磁带、录像、光盘、多媒体课件、网上课件等于一体，综合各种教学手段之所长，多角度、多层次、多方位配合教学过程。会展立体化教材的建设不应仅仅局限于教材载体形式的立体化(包括纸质教材、电子教材、网络教材等)，而且还要体现在教材使用方式的立体化(包括课堂教学教材、课外自学教材、实践工具教材等)，教材涵盖教学环节的立体化(包括理论教学教材、实训教材等)，以及教学内容的立体化(包括传统内容、现代内容、相关学科内容之间的联系、行业的发展趋势等)等。通过这样的全方位的立体化教材建设，能够促进任课教师转变会展教育教学观念，改进教学方法，提高教学水平；加快了先进教学方法的应用和现代化教学手段的开发使用，改善了教学效果；也推动了各教学环节的不断优化，使会展教材建设能够更好地服务于教学内容和课程体系的改革，为会展应用型人才的培养创造更加优良的教学环境。

11.3.4 会展教材建设过程中的基本原则

会展教育的教材是在培养人才过程中体现教学内容和教学方法的知识载体，是会展专业教学中使用的基本工具。所以，一本高质量的会展教材必须符合专业教学过程的基本规律，满足各项教学基本原则的要求。但目前对会展院校的会展教育教材研究及关于会展专业教学基本原则还没有一个公认的统一的体系，还有一些争论。浙大城市学院对会展教材建设有以下几点思路作为目前会展特色专业建设过程中专业教学的基本原则：

1. 综合性原则

会展是一门实践性很强的课程，其专业教学需符合应用型学科教学的一般规律，即进行知识点与技能点的教学与训练。所以，会展教材的建设不能仅满足于提供一些理论性的知识体或相关的学科介绍，更重要的是建立以技能点为主的能力体系目标，让会展专业学生通过学习，全面得到会展企业运营过程中的分析、策划、运营、营销、管理等技能的训练；特别需结合案例讲解，使教学达到专业技能传授的目标。

2. 实用性原则

会展教育院校的会展教学宗旨是为了培养社会发展需要的应用型和复合型人才，所以会展教材建设也必须紧紧围绕这一教学宗旨。会展教材的建设需深入浅出，突出应用，注重实用性、简洁性、可接受性。要解决好“宽”与“专”之间的矛盾，使学生获得会展领域内从事几个岗位时所需要的广泛知识和基本技能，使会展学生具备其他的职业生涯各阶段都可以继续学习所需要的知识、能力和素质，只有达到这样效果的会展教材才能充分体现其实用性。

3. 适用性原则

目前部分会展教材知识专而深、理论强而复杂，模糊了应用型与研究型教学的特征。也有部分会展教材理论过简、内容单调，关注点仅聚焦在“技能”的培养。这两种类型的教材均不符合应用型会展教育院校生源的特点及其培养目标。我们认为会展教材建设应具备知识全面、理论通俗的特点，必须体现本科层次，符合在新机制、新模式下探索和创新高层次人才培养的要求。这样才有利于学生的自我完善和自我发展，使学生“一看便懂”，老师“一讲便通”，让会展教材恰到好处地服务于应用型专业学生的学习，体现适用这一特点。

4. 真实性原则

会展教材选用地道的、真实的背景与案例材料对会展教学具有重要意义。众所周知，在校会展专业学生接触的真实会展环境越多，了解行业特征的能力就越强，就越能帮助会展专业学生逐步地形成“专业思维”。因此，科学地编排会展专业背景与案例材料，能使专业学生最大限度地接触到会展环境。课堂实践证明，采用贴近会展实际活动的、与时代和社会以及学生自身的发展紧密相关的会展材料进行教学，更能激发学生的学习兴趣，使专业学生感到学习会展是一种乐趣，是一种不断发现新鲜事物的过程。这样的专业学习既轻松又富有成效。

总之，应用型会展教材建设的研究是一个连续不断的探索与实践的过程，是一个动态的、变化着的课题。因此，需不断总结经验教训，从应用型会展教育的实际情况出发，做到两年一小建，三年一大建，常建常新，紧跟时代的步伐。在继承优良传统的基础上进行改革与创新，推动高校会展教材建设的继承、改革、创新的良性循环。

11.4　会展专业教师参与教材建设与教改论文成果

为检阅会展专业建设，我校会展专业教师在会展教材开发与建设方面作了积极的尝试，取得了丰硕的成果，也为进一步开展会展教学研究、凝练会展专业的“特色”奠定了良好的基础。以下是部分由浙大城市学院会展教学师资团队近年来相关的教材建设与教改论文成果(所有内容均属教材与教改范畴)。

1. 主要教材建设

(1)张健康、任国岩主编:《会展概论》,高等教育出版社 2004 年 8 月。

(2)任国岩、骆小欢主编:《会展组织与管理》,高等教育出版社 2004 年 8 月。

(3)马青主编:《会展设计与布局》,高等教育出版社 2004 年 7 月。

(4)黄彬编著:《展览营销实务》,中国劳动社会保障出版社 2004 年 6 月。

(5)黄彬主审:《会展概论》,电子工业出版社 2007 年 8 月。

(6)黄彬主审:《会展法律法规》,电子工业出版社 2007 年 8 月。

(7)黄彬主审:《会展营销》,电子工业出版社 2007 年 8 月。

(8)黄彬主审:《会展设计》,电子工业出版社 2007 年 8 月。

(9)黄彬主审:《会展企业客户服务》,电子工业出版社 2007 年 8 月。

(10)赛来西・阿不都拉主编:《公关礼仪》,浙江大学出版社 2008 年 3 月。

(11)肖庆国主编:《会议运营管理》,中国商务出版社 2004 年。

(12)肖庆国主编:《现代会展基础与实务》,中国人事出版社 2006 年 5 月。

(13)骆小欢主编:《品牌战略》,浙江大学出版社 2007 年。

图 11-8 部分教材建设成果

2. 主要教改论文

(1)张健康、方玲玲:《基于项目驱动的会展创新型人才培养模式研究》,《教育发展研究》2008 年第 12 期。

(2)张健康:《德国会展教学体系考察》,《中国会展》2004 年第 8 期。

(3)张健康:《突破会展教育发展的瓶颈》,《中国展会》2004 年第 7 期。

(4)张健康:《推进双元制会展教育》,《澳门展贸》2004 年第 1 期。

(5)张健康:《德国会展教学体系考察》,《中国会展》2004 年第 8 期。

(6)黄彬:《会展教育创新模式探析》,《教育发展研究》2008 年第 12 期。

(7)黄彬:《会展教育要进一步与市场需求相衔接》,《中国展览》2008 年第 4 期。

(8)赛来西·阿不都拉、张兰欣、张健康:《浙大城市学院会展专业学生公关能力培养的实践》,《杭州会展》2010 年增刊。

(9)马青:《浅析会展设计视觉传播的形式意味》,《商业现代化》2008 年第 4 期。

(10)黄彬:《广告会展类人才社会需求情况调查》,《中国贸易报 CEFCO 特刊》2008 年第 1 期。

(11)许亚丹:《网络会展的传播与经济比较》,《当代传播》2006 年。

(12)马青:《提升会展设计的形式意味》,《设计》2006 年。

(13)马青:《会展设计的艺术性突破》,《浙江树人大学学报》2007 年。

(14)张兰欣:《会展经济与会展人才》,《商场现代化》2006 年。

(15)张兰欣:《会展教育:广告教学的新内容》,《商场现代化》2007 年。

(16)黄彬:《中国会展英语教学问题研究》,《中国会展经济发展报告》(2009)。

(17)黄彬:《会展教育中试卷分析的过程及效果研究》,《中国会展经济发展报告》(2010)。

12 会展专业实验室建设与特色专业建设

12.1 会展专业实验室项目的建设理念与目标

随着我国社会经济的快速发展以及会展产业的全球化进程加速，社会对会展产业发展所需的综合性人才需求不断扩大，培养适应社会需要的具备较高专业素质的会展专业毕业生，成为我国会展教育院校教学改革的重要内容。要达到这一目标，除了优化会展专业师资队伍、教材建设与理论课相关的教学内容外，还必须加强会展学科相关专业的实践教学，构建一个理论联系实际、由浅到深、具有一定前瞻性的科学的会展学科综合实践教学体系。

12.1.1 建设会展专业实验室的必要性和作用

1. 建设会展专业实验室的必要性

(1)实验室建设是复合型会展创新人才培养的有效途径。面向新发展机遇的会展专业人才，必须是适应国际化和信息化的要求、理论与实务并重、具有全局观念和创新精神的复合型会展专业人才。传统的填鸭式教学方式很难使学生将所学过的专业知识与相关技能融汇贯通起来，难以培养出复合型会展创新人才。会展相关实验室的建设，将计算机模拟技术应用于会展专业人才的培养，会展专业学生通过实验室以环境模拟为主要呈现形态的实践教学方式，可以把专业课程中的不同知识点、同一专业不同课程的知识点有机地结合起来，把不同专业不同课程的知识点贯穿、综合起来。通过会展专业教师案例教学、会展企业模拟实战等教学方法，启发专业学生发现问题、提出问题，鼓励专业学生探索解决问题的方法，引导学生自己解决问题，从而真正获得知识，也使学生分析问题、自我学习的能力得以提高。

(2)实验室建设是会展专业学科发展的必然结果。随着信息与网络技术在各行各业的高度渗透与应用,会展管理的理念也在不断地发展,会展学科系统也自然地融入了新知识、新技术、新方法和新思维。会展相关实验室的建设正是会展专业与相关技术应用发展的结果,也是我国会展业现代化建设和发展的必然结果。

图 12-1 会展信息实验室效果

(3)建设实验室是科学研究和服务社会的重要平台。信息技术的发展为会展专业的科学研究提供了新的方法和工具,拓宽了会展专业的研究空间。会展专业传统的以定性的、单纯思辨式为主体的研究方法和手段已经越来越不适应会展业快速发展的要求,而会展相关实验室为会展专业教师和科研人员提供了现代化的会展管理科学的研究平台,会展专项课题的研究从分析现状演变为预测未来。同时还可以多方联合,充分发挥资源优势,开展面向社会、面向会展企业的科研活动和培训活动,承接会展企业解决方案研究,指导会展企业实践,达成理论与实践的完美结合,使其成为服务社会的重要平台。

(4)实验室建设顺应高等教育改革的趋势。近几年会展专业学生就业难的问题,反映了目前会展教育院校人才培养与人才市场需求的严重脱节。会展教育面临调整课程结构、更新教学计划等教育改革问题，需要通过调整课程结构，在现有课程中广泛引入会展实务教学内容等一系列教学设计，来培养会展专业学生的实践能力、动手能力、独立思考能力和创新精神，发挥会展专业学生的潜能和主动性。因此，会展相关实验室的建设，是会展教育改革的趋势所在，也是会展专业教学在内容、方法和手段上的重新组织与安排的客观要求。

2. 建设会展类实验室的作用

如何在基础原本比较薄弱的会展专业建立专业实验室，以便在会展学科领域发挥最大的作用，需要进行较深入的调研。实践证明，会展专业实验室不仅仅是普通的计算机机房和网络中心，更是会展教育过程中专业理论与实践联系的纽带和桥梁，是科学研究和信息化人才培养的基地。会展类实验室应具备提供教学、科研和人才培养所需要的各种环境和条件。归纳起来，建设会展专业实验室有以下作用：一是培养会展学生的创新能力；二是培养会展学生分析和解决实际问题的能力；三是使会展学生掌握一定的实际工作技能；四是加强会展学生自我导向型学习的能力；五是有利于会展专业的建设与发展。

图 12-2　会展专业学生在实验室上课

12.1.2 会展专业实验室建设误区与风险

1.观念和认识的不足

将会展专业误认为软科学，只需要一支笔、一本教材和一本讲义就可以完成会展专业人才培养计划；误认为会展专业实验室较之于理工科实验室而言，完全是“只投入、不产出”的实验室。因此，不少会展教育所在院校更愿意将资金投向能够“立竿见影”带来明显经济效益的理工科实验室。在人员配备上，对理论教学和实验教学人员不能给予同等的重视，严重伤害了实验教学人员的工作积极性。由于这些认识上的误区，导致会展类实验室的建设长期滞后于人才培养的需求，难以发挥其在人才培养中的必要作用。

2.低水平的重复建设

我国高等院校的实验室普遍是按照专业来设置实验室，一般分属不同的院（系），有的甚至挂靠在教研室，会展专业实验室也不例外。一方面，实验室建设的资金不足；另一方面，会展类实验室又面临着低水平重复建设的局面。如某些高校原经济管理系，由于专业细化，又分出经济贸易、工商管理、会计等院（系），这些院（系）建立了各自的实验室。由于实验室之间不允许跨院（系）使用，因此，不少实验室不得不重复设立一些设施与项目。这样不但浪费了实验室资源，降低了实验室的使用率，而且难以使实验室发挥规模效益。浙大城市学院的会展类实验室建设充分考虑到多学科与多专业的资源共享的因素，会展类实验室建设导向规定需满足多层次的使用要求。

3.实验教师队伍素质不高

受传统教学观念的影响，许多领导认为实验教学是辅助教学、实验教师是教学辅助工作人员，从而导致实验教师与理论教师编制不同，待遇不同。实验教师很难有机会进行深造，很难“走出去”与其他院校进行交流。尽管实验教学环节很重要，但由于受到经济利益的影响，使得广大教师不愿意从事实验教学，甚至还有不少教师根本不知道该如何开展实验教学和设计实验内容，从而导致实验教师队伍的素质偏低。

4.实验内容和教材与学科建设脱节

由于思想上的重视程度不够，会展专业教师从事实验教学创新研究的积极性不高。会展类实验教学使用的软件自行开发能力不足，购买经费受限，致使会展类实验教学的内容、手段和方法落后，与现代信息技术和会展学科建设的内容脱节，建立起来的会展专业实验室最终沦为提供专业学生学习计算机图形处理基础知识和上网查阅资料的设备，根本无法开展会展专业研究性和创新性的实验。

12.1.3 树立会展实验室项目建设的正确理念

1. 指导思想

浙大城市学院在实验室建设过程中为避免建设误区与风险，紧紧围绕杭州市特色专业建设目标这条主线，按照会展经济与管理特色专业的总体发展布局，将会展相关实验室的建设确定为：(1)以就业为导向，加快会展专业教学改革和课程建设；(2)落实工学结合，校企合作，把职业理念融入到会展实践教学环节之中；(3)以项目为导向，在会展专业建设过程中积极推进任务驱动、项目导向、顶岗实习等多种教学模式的改革，努力把"教、学、做"融为一体。拟建三个实验室：会展项目实验室、会展信息管理实验室与会展展示实验室。会展相关实验室建设是以提供培养高素质会展专业人才条件为目标，不断加强会展策划与组织、会展项目管理、会展信息化管理专业教学环节与职业岗位的"零距离"对接。要求做到：实训教学特色鲜明，实践技能超前，岗位定位明确，能力培养有效。努力提高教学质量，建设带有项目策划、信息管理、顶岗实习为目的的实训基地。

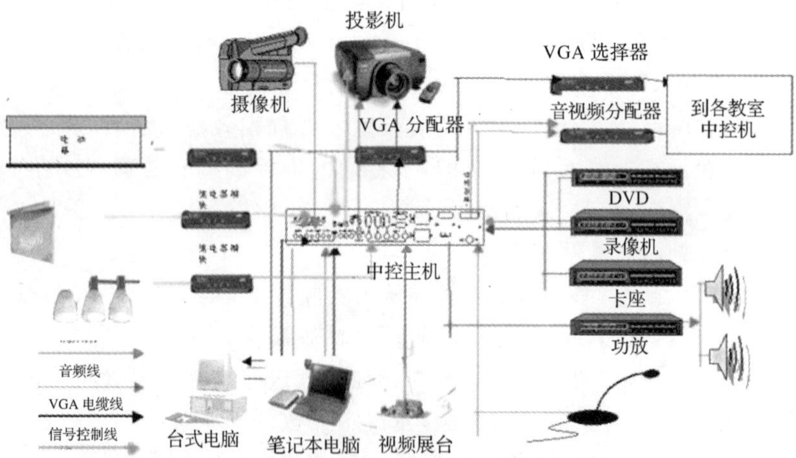

图 12-3 会展专业实验室基本设施配置方案

2. 发展定位

根据杭州市特色专业建设责任书，浙大城市学院的实验室建设规划分三个项目开发，其中会展项目实验室与会展信息管理实验室进行合并建设，会展展示实验室将引入境外资金并联合会展企业共同开发建设。三个实验室建设是根据特色专业所明确的培养定位和发展定位：立足地方、服务地方、辐射全省。根据会展行业的发展态势，三个实验室服务重点将对应区域性城市会展的发展趋势，以培养实用型高技能会展策划与管理人才为根本的方向，针对目前的市场和会展企业的需求，深入调研会展企业，为会展市场培养具备一定的创意理念和管理思维，又能熟练动手操作的会展策划与管理人才。

浙大城市学院的会展综合实验室建设是按照“足够、配套、先进、高效、共享”的原则，通过几年建设，逐步地将三个实验室建成集教学、培训、模拟、项目开发四大功能于一体的具有教育特色的省内先进水平的综合性实验室。

12.1.4　会展项目实验室建设的基本目标

1. 实验室建设的基本目标

会展综合实验室建设的基本目标：一是符合特色专业设置的教学计划和教学大纲，保证会展专业学生按照既定的教学计划和大纲掌握所学专业的基本理论和专业技能（结合课程相关内容）；二是为会展专业学生掌握专业技能提供必备的场地和其他的资源条件，完成正常的教学任务、科研任务、项目驱动任务；三是以国际化的视野前瞻性地强化会展信息化管理的教学与实践，培养会展专业学生具备以信息技术为支撑的会展产业发展观与全新的知识结构。实验室建成后将与校内会展中心相结合，形成一个功能完善的教学实训基地，保证学生学有所用，学以致用，以用促学，全面实现产、学、研相结合的目标。

图 12-4　浙大城市学院会展中心会展信息实验室

2. 实验室建设的核心要素

(1)教学目标。会展特色教育的形成应该聚焦以能力为重点的培训过程,对会展专业人才基本技能的培养是以全面素质和综合策划能力培养为目标,通过训练,使会展专业学生具备"关键能力"——包括项目策划能力、角色决策能力、独立解决问题的能力、团队合作能力以及信息化管理能力等。

(2)教学方案。会展类实验室的教学方案包括:特色专业责任书明确的教学计划,并参照我国会展行业的动态发展趋势,适时调整相关的教案以帮助会展专业学生掌握最新的行业技能。特别是会展信息管理实验室将动态地结合最新的会展业信息管理理念与方法,通过最新的行业教学软件来达到培养会展专业学生的目标。

(3)教材建设。会展类实验室的实验类课程开发基本与课程设置一致,也应及时反映会展行业的发展与进步,一方面注重实例的操作训练,另一方面要及时更新观念和技术,并随时将新的技术和知识补充到会展教学过程中来。实验室专用教材建设将根据实验室科研项目的研究,逐步归纳与总结并配合实验室的功能开发进行。

(4)教学模式和教学手段。会展特色教育的本质应该是强化实践教学环节,实验室的建设也应从产、学、研相结合的互动模式出发。结合会展特色专业建设与杭州地区会展发展实际进行大胆探索,建立模块式开放的实践教学体系,有效地促进会展专业学生实践能力的培养,从会展专业技能训练入手,突出应用能力的培养,适应会展行业发展对人才的需要。

1)根据会展特色专业的培养目标,将实践教学内容分为策划技能、专业技能、信息应用与创新能力训练三大模块,提出不同要求,分阶段、有重点地组织实施。

2)精心设计和组织实践教学项目,尽可能模拟真实的职业环境,突出实验内容的应用性和实施性。通过现代化的教学手段,采用各种仿真软件,模拟会展职业岗位的实际环境,让会展专业学生在可控制状态下完成有关会展策划与管理的训练。

3)实验室将体现高标准、严要求、强训练的特点,把基本技能训练与职业素质培养的课程有机地结合起来(如会展策划与组织及会展项目管理等),既突出对基本技能的训练,也能结合课程教学内容,加强会展特色专业所要求形成的综合性策划与管理职业素质的培养。

12.2 会展专业实验室建设的基本原则与功能

会展类综合实验室建设是以培养学生实践能力、创新能力和提高教学质量为宗旨，以知识传授、能力培养、素质提高和全面协调发展的素质教育理念为指导思想。浙大城市学院在会展类实验室建设过程中强调采用以下基本原则与功能。

12.2.1 会展专业实验室建设的基本原则

1. 仿真性原则

仿真性是会展专业实验室的根本特性，会展专业学生只有在高度仿真的环境中得到训练，才能适应未来真实岗位的工作。因此，实验室的硬件建设和软件建设都要尽可能体现对现实会展经济活动及其管理环境的模拟仿真。

2. 综合性原则

会展专业与其他专业的实践教学对实验室硬件设备的需求具有很大的共性，在计算机及相关附属设备等共同的硬件基础上，依靠不同的应用软件即可模拟出大部分专业和大部分课程的实践教学条件。因此，会展专业实验室应具备综合性，尽可能做到建一个实验室，就能满足会展专业或相关专业的实践教学需求，这样既可以节约大量的经费，提高实验室的利用率，又利于各专业、学科的交叉渗透。

3. 先进性原则

会展类实验室是自然科学与社会科学相融合的产物。它的先进性表现在两个方面：一是硬件上是否应用了现代电子技术、信息技术的最新成果；二是软件上是否体现了国际会展发展理念与管理科学的最新发展。从培养适应社会需要的高素质会展人才的目标出发，会展类实验室在硬件建设和软件建设方面都要追求先进性。

4. 开放性原则

会展类实验室的主设备是计算机，实验室的基本构架实际就是一个计算机网络。开放性一方面是指会展类实验室网络能够便捷地实现与外部网络的信息交换，以获取更多的教学、科研资源；另一方面指会展类实验室能够方便地实现开放式管理，以提高实验室的利用效率，扩大实验室的服务面。

5. 可扩展性原则

考虑到会展专业是与市场经济发展密切相关的专业，专业设置及课程设置处于快速发展变化之中。因此,会展类实验室在场地和硬件配置上都应留有扩展余地。这样,即使今后会展专业或课程设置有所变动,只需通过硬件的局部调整和软件的更新、充实就可满足调整后的配置需求。

12.2.2 合理规划会展专业实验室的基本功能

由于客观条件和需求的限制,会展综合实验室可以采取统一规划、集中管理的方法来建设。因此,会展教育院校会展专业实验室在功能设计上应充分考虑到满足不同需求。浙大城市学院会展综合实验室建设中考虑了以下几个模块功能。

1.会展项目策划模块

模块建设使会展专业学生在会展专业实验室环境中进行会展相关数据分析和模型构造方面的实验教学和科学研究,会展专业实验室应具备完整的数据分析处理、项目策划、方案设计、文化创意、营销管理、会展预决算等方面的实验和研究的功能,培养会展专业学生应用宏观与微观经济学理论,分析会展项目策划环节中的问题和解释会展现象与规律,并具备创意策划的素质和能力。

2.会展项目竞赛模块

以分组形态、小班化教学方式对会展专业学生进行参与各类会展赛事进行相关指导,参赛指导过程将模拟实际的比赛场景,由不同学科背景的教师团队参与,也可邀请会展业界的专业人士及领导参加,现场点评,现场调整,形成一个互动的教学环境,促使每一个学生参赛团队深入思考其参赛项目的问题所在,优化策划环节,调整参赛战术,促进学生参赛团队的自信心与竞争力培养。

3.会展技能实践模块

会展专业学生通过接受实验室的实训课程,基本掌握会展策划与组织管理环节中的各项基本技能。如会展展示实验室将根据会展场馆的展区分配与展位搭建方式,采用真实的展位搭建器材,结合最新低碳、绿色、环保理念,引导学生进行标准展位的搭建与拆除;用最新的展位设计方法,采用展示器材的标准件组装成不同展示风格,适合不同参展企业的展位。通过实践,会展专业学生将会更快融入真正的会展项目。

4.会展项目运营模块

将浙大城市学院会展中心具体运营的会展项目通过会展专业实验室进行策划方案、组织措施、管理方法、文案创意等方面的优化。通过会展专业实验室所配置的先进器材与条件,将实际的会展项目运营过程在会展专业实验室进行演绎与升华,这样不仅可以实现建成后实验室利用率的最大化,同时也可以有效地将第一课堂与第二课堂的教学资源整合在一起，发挥会展教育的"立体"效应。

图 12-5 浙大城市学院会展中心带领会展专业学生参加实践活动

5. 会展信息系统模块

当前会展教育院校对于会展信息管理课程的教学比较薄弱，特别是会展信息技术在会展业的应用研究还不够深入。信息与网络技术的高速发展正在引发一场改变传统会展营销与管理方式的革命，因此，会展教育应建立会展信息管理实验室，以便能模拟会展活动的各个过程与发展阶段，结合信息技术的应用，提升会展专业学生在项目组织与管理过程中应用新科技成果与网络技术的能力，尝试接轨会展业国际化、现代化的发展趋势。

12.3 会展专业部分实验室建设的基本思路

12.3.1 项目建设方案

建成后的实验室将根据会展特色专业课程设计的要求，采用理论实践一体化教学，以小班化教学进行设计，教学过程的实施以及考核方式上实行理论与实践一体化。不断地推动项目驱动教学法，承接会展企业项目。同时将引入会展企业设计或管理人员参与教学过程，充分利用会展企业管理理念及工作环境，实现课程设置职业化、能力训练岗位化、素质培养企业化、实践环境真实化。

1. 会展项目实验室

会展项目实验室主要是全面培养与强化会展专业学生的职业素养、学习能力和接受新事物的能力，主要通过模拟环境的会展项目实验来加强学生四种能力的培养与开发：动脑能力，了解会展行业的运行规律，培养学生对会展活动的概括与演绎能力；动手能力，培养学生清楚了解会展活动的各项程序与细节，掌握操作技巧；再学习能力，在实践过程中需根据变化的项目需求具备不断学习的能力，这些能力不仅表现在对显性知识的掌握，更重要的还在于对隐性知识的积累与沉淀；竞赛参与能力，通过模拟环境或将会展中心的真实项目带入会展项目实验室进行动态教学，培养会展学生的“专业思维”，从而增强学生在会展竞赛过程中的核心竞争力。整个实验室建设将与先前开设的实验室合并运作，进行设备的优化投入，从而控制会展项目实验室的投入成本与建设周期，达到综合利用的目的。

2. 会展信息化实验室

我国会展业正步入增长型发展阶段，掌握信息技术的高级会展组织管理人才奇缺，需求出现井喷现象。因此，为适应信息与网络技术的快速发展，建设会展信息管理模拟实验室将有助于会展专业学生赢得更多的择业机会，以及会展企业利用信息与网络技术做大做强会展项目的实际。会展信息化实验室的建设将模拟信息化环境，利用最新的网络与终端技术，培养会展专业学生对不断变化的会展技术环境有敏锐的嗅觉与实际的应用能力。

(1)针对展览组织环境

利用传统展览各个组织与运营环节中的基础，强化网络宣传、在线营销、现场管理、注册管理、数据库管理、客户服务及数据分析等实际应用。硬件部分：电脑设备，如电脑、打印机、扫描枪、模拟门禁设备等。软件部分：需具有前瞻性地从办展理念与信息化工作流程来进行规划与构建，如展览组织机构 OA 系统、参展商管理与展位安排、观众报到系统、观众跟踪管理、展位设计、网页设计、美术设计以及其他相关的标准办公软件。

(2)针对会议组织环境

实验室将根据我国会议业发展的实际需求，逐步完善具有先进性的硬件配置(可与学校新闻、广电等专业共同使用)，如摄像机跟踪及视频、VGA 切换系统、投影设备、固定及流动的红外 6+1 同声传译系统、国际配备会议控制系统、数字讨论系统、IC 卡身份认证与同声传译等会议设备。在软件方面，如专业会议管理软件、会议集中报到软件等其他相关办公软件，以支撑会展专业学生进行模拟会议管理实训。

3.展览展示实验室(节能低碳环保展示器材研发中心)

浙大城市学院展览展示实验室(又名节能低碳环保展示器材研发中心)的建设拟引进国际资金并与我国展览展示器材生产企业共同合作组建,结合现有教学专门场地建成高素质、开放型会展人才培训基地,并成为会展中心进行会展实务课程的专用场所。节能环保是当今国际会展业发展的先进理念和潮流,开发、研究、推广最新环保理念的展示器材是会展业本身发展之需求,也是一项优化展览业的生态工程。加强对未来业界发展环境保护的教育,树立环保理念,优化会展环境,是会展教育院校的重要社会责任;特别是加强节能低碳环保型展示器材的研发,对中国会展业具有重要意义。浙大城市学院前期已经与业界相关专家学者进行广泛探讨,并获得普遍赞同。

展览展示实验室的建设将按照会展企业的实际需求与操作需要,分别以硬件与软件两项基本标准配置实验室的模拟实习环境。硬件部分:适合在展览环境中实际运用的器材及工具,特别是通用的国际标准展位构件系统(由我国展览展示器材企业投入),如八通结构、十字柱系列、各种展板、连接器材与专业电源接插件等相关的展位搭建的展览器材;软件部分:将根据最新的会展器材设计软件,3DMAX 软件、国际通用展位搭建软件及其他图形与平面类设计软件组成。

通过以上会展综合实验室的分步建设,培养会展专业学生进一步熟悉展览的立项、主题、招商、招展、预算和运营管理;能够对会展活动核心资源(参展商与专业观众)进行管理;掌握会展营销与筹办的基本工作程序与会展营销和现场服务管理能力;学会使用会展营销管理工具的基本方法和操作技能;熟练运用会展信息化管理工具、制作会展专业广告等能力。辅导专业学生在实验室进行会展项目策划与组织实训、会展基本技能实训、活动项目策划实训、展示设计实训、会展信息化管理实训等课程。

12.3.2 实验室建成后实践教学的设计

1.会展项目实验室

(1)模仿学习阶段。由会展专业教师提供现有会展项目案例,学生按步骤一步一步地完成会展相关环节的操作,达到熟练掌握会展策划设计流程及会展运营管理技能训练的目的。

(2)自主提高阶段。由会展专业教师提供会展案例、主题,要求会展专业学生运用所学会展知识确定会展项目策划元素,并按会展基本策划与项目管理流程完成整体设计,目的是提高会展专业学生设计能力和对项目管理过程的了解。

(3)实际项目阶段。由会展专业指导教师带领项目小组,完成会展企业的实际项目，真题真做（如我校会展中心的相关项目），在真实环境中进一步掌握项目策划的技能，养成良好的职业素质，并通过对项目全过程的了解，增强就业与创业能力（如参赛训练）。

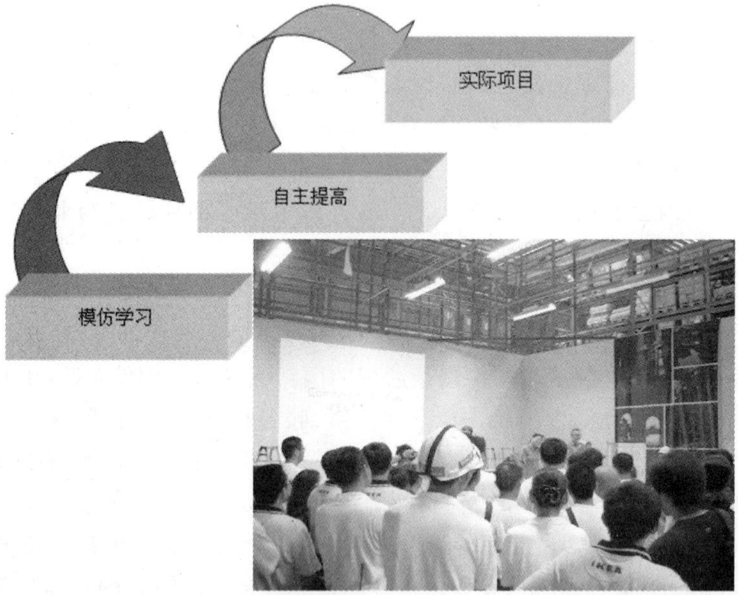

图 12-6

2.会展信息化实验室

针对会展特色教学所开设的“会展信息管理”课程，将利用会展项目实验室的基本设施，供学生充分运用目前会展企业信息化管理软件（以免费或低值教学软件为主），模拟与使用会展教学软件，并引导会展专业学生掌握会展软件中的管理功能与会展专业网站界面的教学（如客户关系管理软件、会展门禁系统及会议报道管理系统等）。特别是不断地以最新会展业的信息技术与信息管理理念来培育会展专业学生的国际化视野与信息化理念。先进的信息化实验设施，配置会展信息企业的高管与技术总监的客串授课，达到会展信息化实验室的前瞻性、先进性、合理性与会展企业的适用性。

图 12-7　专业教师课堂教授现场

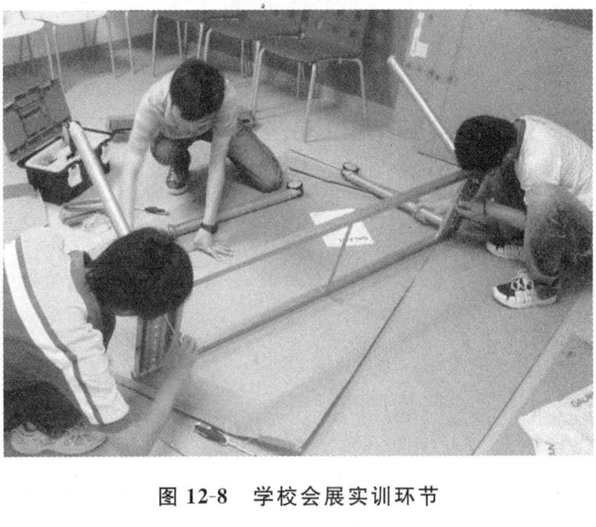

图 12-8　学校会展实训环节

3.展览展示实验室

境外资金、国内企业与教育院校的三方合作机制，将更侧重在展览展示器材的发展趋势研究，节能、低碳、环保展示器材的推广，会展企业的市场调研活动，同时还可根据学生的专业需求，形成多元化的训练环境，达到以下目的：

(1)广告、会展专业学生的观摩与课程学习；(2)青年教师或新入行的教师模拟“会展企业”环境的实践锻炼；(3)可以对外承接相关会展设计项目或会展企业的培训(如我校会展中心或其他需我校提供的培训)；(4)以项目驱动型为主体的学生顶岗实习；(5)具体会展项目的教学，如会展信息化、会展策划与组织、会展项目管理等。

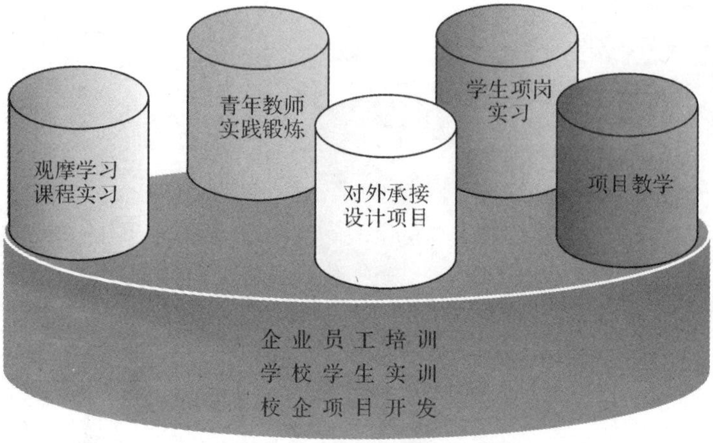

图 12-9 实验室建设的功能目标

12.3.3 会展专业实验室建设的过程管理与优化

1. 制定切实可行的合理发展建设规划

会展专业实验室建设规划应从会展业现代化建设的高度来制定，既要考虑学科建设和发展的需要，又要考虑会展人才培养的需要，正确处理理论教学、计算机模拟教学和其他综合性、设计性实验教学的时间安排和衔接，做好软硬件资源的建设，加强专业教学师资队伍的建设和资源库的建设，协调教学、科研和社会服务的关系，确保规划的前瞻性和开放性。

2. 会展专业实验室软硬件建设

会展专业实验室的硬件环境基本是计算机，虽不复杂，但却要满足不同的会展专业细分方向的教学和科研需要。因此，硬件平台的建设必须集中规划、统一布局、集中投资、资源共享，以满足会展专业各方向的实验教学和科研的需要，使实验室达到一专多能的功能。会展专业实验室的软件配置有两个部分：一部分是基础平台，包括操作系统、办公系列软件及一些常用的广告设计工具软件；另一部分是专业平台，包括实践性软件和综合设计分析软件，常用的实践性软件主要有会展 CRM 管理系统、会展注册管理系统、展览展示分区管理系统、展示设计系统等,综合设计分析软件主要是会展数据管理、会议注册与论文管理系统等。

3. 实验队伍的建设

实验教师作为完成实验教学的主体 ,必须是既懂信息技术又懂得一定的会展专业知识的技术人才。组建一支学历、年龄和职称结构比较合理的实验教师队伍直接影响着实验室建设的成败。实验教师应由专业实验教师、实验室管理和维护人员组成。专业实验教师负责实验项目内容的设计和实验教材的编写,能熟练掌握实验所用工具的使用;实验室管理和维护人员负责实验室的日常管理和软硬件的正常维护。

4. 实验项目和内容的建设

实验项目的建设是会展专业实验室建设的核心。硬件平台根据会展实验项目和内容的需求搭建,软件是根据会展实验项目和内容而开发或采购的,专业实验教师也是根据实验项目来配备的。因此,会展实验项目和内容的建设合理与否,直接关系到会展专业实验室建设的成败,会展实验项目和内容的设计都应严格遵守实用、创新、前瞻性的原则。

5. 实验室管理机制和制度的建立

建立良好的会展专业实验室管理制度和运行机制,对实验室的健康发展具有重要的意义。会展专业实验室的建设方针、定位、管理机制和制度等构成实验室发展的根本要素。会展专业实验室是会展教育院校实验室新的组成部分,因此,会展专业实验室的运行机制和管理机制的建立,应在吸收传统理工科实验室建设优势的基础上,可结合经济和管理类专业教学的特点,在管理机制和制度上进行大胆创新,建立宽松的外部发展环境和自主的内部运行机制,使实验室按照既定的发展目标和策略健康发展。

12.4 完善“工学交替”模式的会展教育特色的建设

会展教育通过工学交替的模式培养学生整体素质,对会展学生提高就业竞争力将产生巨大影响,这也是国际会展教育界的共识。会展教育的“工学交替”模式,也正成为我国会展教育院校教学组织的重要组成部分。

12.4.1 会展教育建立工学交替模式的意义与作用

通过工学交替模式进行教学,不仅能够培养学生的实践能力,还能够培养学生的动手能力、实践技能、企业文化、团队精神等综合素质,从而切合用人单位实际需求。以会展专业本科为例，会展专业学生在 4 年期学制中，以“学——工——学——工”交替形式，也就是“理论——实践——理论——实践”的教学形式。在校的第一年和第三年以理论学习为主，专业课和专业基础课包含一定实践性内容；第二年及第四年以会展企业实习为主（2 年在校学习，1 年半在会展企业工作，半年完成毕业设计），使会展理论教学与实践教学之比提升为 1∶1。学生按学校的实习教学大纲和会展企业的培训计划完成实践性教学环节，获得学分。从而使会展专业学生通过在课堂、现场、职场的互动教学中，练就“真功夫”。会展教育建立工学交替模式有三大好处：

图 12-10　专业教师为学生讲解会展实务技能知识

(1)入校后学生首先学习专业技能课、进行专业思想的培养，对所从事的行业和行业所要求的人才规格有一个初步了解；

(2)会展专业理论与实践交互进行，有利于学生理论紧密联系实际；

(3)在会展管理理论的教学中，由于学生有了前期实践的经验基础，有利于理解会展管理理论和会展的经营理念，还可以根据其自身的体验进一步丰富所学的管理与服务理论。

在实施工学交替教学模式过程中，要合理解决学校与会展企业合作环节中的“瓶颈”问题，只有很好地处理一系列校企问题，才能确保工学交替模式取得显著成效。

12.4.2 调整教学课程设置

1. 校企间要相互了解，形成良性互动

在与会展企业打交道的过程中，会展企业在很多方面对会展教育缺乏了解，特别是对会展教育院校的教学课程设置情况信息不对称。在这种情况下，会展教育院校应邀请会展企业的有关负责人到学校进行参观交流。同时，也可以主动聘请会展企业的专家和业务骨干担任学校的兼职教师(专职辅导员)。通过这种方法，会展企业在一定程度上参与了学校的教学工作，对教学目标与设置慢慢地有了认识。同时，会展教育院校也可组织相关教师到会展企业去，通过参观，甚至动手操作，了解会展企业运营的各个环节，清楚会展企业岗位的设置、用人的标准，以及对职业技能的要求。会展教育院校通过与相关会展企事业单位建立广泛密切的关系，及时获取最直接的信息，针对会展业发展的社会需要调整课程，按照用人单位的岗位要求培养学生，使会展教育院校在专业建设与调整、实践岗位的推荐等方面始终把握主动权。同时，通过会展教育院校与会展企业的合作，可以让会展教育院校更加了解会展企业的需求和愿望，也促进会展企业进一步认同学校的办学模式和理念，形成互动式交流合作机制，为工学交替模式的开展与学生的就业创造条件。

2. 调整会展院校的课程设置和教学计划

调整会展教育院校的课程设置和教学计划是搞好工学交替模式成败的前提，会展教育院校如何根据会展业特点，调整课程设置和教学计划，适应会展学生到会展企业去顶岗工作的需要呢？首先要对第一学年的新生(经过理论教学后)进行为期数周的会展业认识实习，之后再回到课堂进行专业知识学习。到了第二学年，可安排学生在教学基地进行为期一年的运营实习，老师将定期或不定期地对实习学生进行现场教学，使会展学生能够将理论学习与社会实践的知识有机结合起来。第三年，学生再回到学校课堂学习理论知识。学校要帮助学生梳理和消化顶岗实践的经验，解决会展理论与社会实践中的热点、疑点与难点问题。在最后一学年，可安排学生到会展企业进行综合实习及完成会展论文的设计。通过四年的“工学交替”，尚未毕业的会展专业学生就已经熟练掌握了实践技能与理论知识，再加上会展学生在企业实践过程中学到的企业文化和理念，毕业论文也将更符合会展业发展实际，通过这种方式培养的学生将更符合我国会展企业的用人标准与需求，就业前景广阔。

3. 深化会展教育改革，适应工学交替

为满足工学交替的会展教学模式，会展教育院校的理论课上课时间可安排在会展活动淡季进行，而将会展实践课调整到会展企业需要人的旺季，这样会展企业就能够拿出岗位来供学生顶岗实践，较好地解决理论学习与实践学习相冲突的问题。通过深化会展教育改革，根据会展专业所对应的不同实践岗位，学校应随时跟踪并适时调整教学规划，使会展教学管理变成动态的过程。会展教学计划和课程设置的调整，需根据工学交替模式的具体要求，避免发生冲突。应最大程度地满足会展企业需要和学校开展“工学交替”教学模式的需要，做到校企双赢。尽管这将大大增加会展教学管理的难度，但将有利于工学交替的开展，从而使会展教育在真正意义上实现符合会展企业与会展市场发展的需求实际。

12.4.3 会展教育院校与会展企业建立紧密型校企合作关系

校企合作教育是一种以市场和社会需求为导向的运行机制，是学校和企业双方共同参与人才培养的过程，以培养学生的全面素质、综合能力和就业竞争力为重点，利用学校和企业两种不同的教育环境和教育资源，采用课堂教学与学生参加实际工作有机结合，来培养适合不同用人单位需要的应用型人才的教学模式。校企合作不仅是学校与企业的合作，教学与生产实践的合作，也是一种科技与经济相结合的合作行为。会展教育院校与会展企业建立紧密型校企合作，将大大地提高会展教育的质量，改善目前会展教育与市场需求不相匹配的状态。

1. 校企合作应以创新方式丰富会展教育内涵

(1)确定校企合作的方向。会展教育要明确提出把校企合作作为学科生存和发展的生命线，突出以就业为导向，组织会展教职员工，走出校门，深入会展企业，了解会展企业对人才的需求动向，与各相关会展企业建立稳定的人才供给关系，让会展企业直接参与会展专业招生、培养的全过程，在培养目标、人才规格、知识技能结构和教学成果评估等方面发挥更大作用。

(2)夯实校企合作基础。会展教育主动接轨会展企业，不仅为会展专业毕业生落实就业单位，解决就业岗位，更可在与会展企业展开更深层次更大范围合作的同时，真正了解会展企业所需，进而有针对性地培养人才，确保实现会展教育、会展企业与会展学生间的“共赢”。会展教育通过校企合作，更多的考虑会展企业需求，及时调整课程安排、教学计划、教学内容、实习实训等，确保校企双方合作目标的明确性、合法权益的保障性和校企合作的稳定性。

(3)实现校企合作跨越。会展教育要审时度势，明确提出创建“产学研”相结合的校企合作新模式，将研究型教学模式移植到应用型教学当中。可学习借鉴德国、美国等会展发达国家先进的会展教育理论与技术，突出实际操作技能培养和训练，开展前瞻性课程和教材研究、教学方法和专业建设研究、教学评估和教学质量监控，与会展企业共同创建会展实验室(引进会展业发展的最新技术、工艺与科研成果，开发产教研结合的软件产品)、合作创建会展实习教学基地、开展专项科技攻关，校企共同制订人才培养计划等等。探索一条适合我国国情的“双元制”会展教育的新路子，使会展专业学生更加适应会展市场和企业的要求。

2.校企合作应狠抓重点建设，实现由量变向质变飞跃

造成我国会展教育畸形的人才“过剩”现象原因诸多，会展企业想要的人才引不进，会展教育院校培养的人才送不出去。究其原因，在于会展教育院校专业设置不合理，教学课程设置脱离会展企业实际，培养的学生专业技能不达标，综合素质不强，无法符合会展企业的用人标准。为改善这种会展教学状态，会展教育院校在提高教育教学质量和学生综合素质方面需狠抓三个重点建设：

(1)狠抓实训基地建设，大力提高会展专业学生实践操作技能。不断加强会展教学实验室和校内外实习基地建设，不断改善实习实训条件，提高实训实验设备的共享程度和使用率。先进的实习实训设施和技术优势，为参与会展企业技术研发、技术转化、技术改造提供条件；也为大力提高学生的实际操作技能提供可靠的保障，大大提高实践课程的开课率。

(2)狠抓师资队伍建设，全面提升会展教师的素质和能力。加大“双师型”教师队伍建设力度。每年组织专业课教师利用课余时间深入会展企业一线参与会展运营实践和技术革新，让专职教师在实践中学习新知识，掌握新技能。选派优秀教师到会展发达国家院校对口考察与培训。同时，选聘学科带头人，重奖在会展教育理论与实践研究所取得一定成绩的教师，吸纳优秀人才，以此推动整个会展教育教师队伍素质的提升。

(3)狠抓培养模式建设，为会展企业“量身定做”“超值”人才。会展教育能否为会展企业输送过硬的人才是决定校企合作能否深入持久的根本。因此，会展教育要完善与大力推行“订单式”会展人才培养模式，为会展企业“量身定做”会展人才。在校学生在学习阶段广泛参与会展企业的工作实践，到会展企业后迅速融入企业文化，适应环境，进入角色，直接为会展企业创造经济效益，真正实现会展教学与岗位就业的“零距离”。

3.校企合作应坚持以会展市场和企业需求为导向

随着近几年高校会展专业招生规模不断扩大，应届毕业生逐年增多，致使许多会展专业毕业生进入就业市场后无业可就，造成整个社会就业压力的增大，会展专业就业难问题已严峻地呈现。因此，打响会展教育品牌就在于会展教育如何积极指导，帮助会展专业学生就业，会展教育如何逐步构建会展校企合作资源，形成独具特色的会展人才市场需求网络，对会展人才市场的需求现状、供求

态势、发展趋向了如指掌，从而使会展人才培养计划更完善、更具针对性，也更适应企业所需，这是我国所有开办会展教育专业院校面临的重大课题。

会展教育要进一步放宽眼界，提升境界；会展教育院校应根据自身通过校企合作构建起来的人才市场需求网络，有计划、有目的地招生、培养、就业，做到有的放矢。要力求校企合作在更高层次和更广领域实现新突破，坚持以会展市场和企业需求为导向，有计划地培养高技能人才，坚持以科学发展观统领全局，按照可持续发展的要求，努力实现会展专业毕业生在市场经济条件下的计划培养，稳定人才供求关系，逐步形成相对完善的人才需求网。

13 会展教育科学发展观与特色专业建设

13.1 以科学发展观统领会展特色专业的建设

浙江大学城市学院会展专业建设的经验表明：增强师资队伍与专业教材的建设是专业长期生存的基础条件；提高会展教育教学水平和人才培养质量是专业发展的核心任务；坚持创新型特色建设是专业可持续发展的根本保障；强化会展专业学生的就业竞争能力和就业水平是会展专业社会影响力的最终体现。同时，会展特色专业的建设也充分体现了浙大城市学院“质量立校、特色兴校、人才强校”办学的战略目标。

回顾我院会展专业建设的历程，我们深刻认识到：会展专业的发展必须建立在我国会展业发展及专业人才需求的现实基础之上，也要建立在社会发展的长远需要之上，积极抢抓发展机遇，研究确立以会展市场现实需求和长远需要相结合的会展专业人才培养方案和培养目标；研究确定以立足现实、着眼未来为原则的会展专业教学课程体系和科学知识体系；研究探索与我国会展业发展潜在的人才市场需求相协调的、可持续发挥会展专业特色优势的会展专业发展道路和发展方向，从而切实将会展特色专业的建设纳入可持续的科学发展轨道。

13.1.1 会展特色专业的建设要基于正确的科学发展观

科学发展观是坚持以人为本，全面、协调、可持续的发展观，是促进社会全面进步和人的全面发展的发展观，体现了马克思主义的世界观和方法论。浙大城市学院在会展特色专业建设过程中以科学发展观为指导，解放思想、实事求是，以教育思想与观念的更新为先导，突出应用型学科特色与会展人才培养特色，以会展专业人才培养定位为核心，以专业特色的基本建设为基础，以教学内容与课程体系改革为重点，坚持社会主义办学方向，以学校十二五计划为指导，以跨越式发展为主题，专业结构调整为主线，教学改革为动力，改造、提升会展特色专业和整合相关分院及学科，形成多专业学科集群的“大会展教育”发展格局，促进浙大城市学院会展专业向多学科支撑、多技能方向发展，形成会展与公关管理、会展与信息管理、会展与旅游管理、会展设计、会展信息化、会展英语等专业结构。稳步提高办学水平，强化办学质量。目标是为将会展专业建设成为国内知名、省内领先、产学研紧密结合的“特色专业”奠定坚实的基础。

1.优化与整合校内教学资源

会展经济与管理专业的建设是浙大城市学院适应社会经济发展需要而开办的。从专业设置角度来看，该专业的建设符合我国经济社会发展紧缺人才的培养需求，也顺应了人才培养的国际化趋势。浙大城市学院在会展人才培养方面提出“厚基础、宽口径、高素质、强能力”的符合社会发展的必然要求。学院领导层探索优化整合校内教育资源，开展多专业、多学科集群的“大会展教育”，对专业的科学发展是很必要的。基于较好的会展教育基础和会展业人才需求的多样性与复合型，“大会展教育”有利于特色专业做大做强，凝练特色并发挥优势，进一步拓展发展空间，实现国家级特色专业建设的目标。从专业和学科建设角度来看，“大会展教育”更有利于协调专业师资队伍的发展，发挥团体教学与科技攻关的力量，促使学科建设向国家级重点目标迈进。

2.凝练与创新专业特色

浙大城市学院的会展专业建设结合了我国会展行业与浙江省会展人才需求的特点，进行了会展专业课程体系、教学内容和教学方法等一系列改革。坚持教学的中心地位，严格教学管理，有效保证了教育质量；重视实践教学，加强了学生顶岗实践能力、创新精神和服务技能等一线意识的培养，毕业生具有知识涵盖面广、现代服务业领域交叉渗透大、工作适应能力强的特点，形成了能够在现代服务业工作一线“下得去、吃得苦、留得住、用得上”的技术应用型会展专业人才培养特色。根据我国会展产业迅速发展对会展专业人才的需求和会展产业涵盖面广、现代服务业领域交叉渗透大的特点，进一步理顺和明确了会展专业的人才培养方向，对课程体系进行了优化和整合。当前会展与公关管理、会展与信息管理、会展设计等三个专业方向已成为我校会展专业的特色方向。

图 13-1　会展专业学生参加 2009 年第二届中国城市会展高峰论坛

3. 充实与提高专业内涵

尽管浙大城市学院在会展特色专业建设取得了一定成绩，但相比于全国其他会展院校的专业建设还存在较大的差距。回顾会展专业发展历程，我们深刻认识到，树立科学发展观，强化与时俱进的办学理念，规划特色专业的建设进程并抢抓发展机遇加以切实实施，是实现会展特色专业建设快速高水平发展的工作基础。我们正逐步形成特色专业课程群的整体发展，以实现优势互补、重点突破的战略目标。我们将着重加强会展专业前瞻性的科研工作，使学科优势方向得到必需的理念与技术保障。特别要关注会展专业前沿发展领域的长期培育，克服短视和急功近利的思想，使专业获得更多自由发展的空间。创新型教学科研团队的建设要着眼于进一步改善师资队伍的学术结构与学历结构的优化和整体水平的提高，逐步形成一支由数名在国内会展领域具有较高知名度和影响力的专家率领的、专业技术过硬、勇于开拓创新的教师队伍。

4. 培养与提高学生科技创新能力

近年来，浙大城市学院会展专业的学生在省市及全国大学生专业比赛中屡获佳绩，但从特色专业的长期发展来看，还需进一步加强引导专业学生参赛的力度，提高会展专业学生的参赛积极性，提高质量和水平。会展专业相关实验室的建设水平在一定程度上决定着学生专业科技创新能力培养的水平。要充分发挥建成或在建的专业实验室为会展专业学生提供专业科技创新能力培养方面的基础条件。逐步推行会展专业学生自主选题、自主研究的基金资助和导师制度，完善会展专业学生参与教师科研项目的学习成果奖励制度，制定会展专业学生参加相关科技交流活动的资助办法，拓宽会展专业学生科技创新成果参评奖励的渠道等，使会展专业学生的科技创新活动迈上良性循环的发展轨道。专业实践教学基地建设是会展专业技术应用型人才培养的重要环节。尽管目前的实践教学基地数量已基本满足实践教学需要，但基地的建设水平仍有待进一步提高，覆盖的区域特别是杭州以外的基地数量需要进一步扩大。

图 13-2　学生参加校策划大赛时创新策划展示形式

13.1.2　特色专业课程设置要以科学发展观为理念

会展特色专业课程设置要集中体现在“优、淡、新”上。优，就是优化课程设置；淡，淡化类似其他学科建设所追求的完整性；新，新在对会展发展方向的把握，新在行业发展的前瞻性上，形成适应并服务于技术应用型会展人才培养的课程设置模式。浙大城市学院在专业特色的课程设置时，以科学发展观为理念，进行相关的探索。首先，课程设置在“实用”上下功夫，突出理论的应用和实践参与，加强宽而新的课程，为会展专业学生知识结构的横向和纵向发展起到接口作用；其次，课程设置要匹配市场经济与会展业的需求变化，及时反映新知识、新技术、新方法；再者，在理论与实践的结合上下功夫，大力开发适应性课程，为培养学生的创新精神、竞争能力和应变能力服务。会展特色专业的课程结构模式的价值取向主要为"宽基础、活模块、多方向、人本位"。

1."宽基础"

所设课程不是针对某单一职业，而是提倡针对会展相关职业群所需的知识和技能，着眼于学生的可持续发展，着眼于为专业学生"自我导向"型学习打基础，着眼于专业技能训练，着眼于转岗能力和关键能力培养。"宽基础"由四大类构成：基础课程类、管理课程类、能力培养课程类、职业群所需专业课程类。每一类均由一组科目组成，每一科目又由一些模块组成，供不同专业、不同学习基础、不同发展要求的学生自主选择。"宽基础"旨在不片面追求学科知识的广博，不片面追求单一职业技能的精深。

2."活模块"

"活模块"指为适应会展职业群所设计的知识单元和技能单元，应以专业技术训练为主，以职业资格为导向，设置课程结构，组织教学内容，着眼于能力培养。"活模块"涵盖了一个会展职业群中的几个甚至更多职业所对应的"大模块"，有利于会展教育院校根据会展市场环境与需求变化灵活组合，供会展专业学生根据个性特点和未来需求自由选择，既要考虑学生的就业实际，又要兼顾其终身发展的需要。

3."多方向"

"多方向"为就业服务。会展专业学生要适应会展市场的变化要求。采用"多方向"培养是一种较理想的选择。"多方向"是指以基础发展平台组织教学，前两年打基础，在专业大类范围内进行文化基础课、专业理论课的教学，同时还进行专业技术和技能的训练与实践，打好较为扎实的职业素质基础；后两年根据市场环境变化需求和会展专业学生的个性、特长、兴趣确定专业方向，有针对性地进行模块整合和模块教学，同时进行技能达标模块的整合并进行强化性训练，以"多方向"应对会展人才市场的竞争需求。

4."人本位"

"人本位"是指以完善学生个体人格、提高学生个体素质为目标的课程结构模式。"宽基础、活模块、多方向"的最终目标是促进会展专业学生由职业人向社会人发展，培养具有时代精神、做人与做事并重的高素质应用型技术人才。在知识经济时代，会展教育培养的学生不仅要有宽广的知识和技能，而且要有健康的职业人格、自主创业的意识、终身发展的能力。这些都是会展教育与会展人才培养关注的重点。

浙大城市学院在会展特色专业建设方面取得了一定成绩的同时，也意识到所存在的较为突出的矛盾和问题：一是学院急需成立会展专业建设指导委员会，对“大会展教育”布局和改革进行指导，避免各分院专业出现重复和交叉，造成教学资源紧张和增加就业压力；二是特色专业的整体水平有待提高，各分院专业办学水平参差不齐，应集中现有资源，做大做强优势专业，重点抓专业的品牌和特色的建设；三是教学改革力度有待加强，特别是会展人才培养模式、教学内容和课程体系的改革还不够深入，教学质量有待进一步提高，学院应完善教学改革相关制度，加强对会展教学改革的研究。

13.1.3 完善机制，践行以人为本的教育科学发展观

会展教育应践行以人为本的科学发展观，浙大城市学院在近几年会展教育实践过程中，进一步明确了以师生为本的重要性，并将其确定为一种教育理念和制度，积极构建“以师生为本”的育人机制，在会展教育教学的各个环节深入推进实施。倡导“学校以教师为本，教师以学生为本，学生以发展为本”的“三为本”原则，进一步确立了以人为本引领会展特色专业教育的新理念。

1. 确立以学生为本的育人观

会展教育要以人为本，主要是指以学生和老师为本，其中，学生是最重要的，是人本教育的核心所在，是会展教育管理和服务的起点和归宿。浙大城市学院的会展教育教职员工团队在学习和践行科学发展观的过程中，深刻认识到树立以学生为本教育观的重要性，将这一理念充分发挥到会展教育的各个环节，并将其作为指导会展教育工作的基本行动纲领。

确立以学生为本的会展教育观就要明确会展专业学生在教学中的主体地位，在教学观、教学过程、教学方式、教学评价、实践性教学环节、教材建设、管理服务等方面体现这一理念。会展教育是一项培养人的活动，要以学生为本，以提升个体的生命质量为宗旨，着眼于会展专业学生的成长和全面发展。教师要全身心、全方位、全时空地为学生服务，切实把学生置于会展教育的主体地位，尊重学生，信任学生，保护学生，遵循学生的身心发展规律，充分发掘会展专业学生的发展潜能，为学生终身发展、全面发展、和谐发展提供最有效的教育，实现最理想的教育效果。

坚持以人为本，就是要以实现人的全面发展为目标，就是要促进学生的全面发展，会展专业学生要有健康的体魄、广博的知识、专业的技能、道德的涵养和善

良的品格，在德智体美等基本方面都具备较高的素质。要教育学生："成小事靠业务本领，成大事靠思想品德和综合素质"，学会做人，是立身之本；学习知识、掌握知识，只是服务社会的手段。前者的学习是根本性的，后者的学习是工具性的。在会展教育中只有确实做到"以生为本"，全面发展培养学生，才能确保会展教育的可持续发展。

2. 确立以教师为本的教育观

要把以学生为本的育人观落到实处，必须首先确立以教师为本的教育观，确立以"学生为核心，老师为主心"的教育观。会展教育发展的关键在教师，学生发展的关键也在教师。会展教育的中心工作是教学，教学质量的关键在教师，高质量的教育取决于高质量的教师。"学高为师，德高为范"，"学为人师，行为示范"，会展教育只有具备师德良好、业务精湛的教师队伍，才能以身作则，为人师表，以自己学识和品德去教育、影响学生；才能为学生很好地传道授业解惑；才能让学生全面发展，成人成才。

为切实践行"以学生为本"和"以教师为本"的人本教育科学发展理念，浙大城市学院在总结以往成功经验的基础上，进一步完善了保障人本教育科学发展实施的具体配套机制。主要措施如下：一是进一步优化办学条件和以人为本的育人环境；二是进一步完善培养学生和培养教师的相关措施；三是创建深化制度管理与人性管理的管理模式；四是树立服务师生的理念，完善相关服务措施；五是创建深化各项发展性评价机制。

13.2 现代信息技术融入会展教育符合科学发展观的方向

会展活动是人们进行信息交流、洽谈商业合作和进行市场营销的一个平台，会展信息技术的使用能够使会展活动中复杂的资金、商品和信息流动更加顺畅合理，降低运营成本，增强行业综合竞争力，并推动城市会展业与国际接轨。随着现代信息技术在各个领域越来越广泛地应用，会展企业更是需要通过现代信息技术来谋划长期发展。因此，现代信息技术的快速发展对会展教育提出了更高的要求，具体如下。

13.2.1 会展产业的技术前沿是现代信息技术的应用

现代科技与信息技术在现代会展活动中的作用无处不在。传统会展活动的重要作用在于帮助目标客户介绍产品、宣传形象、结识客户、建立联系、促进贸易等，实现每一个目标的过程都需要耗费大量的人力、物力和财力。而现代信息技术在会展活动中的广泛应用大大降低了所需要耗费的人力、物力和财力。通过互联网,会展组织者对会展活动的运作和会展场馆进行全新的管理,通过互联网发布会展活动信息,进行会展项目的视觉宣传和营销以及专业观众的组织。现代信息技术的应用使参展商可运用互联网直接联系全球的客户,包括前来观展的客户和那些没能前来洽谈的潜在客户。通过高新技术的运用,会展组织者可以更有效地了解参展商和观众的基本情况和需求,为会展活动的预测以及政策措施的制定提供科学的依据。总之,会展活动中信息和数据的获取、传递、交换、处理和分析等将越来越依赖现代化的电子工具和技术来进行。坚持科学发展观的会展教育,就必须前瞻性地掌握专业的技术发展方向,有前瞻性地将相关知识融入到会展教学的课程设置、实践活动及实验室环节中去。

国际会展经验表明,现代会展项目与会展品牌形成过程相当程度上取决于会展组织机构运用信息技术的水平,会展组织机构的信息技术水平通常取决于其场馆的装备、网络建设,以及其信息技术的投入与应用水平。在另一方面,会展项目与会展品牌的发展除了与其本身的科技、信息水平有关外,还与会展业总体科技和信息环境相关。在会展教育与教学过程中,要引导专业学生认识到信息化是衡量一个国家的会展业与国际接轨程度的重要标准之一,也是会展业发展的必然趋势。特别是要教会学生以下技能:一是及时掌握全球会展业的最新动态,学会关注我国会展项目与国际会展组织或世界知名会展公司之间的交流合作;二是逐步了解会展行业管理的现代化、会展设备的智能化和会展活动组织的网络化,在会展业发展过程中积极应用现代科技成果;三是充分利用互联网,推动国内会展业的信息革命,如开展网络营销、举办网上展览会等。

13.2.2 现代信息技术对会展教育的影响

会展教育需通过一定的教育技术来实现,现代信息技术的应用水平在一定程度上影响了会展教育的质量,特别是会展业是与信息产业结合度相当高的产业。因此,要办好特色专业,必须要优化教学过程,达到既定的会展教育目标需更科学地将现代信息技术作为会展教育的手段和工具。现代信息技术在会展教育过程中的广泛应用将有利于对教与学的全过程进行构思、实施和评估,并以此来实现更有效的教育。

1. 会展教育信息化有利于教育资源配置的优化

以教师为中心的传统教学模式,知识传递主要靠教师对学生的灌输,作为认知主体的学生在教学过程中自始至终处于被动状态,其主动性和积极性难以发挥,不利于培养学生的发散性思维、批判性思维和创造性思维,也不利于创造性人才的培养。传统教学模式里培养出来的人难以适应知识更新速度快、问题出现类型复杂的时代要求。

浙大城市学院的会展教育在理论与实践两个方面做了大量研究和探索后认为:会展教育要探索新型的教育模式。如应用计算机多媒体和互联网技术,为新型教育模式提供技术保障。会展信息管理实验室的建设就是期望能在新型教学模式上有更多的探索。基于多媒体和网络技术的会展教育大体可有以下形态:

(1)多媒体组合课堂教学。会展院校最为基础的教学方式:一是教师在课堂中起主导作用,控制教学过程;二是现代教学媒体与传统教学媒体有机结合;三是通过教学设计确定教学目标、选择教学媒体、策划教学过程、进行学习评价。

(2)多媒体计算机辅助教学。会展教育正在逐步推广使用的教学方式:一是教学环境以多媒体计算机及依据教学目标设计、反映教学策略的教学软件;二是多媒体方式显示教学内容;三是教学信息按超文本(非线性)方式进行组织,符合人类的联想记忆方式;四是具有良好的交互界面,学生必须通过一系列交互操作来进行学习。

图 13-3　多媒体教室辅助教学效果

(3)网络化教学。尚未纳入正式的会展教学环节:一是提高信息的传播与利用率;二是学生不受时间、地域的限制,主动地进行学习;三是学生能按照自己的进度,自主地选择自己所需要的学习内容;四是教师与学生、学生与学生之间可以平等地通过"协商"进行学习。

(4)虚拟现实教学。虚拟现实是多媒体与仿真技术相结合而成的一种交互式人机世界，它可以创造出一种身临其境、完全真实的会展现场与学习环境。

浙大城市学院会展信息化实验室旨在探索新型的会展教学模式，通过不断调整与优化，使得会展教学过程呈现以下转变：会展专业教师由知识的传授者转变为教学活动的组织者；学生由知识的被动接受者转变为主动探究发现者；媒体由辅助教师演示、讲解的工具转变为学生手中的认知工具；教学过程转变为“创设学习环境，学生主动探索”的过程。

2.会展教学信息化有利于会展教育的传播

多媒体的综合业务数字网络的快速普及，为会展活动的信息化创造了条件，真正实现了全世界用户即时实现互动与资源共享的交流方式，为人类提供了全新的信息服务。会展教学需前瞻性地意识到会展信息传播呈现网络化的发展趋势。会展教学需让学生通过信息资源共享的方式掌握持续性学习的技能。会展教学信息化有利于会展教育的传播体现了以下优势：

(1)信息传输的网络化。未来的会展教育应向学习者提供多媒体教学通讯系统，如电子邮件、图文传真机、可视电话等，为学生的学习提供更多的方便。学生可与不同地域的业界人士进行交流、协商、探讨，实现自主学习，从而打破会展教育必须以传统教学方式进行的屏障。

图 13-4　多媒体教学通信系统网络学习

(2)信息呈现的多媒体化。会展教学以多媒体技术的方式实现，将为人机之间的信息交流提供全新的学习手段与方式，与应用其他媒体的教学系统相比，多媒体会展教学方式集合了多重感官刺激、信息量大、传输质量高和交互性强的特点。

图 13-5　多媒体教学现场

(3)信息贮存的数字化。以信息技术为支撑的会展教学手段与传统的文字教材相比，呈现了信息量大、存贮速度快、表现形式多样、交互性强和非线性的优越性，特别是信息贮存的数字化将大大地优化会展教育与教学的实际效果。

13.2.3　信息时代对会展教育提出了新的要求

世界步入全面信息化的时代，知识是关键性要素，教育是信息时代的根本。随着计算机互联网络和通讯等现代信息技术的日益发展，社会中人们的生活方式、工作方式、学习方式以至生产方式等都在发生着显著的变化。信息社会中信息的获取、分析、加工和利用能力直接决定着会展专业学生信息素质的高低，这乃是信息社会对新型人才培养提出的基本要求。达不到这样的要求，将无法适应信息社会的学习、工作、生活和竞争的需要，就会被信息社会所淘汰。特别是传统会展正在经历着一场革命，会展信息化、虚拟化对现代会展提出了更高的要求与解决方案，也为会展业的发展提供了新的思路，开创了一个全新的发展领域。会展教育通过与信息技术的有效融合，是信息时代对会展教育提出的基本要求。

1. 会展教育信息化有利于教育资源的充分利用

会展教育资源利用技术主要包括教育信息整合与资源利用两个方面。信息整合技术所解决的是科学知识的存储、分拣；资源利用技术所谋求的是人力、智力、信息资源、设施、资金、环境充分利用和效益最大化。

我国会展业随着信息化社会的信息量剧增，移动通讯及移动网络等新的通讯工具飞跃发展，也相应地扩充了会展教育过程中教与学对信息选择的余地。会展教育的信息化将优化会展教育资源的接受与利用，而且还将有助于信息的双向传输，最大程度地将会展教育信息资源通过互联网络方式与会展相关利益者(会展专业师生、会展业界)实现资源共享。

2. 会展教育信息化有利于提供教育个性化服务

采用新的会展教育信息手段大幅度地扩充了会展专业教师与专业学生间的双向信息交流，为会展专业学生创设了个性化教学的学习环境。新的信息手段作为真正的教育信息媒体，有可能适应每个专业学生的学习进度与特性。应该注意到计算机等信息手段的会展教育方式，可以为会展专业学生实时获取教学信息与反馈其学习信息起到积极的作用。同时，通过远程通讯还可以获取大量的会展信息。学生和教师可以与不同的会展教育组织或机构合作，通过不同方式的合作获得各种各样的动态会展教育资源，这种方式将比在任何院校中以传统教育形式得到的多得多。网络中大量的信息资源对于学生而言是开放的，信息的价值良莠不齐，专业学生通过对信息的长期接触，在教师的指导下，能逐步形成有效的“信息甄别能力”。

13.3　会展教育与市场需求的匹配是科学发展观的基本要求

浙大城市学院在学校与政府、学校与行业协会及学校与企业的合作过程中了解到，会展企业希望会展教育院校培养的会展专业人才应拥有扎实的会展专业理论知识与技能，并具备一定的从业经验，就业后能独当一面。然而现实却是会展专业毕业生普遍存在“理论扎实、实践匮乏”的通病，与会展业界的要求相差太远。当然在会展就业市场方面，有些会展企业甚至认为会展实际工作并不需要高深的理论来支撑，强调实际操作性，特别是对于会展产业支持型和辅助型人才而言，多半会展企业认为只需掌握相关操作程序就可。这些现象都在一定程度上影响了会展教育与市场需求间的匹配。

13.3.1 加强会展专业师资团队对会展教育的使命意识

会展产业链具有多行业集成特征，政府机构、行业协会、会展公司、会展教育机构、会展服务、会展专业组织、会展中心（展馆经营企业）、饭店酒店、宾馆公寓、旅游公司等。在会展专业人才培养标准上，行业与企业间既有共性，也有特性。要有效解决会展教育资源与市场需求的匹配问题，浙大城市学院在会展教育实施过程中认为可采取有效方法加快教学资源的管理与引导的具体策略如下：

（1）加大会展科研经费的投入，创新会展科研管理机制。应优化会展学术研究环境，整合相关的会展研究资源，鼓励与强化会展教育师资团队对会展发展前沿理念、会展实务流程、会展企业核心竞争力要素中的核心知识问题开展研究与探索，进一步提纯会展理论科研成果，优化应用型会展教学工作。

（2）专业建设要在培训基金、工作量化标准与制度上创造条件。要求会展专业教师放下架子，深入政府、行业协会或大型会展机构，与会展业界进行周期性与针对性的学习与锻炼。通过与业界的广泛接触与交流，会展专业教师不仅要了解整个会展活动过程与程序，且能做到能说会做，提高师资队伍的会展实践水平。

（3）专业教师需结合专业建设完成具体课题或教研任务。会展专业教师在深入基层锻炼过程中，要根据不同活动主体的会展人才需求特征，实现定性定量的会展专业建设的课题研究。如会展专业教师要更多地了解会展企业对专业人才的需求，从而使会展教育更好地切合会展企业注重结果导向型的实际。

（4）鼓励专业教师边实践边学习，编制会展专业的特色教材。会展专业教师在参与社会实践活动过程中边实践、边学习、边研究，与会展界从业人员共同合作，在细分或强化专业课程设置上下功夫，明确教学重点和人才培养重点岗位的指向性，从机制建设上鼓励会展专业教师摸索与编制真正符合会展企业需求的会展特色教材。

13.3.2 加强会展专业学生实践环节的设计与指导

在加强会展教育与会展市场或会展业界互动的过程中，会展教育院校对专业学生实践环节进行设计与指导具有重要的现实意义，这也是会展教育能否匹配市场需求的一项重要工作。要从根本上加强这项工作，除了会展教育本身要走出“重理论，轻实践”的怪圈，更要深化会展教育的改革与创新。浙大城市学院会展教学团队一致认为要做好以下工作：

（1）建立与健全院校与企业对话机制。会展教育在实习基地选择与建立过程中，需根据会展教育专业课程的设计、学生掌握职业技能的程度、会展实习具体的目标等进行系统与合理的规划，定向定量地选派不同年级、不同专业细分方向的会展专业学生去相关会展企业实习。同时也要针对不同会展企业的工作特征、岗位设置、用人诉求进行会展人才需求的摸查，将学校课程设置、学生特点、实习目的等与会展企业进行良好的沟通。要建立定期联络、专人负责（配合教学）的对话机制，充分利用会展企业的实践平台，消除会展教育与社会需求的信息孤岛，提升会展专业学生的实习效果。

图 13-6　浙大城院会展专业学生参加校企合作项目

（2）开设学生实习前的辅导课程。加强对会展实习学生的前期辅导，有助于实习学生更好地将理论联系实际，更深入地在实践的环境中带着问题去学，带着课题去做，提高专业学生的自觉性与实习热情。实习前的辅导课程可以从以下几个方面着手：一是能力辅导，提升会展专业学生对社会环境的适应能力，如社会沟通能力、观察事物能力、职业技能运用能力等；二是业务辅导，介绍目标实习企业的一般业务流程，以及项目特点（如义博会、玫琳凯等项目）；三是任务辅导，结合课堂教学内容对实习学生布置实习期间需完成的相关任务并对完成任务的方法进行辅导；四是资质辅导，进行会展从业资质的系统培训，使实习学生更贴近会展行业特点，成为会展企业的一员。

（3）实践策划与布置专业相关调查内容。会展教育应充分利用专业教师与学生的实践环节开展社会调查，开展会展专业的课题研究，从更深层次剖析与解决会展企业乃至会展行业发展过程中的热点、重点与难点等问题，密切校企关系。会展专业学生通过参与会展企业与社会实践活动，获得对会展业的更直观感受与理解，将大大地提高会展专业学生的就业竞争力。因此，会展教育在学生实践环节中应缜密策划社会调查内容与研究课题的设立，指导会展专业学生在实践过程中很好地掌握社会调查的方法，这无论对会展行业的发展、会展教育的研究，以及帮助会展企业解决发展中的问题，都具有积极的意义。

(4)加强对实习学生的全过程管理。会展教育要匹配会展业的社会需求，应从社会实践的各个环节着手，建立对师资参与的鼓励机制，加强对学生各实习阶段的管理，利用现场教学，委托会展企业从业人员对学生的定人、定岗辅导，结合课堂所学知识，培养学生实际应用能力。浙大城市学院在鼓励会展专业教师加强对实习学生的过程管理方面制定了相应的机制，学校在实习经费、教师工作量、教学考核指标设置方面都进行了统筹的安排，从而极大地激发了教师参与实习过程管理的积极性，全面提升会展学生实习的系统性与可控性，促进了会展教育、会展企业与会展学生间各种形式的互动与交流，达到会展实习效果的最大化。

13.3.3 加强会展学生的职业引导与教育，形成正确的择业心态

加强会展学生的职业引导与教育，形成正确的择业心态，是一项将会展教育资源与社会需求匹配的重要工作。会展专业毕业生在择业时经常会出现一些不良的择业心理，突出表现在期望过高、定位不够合理。毕业生在薪酬预期、就业地域、企业规模等通常都会出现高估的情况。这也是目前会展教育院校与会展企业在互动中获得的一致结论。这种脱离现实的择业观容易导致与社会需求的失调。一些学生盲目攀比，造成多头应聘、毁约不去，既影响了其他同学的就业，也往往给会展教育带来了负面影响。浙大城市学院在与会展企业交流沟通中，会展企业针对“如何解决会展专业学生就业难”的问题，一致要求会展教育院校能在会展教育与教学的过程中加强对会展专业学生良好择业心态的培养内容，树立与市场经济相适应的现代就业观。我们在会展教育过程中调整会展专业学生就业心态的基本做法如下：

(1)引导会展专业学生准确定位。正确认识当前的就业形势与专业相关的就业机会，明确我国会展教育从“精英教育”向“大众教育”转变的实际情况，提高把握就业机会的能力，避免盲目追求就业中的高层次、高薪酬，调整预期。

(2)鼓励会展专业学生积极主动寻求就业。当前我国会展企业基本已实现了用工制度的双向选择，会展专业毕业生应主动收集与所学专业相关的就业机会，积极努力地“推销”自己，在工作实习或入职后努力工作，“低调做人、高标做事”，最终将自己融入会展企业的价值观，从而被会展企业认可，获得相关的资质。

(3)邀请会展企业员工及企业家来校举办就业讲座，丰富就业知识、开阔就业视野、激发就业激情、提升就业水平，切实提高就业能力。通过企业家现身说法、现场交流等形式搭建与会展专业学生的互动平台，使会展专业学生对就业、创业有更深入、更客观的认识。更重要的是通过讲座能让会展专业学生明白许多为人做事的道理，对会展企业有了全新的认识，增添了对未来工作的信心。

13.3.4 实施全程化就业指导，增强会展专业学生职业规划能力

在一项会展企业参与的会展学生职业规划的调查中，浙大城市学院课题组发现，高达28.3%的会展企业认为目前会展专业毕业生缺乏明确的职业生涯规划是导致其就业难的主要因素；而另一项相关调查也显示：44.1%的会展专业学生对于个人职业生涯不了解甚至不知道如何进行职业生涯规划。这表明加强对会展专业学生的就业指导，增强会展专业学生的职业规划能力刻不容缓。

针对会展专业学生就业期望高，而就业自主能力不强的问题，我们认为：会展教育院校应以提升学生综合素质和专业能力为目标，针对不同年级的学生建立分阶段、多层次的就业指导体系，全过程、多方位进行就业培训和指导。比如大一新生为职业启蒙期，应以认识自我、了解职业为主，进行职业启蒙教育，向学生传授会展职业生涯规划知识，帮助学生从进入大学阶段一开始就确立人生目标、树立职业生涯规划意识。大二为职业定向期，通过开展职业道德教育，帮助学生全面拓展职业素质，细化专业主攻方向，明确专业的相关理论知识与技能要求，尽可能多地兼修职业相关的知识与技能。大三为职业参与期，应鼓励学生参加各种社会活动，特别是利用节假日寻求与本专业有关的工作进行社会实践，深度感受职业，了解职业对知识与技能的需求现状，培养“专业思维”的能力。大四为职业定位期，应辅导会展专业学生进行职业定位，并根据个人兴趣与能力调整职业规划，帮助学生有针对性地开展就业政策、就业技巧、就业心态调适、创业教育等培训，培养和提升会展学生的就业能力。

会展教育的科学发展观，是以人为本的发展观。因此，会展专业学生在学校的教育环境中首先且最重要的是学会“做人”，学会在将来就业岗位上迅速融入企业文化，并为企业文化增添新的活力。从会展业界对企业员工的素质角度出发，会展教育需要更强调培养专业学生的敬业精神、团队意识、规范意识、服务意识、心理承受能力等。在我国会展市场竞争日趋加剧的压力下，会展教育归根到底应是素质教育。由于会展业的特点是强调实践性，“隐性知识”的积累大大高于“显性知识”的学习。所以，会展教育的重点更应强调实践性，重点打通学校与企业合作的关键环节，加强会展业务过硬的“双师型”教师队伍建设。

后　记

自 2003 年浙江大学城市学院在国内较早地开展会展教学和研究以来，在会展人才培养的机制、模式上创新颇多，先后被评选为“全国会展教育优秀院校”、“中国会展教育优秀奖”，逐渐使我校的会展教育在国内具有了较好的知名度和影响力。

本书凝聚了浙江大学城市学院会展教学团队，不仅包括专业教师团队成员，而且包括专职员工团队成员，还包括生机勃勃的学生团队成员在会展办学过程中的思想精华。张健康设计了全书的提纲，承担了第一章、第二章、第三章、第四章、第六章、第九章的写作；并完成了最后的统稿工作；黄彬承担了第十章、第十一章、第十二章、第十三章的写作；赛来西承担了第八章的写作；顾杨丽承担了第五章的写作；莫伟维承担了第七章的写作；徐丽莎承担了序言和目录的英文翻译工作；莫伟维、舒畅负责提供了部分图片。张梦新、张兰欣、金月成、郁全胜等老师对书稿的完善提供了诸多宝贵意见，张梦新老师还承担了全书的校对和审阅工作。我院相关领导、会展教育相关教师对本书中提及的诸多会展教育思想及其相关实践亦有很大贡献。

在本书稿完成之际，需要感谢学院领导对会展教育的殷殷关注和大力支持，领导的关心支持，促进了我们的不断开拓，使我们积极在国际化、创新创业的道路上布局“大会展教育”的发展！也要感谢杭州市政府，特别是西博办对我们会展教育的支持和帮助。没有这些支持与帮助，我们目前良好的会展教育形态和教育生态是不可能形成的。

学生专业能力是会展办学最好的说明。我院会展专业学生近年来在全国性的会展大赛中专业实力喜人，屡获佳绩，多名会展专业学生获得全国优秀大学生荣誉。学生的表现和会展业界的肯定使我们对办好会展专业信心倍增！我们将为建设全国会展人才培养培训核心基地和长三角会展研究实力机构的目标而不懈努力！

张健康

于股神巴菲特公司所在地

OMAHA. NE. USA，30. APR，2011

图书在版编目（CIP）数据

会展特色专业建设：理念、实践与探索 / 张健康，黄彬著. —杭州：浙江大学出版社，2011.6

ISBN 978-7-308-08835-0

Ⅰ.①会… Ⅱ.①张… ②黄… Ⅲ.①展览会—学科建设—研究—高等学校 Ⅳ.①G245-42

中国版本图书馆 CIP 数据核字(2011)第 127901 号

会展特色专业建设——理念、实践与探索

张健康　黄　彬　著

责任编辑　李海燕
封面设计　俞亚彤
出版发行　浙江大学出版社
（杭州市天目山路 148 号　邮政编码 310007）
（网址：http://www.zjupress.com）
排　　版　杭州中大图文设计有限公司
印　　刷　富阳市育才印刷有限公司
开　　本　710mm×1000mm　1/16
印　　张　17
字　　数　305 千
版 印 次　2011 年 6 月第 1 版　2011 年 6 月第 1 次印刷
书　　号　ISBN 978-7-308-08835-0
定　　价　38.00 元

浙江大学出版社发行部邮购电话　(0571)88925591